L'ordre juridique communautaire de la CEMAC

Édouard GNIMPIEBA TONNANG

L'ordre juridique communautaire de la CEMAC

Préface de Bernard-Raymond Guimdo Dongmo

L'Harmattan

5-7, rue de l'École-Polytechnique, 75005 Paris
www.harmattan.com
diffusion.harmattan@wanadoo.fr
ISBN : 978-2-343-10512-3
EAN : 9782343105123

À** ma génitrice, Maman **AZANGUE Marie Épouse GNIMPIEBA
en célébration de l'amour du travail bien fait et du projet éducatif permanent, socle d'un développement durable.

***À Anastasie Laure**, pour la compréhension de mes absences répétées et les encouragements multiformes ainsi que les attentions de tous ordres que tu ne cesses de consentir pour moi,*

***À Hans Cyrille, Sagesse Audrey, Wilfried Célest, Jenny Mildred, Stann Dimitri** et **Suzy Lena**, qui ne profitent jamais suffisamment de ma présence, et qui me comprennent, à chaque fois*

REMERCIEMENTS

À mes maîtres, j'ai nommé les Professeurs KEUTCHA TCHAPNGA Célestin, Bernard-Raymond GUIMDO DONGMO, Léopold SONKENG DONFACK, Yvette-Rachel KALIEU ELONGO, Gérard PEKASSA NDAM, pour tous les conseils que vous n'avez jamais cessé de me prodiguer,

À mes aînés académiques, notamment les Professeurs Isidore Léopold MIENDJIEM, Célestin SIETCHOUA DJUITCHOKO, Joseph KANKEU, Patrick ABANE ENGOLO, René NJEUFACK TEMGWA, pour les encouragements multiformes.

À tous mes collègues et Amis des Universités d'État du Cameroun notamment les Docteurs Salomon BILONG, Aaron BELEG LOGMO, Ernest FOLEFACK, Hermann Éric NFOBIN NGWA, Robert ASSONTSA pour leur accompagnement constant,

À mes jeunes collègues, notamment les Docteurs NGUENA DJOUFACK Arsène Landry, Thierry Hermann SOH MBOGNE, Théophile GUIMFACK VOUFFO, à Messieurs Mathias METENBOU, MBALLA EMOTO Bonaventure Carol, Mesdames Mycaëlle TSAPSEU KEMTANG, Irène DJAYOU LEUWE, pour votre passion pour le droit public et le droit communautaire de l'École de Dschang.

À mes frères et sœurs, pour que ceci serve d'exemple.

LISTE DES PRINCIPALES ABBREVIATIONS

ACP	: Afrique-Caraïbes-Pacifique
AFDI	: Annuaire Français de Droit International
AJDA	: Actualités Juridiques, Droit Administratif
ALENA	: Alliance de Libre Échange Nord-Américain
APEC	: Asia Pacific Economic Cooperation
AEF	: Afrique Équatoriale Française
AOF	: Afrique Occidentale Française
ASEAN	: Association des Nations de l'Asie du Sud-Est
BAD	: Banque Africaine de Développement
BDEAC	: Banque de Développement des États de l'Afrique Centrale
BEAC	: Banque des États de l'Afrique Centrale
BIRD	: Banque Internationale pour la Reconstruction et le Développement
BRI	: Banque des Règlements Internationaux
CCD	: Code communautaire des Douanes
CCE	: Conférence des Chefs d'État
CE	: Conseil d'État
CEAO	: Communauté Économique de l'Afrique de l'Ouest
CEDEAO	: Communauté Économique des États de l'Afrique de l'Ouest
CDE	: Cahiers de Droit Européen
CEEAC	: Communauté Économique des États de l'Afrique Centrale
CEMAC	: Communauté Économique et Monétaire de l'Afrique Centrale
CFJ/CAY	: Cour Fédérale de Justice du Cameroun/Chambre Administrative de Yaoundé
CIJ	: Cour Internationale de Justice
CIR	: Centre Interbancaire Régional
CJCE	: Cour de Justice des Communautés Européennes
CNUCED	: Conférence des Nations Unies pour le Commerce et le Développement
CPJI	: Cour Permanente de Justice Internationale
COBAC	: Commission Bancaire de l'Afrique Centrale
Col.	: Collection
CORENOFI	: Comité Régional de Normalisation Financière
CRC	: Conseil Régional de la Concurrence
CS	: Cour Suprême
DTS	: Droits de Tirages Spéciaux
FMI	: Fonds Monétaire Internationale

GABAC	: Groupe d'Action contre le Blanchiment de capitaux en Afrique Centrale
GAFI	: Groupe d'Action Financière sur le blanchiment de capitaux
GAJA	: Grands Arrêts de la Jurisprudence Administrative
GATT	: General Accord on Tarrifs and Trade (Accord Général sur les Tarifs Douaniers et le Commerce)
Gaz. Pal	: Gazette du Palais
IDE	: Investissement Direct Etranger
JCP	: Semaine juridique-Jurisclasseur périodique-édition générale
JOUE	: Journal Officiel de l'Union Européenne
LGDJ	: Librairie Générale de Droit et de Jurisprudence
MEE	: Mesures d'Effet Équivalent
MEERQ	: Mesures d'Effet Équivalent aux Restrictions Quantitatives
OAPI	: Organisation Africaine de la Propriété Intellectuelle
OCAM	: Organisation Commune Africaine et Malgache (puis Mauricienne)
OCDE	: Organisation pour la Coopération et le Développement Économique
OHADA	: Organisation pour l'Harmonisation en Afrique du Droit des Affaires
OIT	: Organisation Internationale du Travail
OMC	: Organisation Mondiale du Commerce
OPCVM	: Organisme de Placement Collectif en Valeur Mobilière
OPOCE	: Office des Publications Officielles des Communautés Européennes
OUA	: Organisation de l'Unité Africaine
PIR	: Programme Indicatif Régional
PME	: Petites et Moyennes Entreprises
PMI	: Petites et Moyennes Industries
PNUD	: Programme des Nations Unies pour le Développement
PRR	: Programme Régionale des Réformes
PUA	: Presses Universitaires d'Afrique
PUF	: Presses Universitaires de France
RADIC	: Revue Africaine de Droit International Comparé
RAE	: Revue des Affaires Européennes
RBTR	: Règlement Brut en Temps Réel
RCA	: République Centrafricaine
RCADI	: Recueil des Cours de l'Académie de Droit International de la Haye
RCC	: Revue de la Concurrence et de la Consommation
RDAI	: Revue de Droit des Affaires Internationales
RDC	: République Démocratique du Congo (ex - Zaïre)
RDP	: Revue de Droit Public

Rec.	: Recueil de la jurisprudence de la Cour de Justice et du Tribunal de Première Instance des Communautés européennes
RFDA	: Revue Française de Droit Administratif
RFFP	: Revue Française des Finances Publiques
RGDIP	: Revue Générale de Droit International Public
RJDA	: Revue de Jurisprudence de Droit des Affaires
RIDE	: Revue Internationale de Droit Économique
RIDC	: Revue Internationale de Droit Commercial
RJPIC	: Revue Juridique et Politique : Indépendance et Coopération
RMC	: Revue du Marché Commun de l'Union Européenne
RMCUE	: Revue du Marché Commun et de l'Union Européenne
RRJ	: Revue de la Recherche Juridique, Droit prospectif
RTDE	: Revue Trimestrielle de Droit Économique
RTM	: Revue Tiers Monde
SFDI	: Société Française de Droit International
TC	: Tribunal des Conflits
TEC	: Tarif Extérieur Commun
TGI	: Tribunal de Grande Instance
TPICE	: Tribunal de Première Instance des Communautés Européennes
TU	: Taxe Unique
UA	: Union Africaine
UDE	: Union Douanière Équatoriale
UDEAC	: Union Douanière des États de l'Afrique Centrale
UE	: Union Européenne
UEAC	: Union Économique de l'Afrique Centrale
UEMOA	: Union Économique et Monétaire Ouest-Africain
UMAC	: Union Monétaire de l'Afrique Centrale
UMOA	: Union Monétaire Ouest-Africain
UNESCO	: Organisation des Nations Unies pour l'Éducation, la Science et la Culture
UNIPACE	: Union Inter Patronale de l'Afrique Centrale
URAC	: Union des Républiques d'Afrique Centrale

PRÉFACE

C'est avec un plaisir réel et une vive satisfaction que je livre cette préface au précis du Docteur **Edouard GNIMPIEBA TONNANG**, intitulé ***« l'ordre juridique communautaire de la CEMAC »***. Ce précis est le fruit de plusieurs années d'expérience dans l'enseignement du nouveau droit communautaire africain, nourries par la lecture, l'analyse systématique et la restitution critique d'un droit en gestation depuis le début de la décennie quatre-vingt-dix, et dont personne n'avait, à la vérité, pronostiqué les développements prodigieux qui allaient être siens les années à venir. Les publications du Docteur **Edouard GNIMPIEBA TONNANG** en la matière, dans les Revues scientifiques nationales et internationales, l'autorisaient à s'engager dans cette entreprise pour le moins délicate. Ce n'est pas le moindre mérite et il fallait au préalable le relever.

Pour l'auteur, l'émergence d'un droit communautaire spécifique à la Communauté Économique et Monétaire de l'Afrique Centrale (**CEMAC**), très contesté à sa naissance, a su, malgré l'adversité et les doutes, tracer ses propres trajectoires, faites toutes à la fois d'influences mimétiques du droit communautaire européen dont il s'inspire radicalement et d'originalités façonnées par une production conventionnelle originale, portée par une jurisprudence d'avant-garde. C'est en maniant avec une certaine dextérité une approche à la fois académique et administrative, théorique et pratique, fondamentale et d'application que l'auteur, à travers son précis, permet à quiconque s'intéresse au droit communautaire de la **CEMAC** d'acquérir une connaissance approfondie sur les aspects de ce droit qui touche — en les écornant — aux souverainetés nationales des États membres.

À partir d'une présentation très méticuleuse du droit positif, l'auteur développe en effet une doctrine personnelle fort intelligemment construite qu'il appuie sur ***les dits et les non-dits*** du nouveau droit communautaire africain. En effet, à la suite de l'expérience engagée dès 1993 dans le cadre de l'Organisation pour l'Harmonisation en Afrique du Droit des Affaires (**OHADA**) pour l'intégration juridique en matière de droit économique, les États de la Zone Franc ont, pour ceux de l'Union Économique et Monétaire Ouest Africain (**UEMOA**) et pour ceux de la Communauté Économique et Monétaire de l'Afrique Centrale (**CEMAC**), entendu parachever leur intégration, en passant d'une simple union douanière à une quasi-union politique — *sans jamais oser le proclamer — et à* **une juridicisation** tous azimuts et **une juridictionnalisation** engagée. Cette évolution ne pouvait être possible qu'à travers une révolution juridique, obligeant les États de la sous-région à engager une véritable révolution juridique pour mettre en place un nouvel ordre juridique spécifique, avec des caractères véritablement propres ; lequel est venu imposer des obligations plus radicales aux ordres juridiques internes.

À l'analyse, le nouvel ordre juridique communautaire CEMAC ne saurait souffrir ni de l'approximation, ni de la subjectivité, ni de l'opportunisme. Ne pas respecter ces spécificités de l'ordre communautaire conduirait à un triple risque :

- Un risque de perte de confiance entre autorités communautaires et les États membres.
- Un risque de recours juridictionnels devant la Cour de Justice communautaire contre les institutions (recours en carence) et contre les États membres (recours en manquement).
- Un développement accru de l'insécurité juridique au détriment à la fois des particuliers (personnes physiques et morales) et des autorités communautaires et morales.

Proposer une définition rigoureuse de la notion d'ordre juridique n'est pas évident. La doctrine dominante estime qu'un ordre juridique est caractérisé par trois critères :

- Un ensemble de règles, de normes acceptées comme au moins théoriquement contraignantes par les membres d'une unité sociale particulière *(nation, société, organisation, groupe, ...)* ;
- Des agents ou des appareils spécialisés pour élaborer de nouvelles règles ou modifier celles qui existent ; interpréter les règles existantes ; les appliquer et les faire respecter ;
- L'intervention des agents ou des appareils est fondée sur une légitimité *(l'unité sociale leur reconnaît l'autorité nécessaire pour faire, interpréter ou appliquer les règles)* ;

Au regard de ces critères, et après avoir analysé dans son contenu l'ordre juridique de la CEMAC, on peut arriver à la conclusion selon laquelle malgré les difficultés diverses et les obstacles de toute nature auxquels la construction communautaire en Afrique Centrale doit passer, l'espoir de l'émergence d'une Afrique Centrale définitivement intégrée est désormais permis, et l'ouvrage de Monsieur **Edouard GNIMPIEBA TONNANG** permet d'apprécier les acquis d'un chantier qui, pour se réaliser, a décidé d'emprunter les trajectoires philosophiques et idéologiques suivies par la construction européenne.

Dans la démonstration qu'il mène, l'auteur fait preuve d'autant d'aisance que de compétence, au surplus dans une langue française qu'il maîtrise suffisamment bien. L'apport de sa compétence à la compréhension et à la diffusion du droit communautaire africain naissant mérite toutes nos félicitations et nos remerciements. Et je suis tout particulièrement heureux de le compter comme un des pédagogues de ces évolutions non souvent proclamées de nos ordres juridiques, un des conteurs de cette belle aventure, de cette belle histoire dont les développements sont si souvent omis notamment encore aujourd'hui dans nos amphithéâtres. Heureusement que l'École de Dschang — *La Dschang School of International and Communautary Law* —, très tôt spécialisée dans le Droit communautaire et Comparé de la CEMAC, a su tracer les sentiers de la réflexion en la matière, à travers diverses formations, colloques, conférences-débats et autres travaux scientifiques d'avant-garde. Vivement que ce droit passe à la majorité, pour la postérité...

Fait à Yaoundé, le 28 septembre 2016

GUIMDO DONGMO Bernard-Raymond,
Agrégé de Droit Public et de Science Politique,
Professeur Titulaire des Universités
Université de Yaoundé II-Soa

« Rien n'est possible sans les Hommes,
rien n'est durable sans les institutions ».

Jean MONNET,
Mémoires, Paris, Fayard, 1976, p. 412.

INTRODUCTION GÉNÉRALE

CONSIDÉRATIONS GÉNÉRALES SUR L'INTÉGRATION EN AFRIQUE CENTRALE : DU DROIT DE L'INTÉGRATION AU DROIT COMMUNAUTAIRE CEMAC

I - L'évolution historique de l'intégration en Afrique Centrale : de l'UDEAC à la CEMAC

Parmi les problématiques qui ont suscité controverses et débats ces dernières décennies, celle de la lutte contre le sous-développement des pays africains a été l'une des plus fécondes[1]. Aux débats sur les retards multidimensionnels accusés par les États africains par rapport aux autres régions du monde en matière de croissance et de développement économique, s'étaient substitués, depuis quelques années, ceux portant sur la recherche de voies et moyens pouvant aider le continent à se relever du marasme socio-économique dans lequel il était enlisé depuis plusieurs décennies[2]. C'est à ce titre que la question a été élevée au rang des sujets de thèses, de séminaires, de conférences, de colloques dans l'espace scientifique et a été approfondie par les débats houleux au sein de la société civile, puis fait l'objet des politiques d'intégration conçues au niveau sous-régional dans cette espace.

En réalité, si les autres espaces géographiques avaient plus ou moins réussi leur insertion dans l'économie-monde, les phénomènes de mondialisation économique et de globalisation financière, combinés au caractère primaire et désarticulé des économies nationales et à l'instabilité sociopolitique régnant sur le continent africain[3], doublé du visage anachronique qu'offrait l'environnement juridique ambiant, avaient plutôt accéléré la marginalisation progressive des pays de la

---

[1] Pour plus de précision sur cet échec du régionalisme en Afrique, voir DUTHEIL DE LA ROCHERE (Jacqueline), *Mondialisation et régionalisation* in *La mondialisation du droit*, Colloque, travaux du Centre de recherche sur le droit des marchés et des investissements internationaux (CREDIMI), s/Dir de LOQUIN (Eric) et KESSEDJIAN (Catherine), Université de Bourgogne, Litec, Vol. 19, Paris 2000, p. 438.

[2] Le 16 mars 1994, un nouveau Traité a été signé entre six pays d'Afrique Centrale regroupés depuis 1964 dans l'Union Douanière et Économique de l'Afrique Centrale – UDEAC (Cameroun, le Congo Brazzaville, le Gabon, la Guinée Équatoriale, la République Centrafricaine et le Tchad). Le Traité créant la Communauté Économique et Monétaire de l'Afrique Centrale (CEMAC). Sur l'enclenchement du processus d'intégration en Afrique Centrale, voir ONDOUA (Alain), « Le Cameroun à l'épreuve de l'intégration sous-régionale en Afrique Centrale », in *Mélanges en l'honneur du Professeur François Hervouët*, Faculté de Droit et des Sciences Sociales de Poitiers, Mars 2016, p. 331-342, plus précisément p. 332.

[3] AVOM (Désiré), *Le Traité CEMAC : nouveau départ pour le processus d'intégration en Afrique Centrale ? ;* RJPIC, 2e trimestre 1998, p. 158-179.

région et entraîné la désertion de celle-ci par les investisseurs internationaux[4].

Fort de ce constat, la Communauté internationale essaie depuis quelques années d'encourager de nouvelles politiques susceptibles de provoquer la croissance économique et de permettre aux pays africains d'entrer dans le cercle vertueux de la croissance et du développement. Afin d'arrêter cette crise persistante, diverses initiatives ont été prises depuis la fin de la décennie quatre-vingt, dans l'objectif avoué d'inciter à la fois un courant interne de relance économique et d'attirer les investissements directs étrangers. Parmi ces initiatives, les regroupements économiques sous-régionaux[5], pourtant décriés et considérés comme étant incapables de provoquer le renouveau du continent, émergent et reviennent en force à la mode[6]. Ils sont conçus comme des espaces

---

[4] Cf. LELART (Michel), « Un exemple d'Intégration institutionnel : l'évolution de la Zone Franc, du Traité de Maastricht au Traité de l'UEMOA », in *Revue tiers-monde* n° 136, p. 897-918 et « La Zone Franc face à Maastricht », in *Revue tiers-monde* n° 128, octobre-décembre 1993, p. 881-900 ; BUZELAY (Alain), « L'union fiscale et douanière des douze : quels enseignements pour l'intégration régionale en Afrique Centrale ? », in *Revue tiers-monde* n° 140, octobre-décembre 1994, p. 874-890 ; De RAULIN (Arnaud), « Paix et coopération en Afrique : un défi pour le XXIe siècle », in *Revue Juridique et Politique : indépendance et coopération* (RJPIC) n° 121, octobre-décembre 1999, p. 123-135.

[5] Cette reconnaissance des regroupements économiques régionaux et sous-régionaux comme moyen de combler le fossé sans cesse grandissant entre les pays développés et les pays en développement, consacrée déjà par l'Article XXIV de l'Accord Général sur les Tarifs Douaniers (General Accord on Tarrifs and Trade – GATT) qui légitimait la constitution d'arrangements commerciaux à des fins d'intégration économique, fut pérennisée par la suite à la fin du « Tokyo Round » en 1979 à travers l'institution d'un régime préférentiel de commerce dans les relations entre pays développés et pays en voie de développement. Pour plus amples informations sur le sujet, voir GNIMPIEBA TONNANG (Edouard), *Droit International du Développement*, Cours polycopié, Licence 3, FSJP, Université de Dschang, 2014/2015 ; CARREAU (Dominique) et JULLIARD (Patrick), *Droit International du Développement*, LGDJ, Col. Manuel, 1998, p. 275.

[6] Inscrite dans le Traité d'Abuja (1981) comme une des étapes de la mise en place d'une grande Communauté économique africaine intégrée à l'horizon 2020, le mouvement de constitution des Communautés Économiques Régionales (CER) a connu dans la période 1970-1990 un essor très florissant. Au début de la décennie 1990, la Banque Africaine de Développement (BAD) dénombrait plus de deux cents (200) organisations de coopération et d'intégration économique et politique dans le continent. Sur cette nécessité des Organisations Internationales comme vecteur du développement des pays africains, consulter l'intéressant rapport de la Banque Africaine de Développement : *BAD, Politique en matière de coopération économique et d'intégration régionale*, in

adéquats d'intégration pouvant permettre d'impulser le développement espéré, de favoriser par la mise en œuvre des quatre libertés qui fondent l'intégration, à savoir la libre circulation des facteurs de production, les biens, les capitaux, les services et les personnes.

Il faut se souvenir que la régionalisation économique avait constitué dans les années soixante et soixante-dix, plus qu'une mode, un instrument de revendication et un moyen d'émancipation tant politique et économique des peuples colonisés. Elle avait reçu au niveau du continent africain un sens singulier puisqu'elle avait été transformée en slogan politique et vidée de sa substance originelle pour devenir, au fil des années, une coquille quasi vide[7]. Curieusement, malgré ces échecs consommés, dans un contexte international marqué par une interconnexion des marchés et la radicalisation récurrente de la concurrence économique et commerciale, tous les acteurs du développement du continent noir, États et bailleurs de fonds bilatéraux et multilatéraux en première ligne, continuent encore aujourd'hui de croire et d'insister sur la place très privilégiée de la coopération et de l'intégration sous-régionale et régionale comme pouvant renforcer la lutte contre le sous-développement[8].

Cette nouvelle approche s'est traduite depuis la fin de la décennie quatre-vingt-dix par la réactivation d'institutions d'intégration économique restées longtemps en sommeil, la mise en place de nouvelles, toutes conçues pour apporter des réponses présumées satisfaisantes aux nombreux problèmes sociopolitiques et économiques auxquels est confronté le continent. Bien que marquée par des particularismes expliqués (**B**), l'intégration en Afrique centrale est, à la vérité, tributaire d'un vaste mouvement dans l'espace francophone régional (**A**).

Publications de la BAD, février 2011, *Dossiers* ; également disponible sur le site Internet de la Banque Africaine de Développement – http ://www.afdb.org, Février 2012, 35 p, consulté le 21 juin 2016.

[7] Cf. COUSSY (Joël), « Protection et intégration interafricains : échecs inéluctables ou occasions manquées ? », in FONTAINE (Jean-Marc) Dir., *Réformes du commerce extérieur et politiques du développement*, Paris, PUF, 1992.

[8] Pour plus amples développements, voir GNIMPIEBA TONNANG (E), « Le financement du développement des pays africains au Sud du Sahara en question : serpent de mer ou travaux de Sisyphe ? », *Annales de la FSJP*, Université de Dschang, 2007, *op.cit.,* p. 227-252.

A - La réception du mouvement d'intégration en Afrique francophone

Comparativement aux autres ensembles sous-régionaux du continent, la doctrine intégrationniste s'est très tôt développée en Afrique noire francophone, à travers un artifice institutionnel hérité de la colonisation française. Il faut se souvenir que, contrairement aux autres puissances coloniales, la France avait, pour une administration rationnelle de ses colonies, décidé de les regrouper dans de grands ensembles administratifs. Singulièrement, les colonies françaises d'Afrique au sud du Sahara furent réunies autour de l'Afrique Occidentale Française (AOF) pour les territoires coloniaux de l'Afrique de l'Ouest et autour de l'Afrique Équatoriale Française (AEF) en ce qui concerne ceux d'Afrique Centrale. Après l'échec des diverses tentatives métropolitaines de maintenir cet artifice administratif et de s'en servir pour convaincre les peuples africains d'avancer vers l'indépendance dans l'unité, l'administration coloniale allait se résoudre à favoriser une politique de coopération économique entre les nouveaux États et à les convaincre d'abandonner partiellement quelques pans de leurs nouvelles souverainetés, notamment en matière économique et monétaire, à un organisme supranational (sur laquelle elle continuera à exercer une certaine influence) chargé de définir et de coordonner une politique commune dans ces domaines. Ainsi fut créée la Zone Franc. C'est également dans cette optique que les premières institutions communautaires comme l'UDEAC vont voir le jour pour soutenir le projet d'intégration initié par la puissance métropolitaine.

Si le concept d'intégration économique est une idée relativement ancienne sur le continent africain, il faut reconnaître qu'il s'y est construit dans la douleur et n'y a, à proprement parler, pas toujours trouvé ses marques. Le handicap vient de la constante confusion souvent entretenue sur le continent entre la notion d'« intégration » et celle, voisine, de coopération. En effet, comme l'a si bien relevé le Doyen Francis WODIE, là où on a pendant longtemps proclamé officiellement l'intégration, l'analyse juridique conduisait à conclure à la mise en place de simples organismes de coopération économique et technique[9].

[9] Pour une réelle distinction entre les deux notions, l'auteur fait une typologie des organisations régionales africaines et distingue entre les conférences internationales à vocation politique d'une part, et les organisations internationales de coopération économique, technique et administrative d'autre part ; cf. WODIE (Francis), *Les*

Il est, en outre, important de rappeler que l'adoption de simples politiques de coopération dans le cadre d'institutions sous-régionales à vocation bilatérale ou multilatérale a constitué, pour des raisons évidentes de micronationalisme, la principale raison expliquant le cuisant échec des premières expériences africaines d'intégration économique[10]. Force est cependant de reconnaître que l'incertitude dont souffre le concept d'intégration économique n'est pas singulière au seul continent africain, même s'il rencontre ici des difficultés particulières à s'appliquer. La théorie de l'intégration économique n'a pas encore fini de se former, et on peut, pour s'en convaincre, examiner la constante controverse entretenue autour de la définition même du concept, qui repose sur des approches doctrinales divergentes.

Si, selon HASS, l'intégration est le « *processus par lequel les acteurs politiques des différents champs nationaux sont persuadés de tourner leur fidélité, leurs espérances et leurs activités vers un nouveau grand centre, dont les institutions disposent ou exigent de disposer d'une juridiction sur les États nationaux préexistants* »[11]. LIMBEL y trouve un simple acte traduisant « *le consentement entre deux ou plusieurs nations à œuvrer ensemble sur des objectifs communs, sur des politiques communes qu'elles se sont assignées* »[12]. Ben BALASSA semble aller plus loin, puisqu'il considère le concept d'intégration à la fois comme un processus et une situation qui, « *à partir d'une société internationale morcelée en unités indépendantes les unes des autres, tendent à leur substituer de nouvelles unités plus ou moins vastes, dotées au minimum du pouvoir de décision soit dans un domaine, soit dans plusieurs domaines déterminés, soit dans l'ensemble des domaines relevant de la compétence des unités intégrées* (de façon) *à susciter, au niveau des consciences individuelles, une adhésion ou une allégeance et à réaliser, au niveau des structures, une participation de tous au maintien et au*

---

institutions internationales régionales en Afrique Occidentale et Centrale, LGDJ, Paris, 1970, p. 11-12.

[10] Cf. MOUELLE KOMBI (Narcisse), « L'intégration régionale en Afrique Centrale - entre interétatisme et supranationalisme », in HAMMOUDA (Ben), BEKOLO-EBE (Bruno) et TOUNA MAMA, *L'intégration régionale en Afrique Centrale-Bilan et perspectives*, Paris, Karthala, 2003, p. 37-39.

[11] Cf. HASS (Ernst), *The Uniting in Europe*, Stanford University Press, 1958, p. 16. Cité par Claude ALGER, « L'organisation internationale vue sous l'angle du fonctionnalisme et de l'intégration », in ABI-SAAB (Dir.), *Le concept d'organisation internationale*, UNESCO, Paris, 1980.

[12] LIMBEL (Harry), *The International theories of integration*, London, 1964, p. 46.

développement de la nouvelle unité »[13]. Toutes ces définitions ont certes quelques points de convergence, mais surtout des éléments de différenciation relatifs au cadre d'analyse et aux objectifs retenus par les protagonistes du processus.

En effet, on ne peut parler d'intégration économique que si un certain nombre d'éléments sont pris en considération, à savoir un cadre, un processus, des acteurs et des objectifs. Dans le processus, le facteur temps joue un rôle très important, car il permet de mesurer l'ampleur des actions à mener, d'apprécier le rythme et le degré d'engagement des acteurs en même temps qu'il facilite les ajustements à réaliser. Les protagonistes doivent, pour assurer le succès des objectifs assignés à l'organisation, jouer un rôle important en incitant les destinataires à adhérer au processus et en valorisant constamment le cadre législatif et règlementaire. Ces objectifs doivent être dans leur majorité communs aux protagonistes qui, par exemple, sont obligés d'accepter librement de se dessaisir d'une partie de leurs prérogatives, d'admettre et de faciliter une certaine interdépendance et partager de façon équitable les acquis obtenus.

L'originalité et les particularismes de l'intégration en Afrique Centrale francophone appellent ainsi à constater qu'il n'a jamais été facile de mettre ici en œuvre ces objectifs, malgré la volonté affichée des États membres de faire avancer le mouvement.

B - Les particularismes du mouvement d'intégration en Afrique Centrale

La mise en place d'un ensemble sous-régional cohérent a été très difficile en Afrique Centrale. Les raisons de ce difficile enracinement ont souvent été cherchées dans les particularismes propres à la sous-région, et qui ont plus ou moins influencé la construction communautaire dans l'espace économique, engagée à partir de 1964 par l'UDEAC et

[13] De plus, l'auteur voit dans toute politique d'intégration une dynamique économique qui a pour objectif de mettre sur pied diverses mesures – *« destinées à abolir les discriminations entre les unités de production installées dans les différents pays membres »* - « as a process, it encompasses measures designed to abolish discrimination between economic units belonging to different national states ; view as a state of affairs, it can be represented by the absence of various forms of discrimination between national economies"- in *The theory of economic integration*, Allen and Unwin Press, London, 1964, p.1.

poursuivie aujourd'hui par la nouvelle Communauté Économique et Monétaire de l'Afrique Centrale.

1) De simples ambitions douanières à l'approche sectorielle : les efforts de réalisation d'un espace économique moderne

La marche des pays d'Afrique noire vers un ensemble régional allait être encore plus difficile appliquée à la partie Centrale du continent. En fait, malgré une certaine homogénéité administrative des territoires coloniaux français d'Afrique Centrale, certaines pesanteurs, notamment socioculturelles, les difficultés économiques d'après-guerre ainsi qu'une quasi-inexistence de moyens de communication, doublés d'un développement progressif des égoïsmes nationaux n'ont pas facilité l'émergence d'un courant fédérateur en Afrique Centrale. Voilà pourquoi les diverses tentatives d'évolution vers une fédération d'États indépendants, encouragées à leur début par la puissance colonisatrice et portées pendant un temps par certains leaders locaux[14] échouèrent rapidement.

C'est en rangs dispersés que les pays de l'Afrique Centrale accédèrent à l'indépendance en 1960, chacun convaincu de pouvoir disposer de moyens suffisants pour initier un développement socio-économique cohérent, prometteur et continu. Ce projet de développement initié au lendemain des indépendances et conçu sur « *l'idéologie de la construction nationale* » et sur la théorie dite « *développementaliste* »[15], imprégnait l'ensemble des systèmes juridiques africains et légitimait un certain monolithisme politique, doublé de la faiblesse des mécanismes de

[14] En effet, certains dirigeants politiques de la sous-région, amenés par Barthélemy BOGANDA, firent véhiculer à partir des années 55 l'idée fédéraliste en Afrique Centrale. En devenant le principal leader de l'Oubangui Chari à l'accession de son pays à l'autonomie interne en 1958, il fit de la création de l'Union des Républiques d'Afrique Centrale (URAC) son principal cheval de bataille, et s'était donné pour objectif principal de convaincre les autres leaders nationaux du choix d'un fédéralisme calqué sur le modèle américain comme meilleur moyen pour les peuples de la sous-région de réussir leur entrée dans le concert des nations ; mais la disparition subite de Barthélemy BOGANDA en 1959 vint enterrer définitivement ce rêve à un moment où les égoïsmes nationaux ne cessaient de se radicaliser. Pour plus de précision sur ces différentes tentatives d'intégration en Afrique Centrale depuis la colonisation française jusqu'à la création de l'UDEAC, voir FOWOUO (Michel), *L'Union Douanière et Economique de l'Afrique Centrale,* Thèse, Paris I, 1984.

[15] Cf. ONDOA (Magloire), « Ajustement structurel et réforme du fondement théorique des droits africains postcoloniaux : l'exemple du Cameroun », *Revue Africaine de Sciences Juridiques*, vol.2, n° 1, 2001, p.16.

protection des droits et libertés[16]. L'intervention systématique de l'État dans l'espace économique pendant cette période était justifiée par le « *caractère encore embryonnaire du secteur privé* » qui encourageait ce dernier « *à étendre son activité et son influence à tous les aspects de la vie économique nationale* »[17]. C'est dans cette mouvance que plusieurs entreprises émergeront et seront maintenues en activité, tout au moins artificiellement, assurant des « *fonctions sociales et dans la logique de tout État providence keynésien* »[18]. Mais très tôt, les difficultés ne tardèrent pas à surgir et progressivement, ils réalisèrent l'urgence de la mise en place d'une structure supranationale chargée de promouvoir et de coordonner leurs politiques économiques et monétaires au moyen d'une coopération renforcée et d'une intégration progressive de leurs marchés, défavorisés par leurs petites tailles et incapables de résister aux exigences de l'environnement économique international.

La coopération monétaire s'étant très vite consolidée avec la mise en place de la Zone Franc et la consécration du Franc CFA[19] comme instrument monétaire majeur capable d'assurer une insertion financière et monétaire des pays de la sous-région dans le marché international, il fut décidé, à l'accession des pays membres de l'Union Douanière Équatoriale (UDE) et de la République Fédérale du Cameroun à la souveraineté internationale, de passer à une vitesse supérieure consistant en la création d'un cadre institutionnel chargé de promouvoir l'intégration des marchés nationaux, caractérisés à cette époque par leur cloisonnement. Les discussions menées entre les représentants des pays membres de l'UDE et la France d'une part, et ceux de la République Fédérale du Cameroun d'autre part, allaient aboutir en décembre 1965 à la création d'une union douanière[20] entre les deux entités, dont l'objectif principal était la promotion d'une saine et fructueuse coopération dans

---

[16] *Ibid.*

[17] Ibidem. Lire aussi avec intérêt KEUTCHA TCHAPNGA (Célestin), *Le contrôle de l'État sur les activités privées au Cameroun*, Thèse (Nouveau Régime), Aix-Marseille, 1992, 411 p.

[18] Cf. ONDOA (M), *Ibid.*

[19] Franc de la Coopération Franco-Africaine pour l'Afrique Occidentale Française (CEAO), Franc de la Coopération Financière en Afrique pour les Pays de l'Afrique Équatoriale Française (UDEAC).

[20] Signé le 08 décembre 1964 à Brazzaville au Congo, le traité instituant l'UDEAC allait entrer en vigueur le 1er janvier 1966 après que tous les États membres (Cameroun, RCA, Congo, Gabon et Tchad) l'eurent ratifié.

divers domaines, notamment l'économie, le commerce sous-régional, les transports, etc.

C'est ainsi que l'Union Douanière et Économique de l'Afrique Centrale (UDEAC) fut portée sur les fonts baptismaux et allait se poser désormais comme une des toutes premières expériences d'intégration économique sous-régionale au niveau du continent africain. Aussi, devait-elle se voir confier quatre missions essentielles dont :

- l'établissement graduel et progressif d'un marché commun entre les États membres,
- l'élimination des entraves au développement des échanges intracommunautaires dans le but de promouvoir l'extension des marchés nationaux et l'amélioration du niveau de vie des populations,
- le renforcement de l'unité des économies en présence et la modernisation de celles-ci afin d'en assurer le développement régulier (…) par l'harmonisation des politiques d'industrialisation, la répartition équitable des projets communautaires et la coordination des programmes de développement des différents secteurs de production[21].

Afin d'atteindre ces objectifs, l'UDEAC allait adopter un ambitieux plan d'action et construire, dès sa mise en place, un modèle de développement basé sur le « fonctionnalisme »[22], jugé à cette époque plus apte à faciliter l'action de l'organisation sous-régionale. C'est que, comme le précise si opportunément la doctrine, les théories

[21] Préambule du Traité UDEAC.

[22] Théorie économique initiée pour la première fois par David MITRANY (*A working Peace System*, London, Royal Institute of International Affairs, 1943) et particulièrement développée par les auteurs américains des décennies 60 et 70, le fonctionnalisme se base sur l'idée selon laquelle *« il est préférable, dans un but tactique, et parce qu'on se heurte au mur de la souveraineté des États, de vider progressivement ces derniers de leur contenu économique, social, culturel, en transférant ces différents secteurs de l'activité nationale à des organisations internationales dans l'espoir que, finalement, l'État étant vidé de son contenu essentiel, de ce qui fait son essence et sa raison d'existence, le pouvoir politique lui-même finira par s'effondrer (...) » ;* Cf. GONIDEC (Paul-François), *Relations Internationales,* Ed. Les cours du Droit, Paris-Sorbonne, 1974, p. 182. Sur cette théorie du « fonctionnalisme » appliquée aux pays du tiers-monde en général et à l'Afrique en particulier, voir également INIS (Claude), *Swords into plowshares. The problems and progress in International Organization,* Random House, 1964.

fonctionnalistes vont plus loin et sont fondées sur « *la priorité dans les sociétés pluralistes, "désidéologisées" et dominées par la rationalité de gestion de se moderniser. Conduite par des institutions centrales, l'intégration technico-économique, conséquence inéluctable de la faiblesse des États agissant seuls, doit mener vers une intégration politique progressive sous la forme d'une Communauté politique (...) où sont concentrées l'allégeance des groupes et des peuples, la légitimité politique, les capacités de distribution et de régulation (...) »*[23].

Mais la réalisation progressive des objectifs assignés à l'institution sous-régionale allait laisser apparaître un fossé entre les approches communautaires de développement et les réalités de l'environnement ambiant. L'UDEAC devait très vite se rendre à l'évidence que le « fonctionnalisme » ne pouvait guère favoriser l'œuvre d'intégration recherchée.

L'abandon du « fonctionnalisme » par l'institution sous-régionale au début des années soixante-dix montrait alors clairement que les pays membres de l'UDEAC prenaient leur distance définitivement par rapport à ces politiques de développement fondées sur le dessaisissement de pans entiers des souverainetés nationales au bénéfice de la construction

---

[23] Cf. GAUTRON (Jean-Claude), in *Droit Européen*, Dalloz, 10e éd, Col. Mémentos, Paris, mars 2002, p. 14. Or comme on le sait, elles ne pouvaient guère trouver un épanouissement dans le contexte d'États nouvellement indépendants et donc légitimement très jaloux de leurs souverainetés. En effet, la doctrine originelle du « fonctionnalisme », telle que construite par son géniteur HASS n'a pas longtemps résisté aux critiques et à la controverse, notamment en ce qui concernant la supranationalité des organisations économiques régionales, tant dans les pays développés qu'au niveau de ceux en développement. Afin de s'adapter aux réalités de son environnement, la théorie allait très vite être revisitée et corrigée par les auteurs dits « néo-fonctionnalistes », lesquelles influencèrent beaucoup les fondateurs des traités communautaires et l'idéologie de la Commission et des Communautés Européennes. Cette crise du fonctionnalisme comme théorie contemporaine d'intégration économique, [ainsi que l'ont si bien démontré M. BADIE (Bernard) et Madame SMOUTS (Marie-Claude) in *Le retournement du monde : sociologie de la scène internationale*, col. Amphithéâtre, Presses de Sciences Po. Et Dalloz, 3e édition, Paris, 2000, p. 181-185.], révélée par de multiples crises notamment la crise institutionnelle de 1965-1966, la demande britannique de renégociation, sur fond de chocs pétroliers et de crise mondiale dans la décennie soixante-dix, la stagnation ainsi que l'« europessimisme » des premières années de la décennie quatre-vingt, a fini par démentir les fondements premiers du « fonctionnalisme » et par la reléguer dans *« l'archéologie du savoir »*, en précipitant par le fait même son abandon et l'émergence progressive du néofonctionnalisme, jugé moins radical et surtout capable de contourner l'indécis obstacle de souveraineté nationale.

commune. Ils se sont contentés de porter les projets de l'intégration au moyen d'une part de la poursuite du démantèlement des barrières douanières, et d'autre part de la mise en place de simples politiques de coopération économique et technique. L'approche sectorielle était ainsi conçue sans concession de véritables pouvoirs à l'institution chargée de porter l'œuvre d'intégration recherchée. Ce qui a indubitablement contribué à son échec cuisant.

L'incapacité de l'UDEAC à orchestrer la réalisation d'un espace économique unifié, constatée à travers l'échec de la législation douanière commune, l'abandon de l'ambitieuse politique commune d'industrialisation de la sous-région ainsi que celui des différentes politiques sectorielles mises en place sous ses auspices, a obligé les États membres à tempérer leurs espoirs de départ et à adopter progressivement des politiques économiques plus ou moins introverties dès la fin de la décennie soixante-dix. Cependant, la persistance de la crise économique dans la sous-région et l'inefficacité des différentes politiques de réformes macro-économiques entreprises au niveau national, malgré la mise en œuvre de différents plans d'ajustement structurel imposés par les bailleurs de fonds bilatéraux et multilatéraux allait aboutir à la remise en question des choix opérés par les pays de la région, et remettre sur la sellette la question du régionalisme économique entre les États membres.

Différentes études allaient mettre en évidence l'urgence de la redécouverte des vertus d'une institution commune d'intégration économique, plus moderne et devant se substituer aux marchés nationaux jugés très étroits et incapables de s'insérer dans un commerce international toujours plus concurrentiel[24]. L'idéal d'intégration porté au lendemain des indépendances allait ainsi à nouveau connaître un regain d'intérêt. La flamme de l'intégration qui n'aurait pas dû être réduite, a de nouveau été attisée. Les idées en faveur de la mise sur pied d'une institution communautaire plus solide, plus intégrée, plus moderne et apte à porter les nouvelles ambitions intégrationnistes des pays de la sous-région, allaient éclore. La finalité de ces dernières étant de sortir les pays concernés du carcan du sous-développement dans lequel ils sont enlisés. Ces idées ont progressivement émergé, alimentées par les conditionnalités des bailleurs de fonds bilatéraux et multilatéraux. De

[24] Cf. Banque Mondiale, *Coopération régionale et ajustement structurel : programme de réforme de la politique fiscalo-douanière pour les États membres de l'UDEAC*, 22 octobre 1991, 120 p ; Confidential Report, n° 9747, AFR, 22 octobre 1991, p. 18-35.

même, les travaux de réflexion menés entre 1989 et 1993 dans le cadre du Programme Régional des Réformes allaient dans le même sens de refondation de l'idéal communautaire en Afrique Centrale.

L'urgence de créer et de doter une nouvelle institution de véritables pouvoirs fut reconnue, tant le principal reproche fait à l'UDEAC[25] pendant plusieurs années fut son extrême inaction. De plus, au regard des mutations qui s'opéraient au niveau planétaire, la nouvelle institution appelée de tous les vœux ne devait plus se limiter aux seules questions d'harmonisation des politiques fiscales et douanières des pays membres, mais aussi prévoir les conditions de la création, à moyen terme, d'un véritable marché commun entre les pays membres caractérisé par la libre circulation des personnes, des capitaux, des biens et services.

Axée principalement sur la modernisation de l'environnement économique et commercial de la sous-région, la mise en œuvre du Programme Régional des Réformes n'allait malheureusement pas atteindre l'objectif à lui assigné, c'est-à-dire celui d'apporter des solutions rapides et efficaces aux maux dont souffrait la sous-région. Tout au plus, elle releva l'exigence de faire un bilan sans concession des politiques d'intégration des trois dernières décennies, et proposa dans la foulée, outre l'approfondissement de la réforme fiscalo-douanière, d'imaginer de nouveaux mécanismes institutionnels devant permettre à la nouvelle institution de mieux porter le développement économique des pays membres. En même temps, elle proposa la substitution, à la défectueuse politique économique initiée depuis plus de trente ans, de nouvelles structures, modernes et efficaces, ainsi que le choix de la revalorisation juridique comme instruments majeurs de la construction communautaire, en essayant d'adapter ces outils à l'environnement sociopolitique et économique des pays de la région[26]. Et voilà la

[25] Tant elle a, pendant plus de trente ans d'existence, agi plus comme un simple organisme de coopération qu'une véritable institution d'intégration économique des pays membres.

[26] Diverses réflexions doctrinales recommandaient d'ailleurs déjà dès le début de la décennie quatre-vingt-dix aux pays de la sous-région de prendre une nouvelle voie dans leurs politiques d'intégration, notamment en faisant précéder la constitution du marché commun souhaité par une harmonisation préalable des règles devant régir ce dernier ; comme le souligne M. BUZELAY (A), « (…) en Afrique Centrale plus qu'en Europe, l'union régionale et l'intégration des marchés en résultant impliquent, en raison même des disparités et segmentations locales existantes, une phase préalable d'intégration par les règles. L'expérience et l'actualité (…) nous rappellent que dans de nombreux domaines, l'instrument ne saurait se confondre avec l'objectif – sauf à causer des

Communauté Économique et Monétaire de l'Afrique Centrale (CEMAC) qui naît en 1994 en remplacement de l'UDEAC pour porter ce renouveau intégrationniste vivement souhaité en Afrique centrale.

2) La création de la CEMAC et le renouveau de l'intégration sous-régionale en Afrique

Après ce constat d'échec du PRR et face à la multiplication des effets négatifs induits de la dévaluation du franc CFA, l'UDEAC, dont les États membres ne songeaient même plus à payer leurs cotisations et apurer leurs arriérés, se savait désormais définitivement perdue, d'autant plus que de nombreux experts avaient, depuis des années, demandé sinon une dislocation pure et simple et son remplacement par une nouvelle organisation d'intégration sous-régionale plus adaptée, du moins la restructuration complète de l'institution sous-régionale, face aux nouvelles exigences des économies des pays membres et du contexte international.

De plus, la nouvelle dynamique ayant cours dans tout le continent africain et plus particulièrement dans les pays de la Zone Franc a été un coup d'accélérateur dans le processus de relance de l'idéal communautaire en Afrique Centrale. En effet, tirant les leçons du phénomène de mondialisation économique, les pays de la Zone Franc ont décidé de donner un nouvel élan au processus de modernisation de leurs économies, et de dépasser les cadres réducteurs de simples politiques de coopération économique pour rejoindre le mouvement de réalisation d'un vaste marché commun régional, tel qu'initié par le Traité d'Abuja de juillet 1981.

Aussi le nouveau dispositif créateur de l'institution insiste-t-il sur l'urgente nécessité pour les pays membres de revigorer le processus de construction sous-régional « *à travers l'approche d'intégration proposée par l'UDEAC telle qu'inspirée par les Chefs d'État de l'OUA lors de la Conférence d'Abuja* » et fait de la CEMAC l'outil de promotion « *d'un développement harmonieux des États membres* », *en passant « d'une situation de coopération, qui existe déjà entre eux, à une situation,*

---

déséquilibres inacceptables. L'intégration de marché (objectif) peut ne pas s'amorcer par le marché, mais par les règles et l'harmonisation préalable » In *L'union fiscale et douanière des douze : quels enseignements pour l'intégration régionale en Afrique Centrale ?, Revue tiers-monde* t. XXXV, n° 140, octobre-décembre 1994, p. 887.

susceptible de parachever le processus d'intégration économique et monétaire »[27].

Le principe de création d'un marché intérieur sera très vite adopté et précisé à travers la mise en place de l'Union Économique de l'Afrique Centrale, outil central entre les mains de l'organisation sous-régionale et destiné à favoriser l'émergence de ce vaste marché commun tant désiré.

II - Les mutations actuelles en matière d'intégration économique en Afrique Centrale : de l'émergence d'un ordre juridique nouveau

C'est dans ce contexte de renouveau des politiques d'intégration économique qu'a été créée la Communauté Économique et Monétaire de l'Afrique Centrale (CEMAC), laquelle allait recevoir pour mission la mise en place d'un cadre économique propice à l'émergence d'une nouvelle ère pour les pays de la sous-région. À cause des spécificités propres aux pays membres, la nouvelle institution se devait d'adopter des règles particulières visant à moderniser l'environnement économique sous-régional. On assistait ainsi à la réaffirmation d'un double principe depuis longtemps consacré, mais jamais relevé avec force en Afrique : la reconnaissance d'une place de choix en faveur du droit comme moteur de la bonne marche des organisations internationales à vocation économique ainsi que l'affirmation du droit institutionnel comme sa nouvelle fondation.

En effet, en adoptant les trajectoires choisies par le mouvement de régionalisme européen et celles inversées de la douloureuse expérience UDEAC, les pères fondateurs ont souhaité intégrer les États membres dans un ensemble plus vaste ayant une existence et une identité propres ; ils ont également prévu que, d'une part, l'économie serait le moteur de l'intégration et que, d'autre part, le droit en serait le moyen ; aussi utilise-t-on de plus en plus fréquemment l'expression d'*« intégration par le droit »* pour qualifier le nouveau régionalisme économique en Afrique noire francophone. Plus clairement, les pères fondateurs de la nouvelle CEMAC ont voulu faire confiance aux vertus du libéralisme économique[28] pour consolider le processus d'intégration sous-régionale.

---

[27] Préambules des Traités de Ndjamena de 1994 et de Libreville de 2009.

[28] Célébration de la propriété privée élevée au rang de dignité constitutionnelle, redécouverte du rôle et de la place de l'État consacrant son effacement des secteurs

Désormais, la suppression des obstacles physiques, notamment à travers la mise en place de la réforme fiscalo-douanière communautaire, l'harmonisation des législations économiques, sociales et commerciales nationales, la redynamisation de la politique monétaire et financière commune, la nouvelle règlementation de la concurrence, la saisine des règles prudentielles bancaires et l'émergence d'un marché financier sous-régional, apparaît comme la priorité irréversible de l'action de l'institution sous-régionale. Le droit recevant une place nouvelle (**A**) dans la sous-région, à travers diverses techniques de rapprochement des législations nationales des États membres, et se plaçant comme l'outil principal devant porter la création du grand marché intérieur de l'Afrique Centrale (**B**). Finalement, on assiste ici à l'émergence d'un ordre juridique nouveau dans la sous-région (**C**).

A - La nouvelle place du droit dans le processus d'intégration économique en Afrique

Comme affirmé plus haut, c'est d'évidence que les nouvelles ambitions d'intégration économique élaborées dans le cadre de la CEMAC ne pouvaient atteindre les objectifs à elles assignés que si elles étaient fortement encadrées par des instruments juridiques efficaces. En effet, comme on le sait, l'échec du régionalisme en Afrique a été souvent expliqué par l'absence d'un cadre juridique propice à porter son épanouissement. Et pourtant, malgré les apparences et contrairement à une idée reçue et largement entretenue, on ne pouvait pas dire que tant la science économique que sa sphère d'influence n'ont pas été très tôt saisies par le droit en Afrique en général et dans les pays francophones en particulier[29]. On peut simplement noter qu'à l'instar de l'ensemble du mouvement intégrationniste, l'idée n'y a jamais reçu l'application qu'elle méritait, à cause de la stature particulièrement asservissante des souverainetés nationales.

---

productifs – État régulateur des rapports sociaux –, consécration des principes du libéralisme économique, etc.

[29] Cf. GNIMPIEBA TONNANG (E), « La science juridique publiciste est-elle maîtresse ou servante de la science juridique privatiste ? Contribution à l'étude des relations ambivalentes d'un phénomène à l'aune de l'émergence d'un droit communautaire africain », in *Les réformes de droit privé en Afrique*, Publication du Laboratoire d'Études et de Recherches sur le Droit et les Affaires en Afrique (LERDA), Presses Universitaires d'Afrique, 2016, p. 415-436.

Forte de ces paramètres, au début de la décennie quatre-vingt-dix, l'intégration économique en Afrique Centrale a voulu construire ses fondations sur de nouvelles bases, en réaffirmant, comme on l'a vu, sa volonté de faire du droit l'instrument majeur de réalisation de ses ambitions libérales et sécuritaires. En reprenant à son compte les rares acquis de l'UDEAC, le traité CEMAC tient à rappeler la nécessité pour les États membres de « *développer ensemble toutes les ressources humaines et naturelles de leurs États et de mettre celles-ci au service du bien-être général de leurs peuples dans tous les domaines* »[30]. Elle insiste également sur cette urgence pour les pays membres de « *donner une impulsion nouvelle et décisive au processus d'intégration (...) par une harmonisation accrue des politiques et des législations de leurs États* »[31].

Cette promotion d'un environnement juridique favorable aux activités économiques s'est d'ailleurs très vite concrétisée par diverses mesures coordonnées tendant entre autres à la modernisation des cadres juridiques internes des États membres de la Zone Franc. Toutes ces réformes ont eu pour conséquence l'émergence rapide d'un patrimoine juridique nouveau et plus adapté devant porter le développement économique des États membres. La nouvelle législation fiscalo-douanière, la nouvelle règlementation commune régissant le droit de la concurrence, le droit bancaire, l'émergence d'une législation communautaire des transports, la législation sur la surveillance multilatérale des politiques macro-économiques, la nouvelle charte communautaire régissant les investissements sont une illustration parfaite de ce renouveau juridique dans l'espace économique CEMAC. C'est dans ce contexte qu'émerge le nouvel ordre juridique communautaire en Afrique centrale.

Si personne n'a jamais contesté ce patrimoine juridique, legs colonial et produit de diverses tentatives régionales et sous-régionales de regroupement économique, il faut avouer que certains auteurs ont jusqu'à récemment douté de l'existence d'un « droit communautaire » africain, émanation des institutions d'intégration économiques régionales et sous-régionales. En effet, si l'on accepte la définition pendant longtemps admise par la doctrine, on peut dire que ce scepticisme se comprend tant le concept de « droit communautaire » a pendant des années été perçu

[30] Préambule du Traité institutif du 16 mars 1994 de Ndjamena.
[31] Préambule du Traité institutif du 16 mars 1994 de Ndjamena, *Ibid.*

comme étant propre aux Communautés Européennes[32]. Cependant, en concevant avec la doctrine dominante actuelle que le droit communautaire est constitué de « *l'ensemble des règles juridiques propres à assurer le fonctionnement des institutions communes de développement constituées librement par les États membres »*[33], on peut dire que cette entreprise consistant à cantonner le concept aux frontières des Communautés Européennes est quelque peu réductrice de la réalité.

En même temps, elle tronque quelque peu la notion de « *droit communautaire »,* car elle montre son incapacité à prendre en compte l'évolution et de rendre compte de la quasi-universalisation d'un mouvement qui tire bien sûr ses origines profondes de la construction européenne depuis le traité de Rome, mais qui, peu à peu, a quitté ses frontières géographiques, philosophiques et doctrinales pour s'appliquer indifféremment à l'ensemble des regroupements régionaux ayant adopté le modèle européen d'intégration, bien qu'il faille ne pas perdre de vue la constante distinction faite entre « le droit de l'intégration », « le droit international » et le « droit communautaire », selon une savante formule du juge Pescatore[34].

En effet, si le droit de l'intégration doit s'entendre comme « *l'ensemble des règles ayant pour objectif l'organisation des rapports économiques et commerciaux bien précis entre un ou plusieurs États et dans un ou plusieurs domaines économiques et commerciaux »*[35], le droit international désigne l'ensemble des règles juridiques applicables aux relations multiformes entre les États d'une part, et entre ces derniers et les autres sujets de la société internationale d'autre part. L'ordre juridique communautaire est constitué quant à lui des règles dont la finalité est de réaliser une intégration économique voire politique (progressivement achevée) entre les États membres. Tour à tour considéré comme « *ordre juridique nouveau* », « *ordre juridique propre... de droit*

---

[32] Cf. MINKOA SHE (Adolphe), *Droits de l'Homme et droit pénal au Cameroun*, Paris, LGDJ, 1999, p. 52.

[33] Cf. GNIMPIEBA TONNANG (E), *Droit matériel et intégration sous-régionale en Afrique Centrale : contribution à l'étude du droit communautaire CEMAC*, Thèse (NR), Nice-Sophia Antipolis, 2004 ; Publiée à la Nouvelle Bibliothèque des Thèses, Lyon, mars 2008, p. 27.

[34] Cf. PESCATORE (Pierre), *L'ordre juridique des Communautés Européennes : étude des sources du droit communautaire,* Presses Universitaires de Liège, 3e éd., Liège, 1975, p. 73.

[35] Cf. GNIMPIEBA TONNANG (E), *Thèse de doctorat, précitée*, p. 35.

international... », *« ... issu d'une source autonome... et possédant une nature spécifique et originale »*, le droit communautaire paraît aujourd'hui constituer une des composantes essentielles du droit des gens[36].

Cette diversité de définitions doit être regardée comme étant la conséquence des relations ambivalentes pendant longtemps entretenues par le droit national, le droit de l'intégration, le droit international d'une part, et le droit communautaire d'autre part. En effet, cette diversité terminologique confirme à la fois les principes d'autonomie et de primauté du droit communautaire sur les droits nationaux des États membres.

Cet universalisme consacré du concept de *« droit communautaire »* peut d'ailleurs facilement se vérifier lorsqu'on transporte la question sur l'intégration économique en Afrique Centrale. En effet, la doctrine fait état de la création progressive d'un *« droit communautaire »* dans l'espace francophone d'Afrique, lequel désigne à la fois l'ensemble des règles juridiques tendant à moderniser le système normatif des organisations sous-régionales d'intégration économique et à promouvoir un nouvel environnement susceptible de sécuriser l'espace économique, à brève échéance, d'un marché commun sous-régional[37]. Dans tous les cas, il est aujourd'hui unanimement admis que le droit communautaire a cessé d'être une simple vue de l'esprit, pour entrer progressivement dans les mœurs, et devenir une préoccupation constante des acteurs du mouvement d'intégration économique en Afrique Centrale.

B - Du choix du droit comme instrument de l'intégration de l'espace économique CEMAC

Parallèlement au renouveau de l'organisation sous-régionale, d'importants efforts ont été consentis pour encadrer de façon progressive et efficiente l'action de la nouvelle Communauté visant à mettre en place un marché commun entre les États membres. Un aperçu de cette nouvelle configuration de l'institution communautaire permet de dire que rompant

---

[36] Cf. PESCATORE (P*), Droit International et Droit Communautaire : essai de réflexion comparative,* coll. Les conférences universitaires, n° 5, Nancy, mars 1971.

[37] Pour de plus amples développements relatifs à l'exigence de sécurité juridique dans la construction communautaire dans la CEMAC, lire NGUENA DJOUFACK (Arsène Landry), *Sécurité juridique et droit communautaire de la CEMAC : recherches sur la sécurité juridique dans la construction du marché commun de la CEMAC*, Thèse de Doctorat/Ph.D, Université de Dschang, 2015.

avec le passé, l'intégration économique est plus que jamais portée par le droit en Afrique francophone en général et dans la zone CEMAC en particulier. Ce droit communautaire se subdivise en :

- **un droit matériel** qui tire ses origines de l'œuvre législative et règlementaire de l'institution sous-régionale, mais aussi des législations des différentes organisations régionales et sous-régionales d'intégration économique tendant à coordonner, au moyen des techniques d'harmonisation et d'uniformisation complète, ainsi que des différentes législations nationales des États membres. Ce droit matériel porte sur *« les règles précises applicables dans chacune des nombreuses matières qui entrent dans le champ d'action »*[38] des institutions sous-régionales ; plus précisément, il s'agira des règles juridiques qui régissent cet espace sans frontière dans lequel devront circuler librement les personnes, les marchandises, les services et les capitaux. Ce droit sera plus tard étudié, dans un ouvrage différent, réservé aux politiques communautaires en Afrique Centrale ;
- **un droit institutionnel** qui rend compte de l'évolution, de l'organisation et des activités des institutions sous-régionales — *Conférence des Chefs d'État et de gouvernement (CCE/G), Conseil des ministres, Commission, Comité ministériel, fonctionnement des organes et des institutions spécialisées, etc.* —, des différents textes applicables qui mettent en place l'ordre juridique naissant, qu'il s'agisse du droit originaire (ou primaire) ou du droit dérivé. Un droit qui précise la nature des relations entre les ordres juridiques internes et l'ordre communautaire d'une part, et d'autre part encadre l'activité des institutions, organes et institutions spécialisées communautaires.

L'analyse du droit communautaire CEMAC porte donc sur le fond du droit applicable aux politiques sous-régionales de mise en place d'un marché commun entre les États membres. Appliquée au processus d'intégration ayant cours entre les pays de l'espace CEMAC, l'expression « *droit communautaire général* » va désigner l'ensemble des règles applicables aux institutions communautaires — *parce qu'il relève du droit communautaire institutionnel (sans pour autant le renier de façon radicale), le régime juridique de ces règles* — procédure

---

[38] Cf. ICARD (Philippe), *Droit communautaire matériel*, Economica, 8e éd., Paris, 2013, p. 154.

d'élaboration, nature, caractère, sources, autorité compétente, bref de l'ordre juridique communautaire. Cette intégration par le droit institutionnel, porté par un ordre juridique propre, facilitera l'émergence d'un droit communautaire matériel qui, lui, visitera les règles gouvernant le marché intérieur (libre circulation des biens, des personnes, des services et des capitaux, garantie d'une saine et loyale concurrence entre les acteurs économiques, politiques sectorielles très encadrées, etc.).

C - L'émergence d'un ordre juridique nouveau en Afrique Centrale

La spécificité du traité communautaire CEMAC réside largement en ce qu'à la différence des traités ordinaires, se bornant à créer des obligations mutuelles entre les États contractants, ils mettent en place un véritable ordre juridique, dépassant la simple constitution d'une organisation internationale. C'est dire que l'on ne peut pas véritablement prendre la mesure de cette spécificité par une approche simpliste en termes d'« Institutions communautaires ». Pour mieux comprendre cette question, on est obligé de recourir au droit comparé notamment à la construction communautaire européenne. En effet, la Cour de Justice des Communautés Européennes a très tôt eu le souci d'insister sur cette spécificité et sa présentation s'est rapidement affinée : *« L'objectif du traité CEE... est d'instaurer un marché commun dont le fonctionnement concerne directement les justiciables de la Communauté (...) ».* Le traité *« constitue plus qu'un accord qui ne créerait que des obligations mutuelles entre les États contractants (...) la Communauté constitue un nouvel ordre juridique de droit international dont les sujets sont non seulement les États membres, mais également leurs ressortissants »*[39].

La référence au droit international, *lapsus* révélateur pour les uns, maladresse de débutant pour les autres, disparaîtra bientôt, la formulation se faisant plus neutre : par exemple, *« le traité ne se borne pas à créer des obligations réciproques entre les différents sujets auxquels il s'applique, mais il établit un ordre juridique nouveau »*[40]. La Cour découvre cependant dans l'une de ses jurisprudences inaugurales la présentation la plus sobrement significative qu'*« à la différence des traités ordinaires, le traité de la CEE a institué un ordre juridique*

[39] CJCE, 05 février 1963 : Van Gend & Loos ; Affaire 26/62 ; 1.

[40] CJCE, 13 novembre 1964 ; Commission c/. Luxembourg ; Affaires 90 et 91/63 ; 1217.

propre, intégré au système juridique des États membres »[41]. Voilà l'essence d'un système intégré, ce qui allait désormais caractériser de façon majeure le nouveau système communautaire naissant.

C'est tout naturellement que les trajectoires empruntées par la construction communautaire en Afrique centrale portées par la nouvelle CEMAC sont inspirées par les trajectoires empruntées par l'ordre juridique communautaire européenne (**1**) même s'il ne faut pas perdre de vue que ce nouvel ordre cohabitera avec les ordres juridiques internes des États membres (**2**).

1 °) L'émergence d'un ordre juridique de nature communautaire en Afrique centrale

Il faut s'arrêter sur ce concept « *d'ordre juridique* ». Comme il est baptisé, c'est un « *ordre* » ; ce qui suppose une dimension structurée, hiérarchisée. C'est comme on le verra un ordre spécifique du droit des gens, un ensemble ne se réduisant pas à la collection, l'addition de ses éléments constitutifs. On peut essayer de cerner cette identité en un triptyque : définition, nature et analyse théorique, caractéristiques.

a) Les définitions

C'est « *l'ensemble, structuré en système, de tous les éléments entrant dans la constitution d'un droit régissant l'existence et le fonctionnement d'une communauté humaine »*[42]. La valeur de cette approche réside certainement plus dans son caractère général que dans ses vertus explicatives. On peut également utiliser une définition commode, souvent reprise dans l'ordre juridique européen et transposable *mutatis mutandis*, il nous semble, en droit communautaire CEMAC : « ... *un ensemble organisé et structuré, possédant ses propres sources de droit, doté d'organes aptes à les émettre et à les interpréter, au profit de destinataires qu'on peut appeler les sujets du droit communautaire »*[43]. C'est déjà plus intéressant et on peut noter que cette définition met en valeur la question des sources du droit. Ceci conduit à insister sur le support d'un groupe, d'une collectivité, qui se dote ou est dotée

---

[41] CJCE, 15 juillet 1964 ; Costa/ENEL ; Affaire 6/64 ; 1141.
[42] Cf. LEBEN (Charles), *Dictionnaire de la culture juridique*, 4e Ed. Voir « Ordre juridique », p. 325.
[43] Cf. RIGAUX (François), cité notamment par R. KOVAR, JCl. 410.

d'organes disposant de compétences pour édicter des normes juridiques régissant ce groupe.

La notion d'ordre juridique est mieux comprise si nous évoquons certaines théories sur lesquelles repose la construction de ce concept, s'inscrivant ainsi dans une analyse conceptuelle du phénomène juridique lui-même.

b) Les approches théoriques de la notion d'ordre juridique

Si l'on schématise, il faut présenter d'abord l'approche qui s'est très tôt imposée ici, l'approche normativiste (**α**). Seront ensuite simplement évoquées d'autres voies, moins consensuelles (**β**).

α) L'approche normativiste

Le positivisme normativiste de l'École juridique autrichienne a donné un lustre tout particulier à l'analyse de l'ordre juridique. Globalement, cette approche consiste à analyser l'ordre juridique comme un ensemble de normes. Les auteurs de ce courant s'opposent alors pour savoir quelles normes sont prises en considération, Kelsen insistant sur la sanction, la contrainte (la juridicité d'une norme vient de ce que sa violation entraîne la sanction). Pour l'auteur[44], la norme primaire est celle qui édicte la sanction, et celle qui prescrit l'obligation est une norme secondaire. D'autres ne se focalisent plus sur la sanction et voient dans l'ordre juridique la réunion de normes primaires, qui règlent la conduite des sujets de droit, et de normes secondaires, qui portent sur les normes primaires (règles relatives à la production, modification, application de ces règles primaires)[45].

β) Les approches non normativistes

Il y a en fait, deux époques où des auteurs ont analysé l'ordre juridique comme ne se limitant pas à réunir des normes.

---

[44] Cf. KELSEN (Hans), *Théorie pure du droit*, Dalloz, Paris, 1962, p. 70.
[45] Cf. HART (Herbert), *Le concept de droit*, 1976, Presses Universitaires de Saint Louis, p. 74.

– L'approche institutionnelle prénormativiste

En 1917, dans la première étude spécifique sur ce qu'est un ordre juridique, Santi ROMANO[46] refuse l'approche purement normativiste. L'ordre juridique ne se réduirait pas à un ensemble de normes, mais devrait intégrer un « *ordre social organisé* » dont procèderaient les normes. Il faut aussi considérer ici des analyses contemporaines expliquant comment la société, une société, un groupe social peut secréter une organisation et un pouvoir[47], l'« *institution* » dans ce sens reposant sur une idée d'œuvre s'imposant dans un groupe, au sein duquel s'organisent alors des pouvoirs pour la réalisation de cette idée d'œuvre, le groupe générant des « *manifestations de communion* ».

– Les critiques post-normativistes

La conception kelsennière est un pivot désormais incontournable de l'analyse, mais a pu être critiquée, radicalement ou sur des détails. On se contentera d'évoquer deux critiques consistant à douter de ce qu'un ordre juridique ne soit qu'un ensemble de normes. Paul AMSELEK[48] souligne ainsi que les actes juridiques ne sont pas tous porteurs de normes (certains se contentent de directives que le sujet peut suivre ou non, certains sont déclaratifs). Jean COMBACAU refuse quant à lui de concevoir un ordre juridique comme le simple ensemble de normes parce qu'elles sont le produit de processus de production du droit. Il y a donc d'une part les modes de production, et d'autre part les produits. Pour lui, un tel système trouve sa logique « *dans la réponse qu'il apporte à la question de l'opposabilité des objets légaux résultant du jeu des modes de production qu'il comporte* »[49].

c) Les caractères d'un ordre juridique

Nous allons évoquer cette question en deux temps. D'abord dans l'absolu — caractéristiques de tout ordre juridique —, puis une

---

[46] Cf. ROMANO (Santi), *L'ordre juridique*, Rome, Œuvre rééditée, Dalloz, Collection, Tiré à part, 1945, 417 p.

[47] Spécialement Maurice HAURIOU, avec sa *Théorie de l'Institution et de la fondation*, Cahiers de la nouvelle journée, 1925, n° 4).

[48] Cf. AMSELEK (Paul), *Le rôle de la volonté dans l'édiction des normes juridiques selon Hans Kelsen*, Revue Juridique Thémis, Vol. 33, n° 2, janvier 1999, p. 195.

[49] Cf. COMBACAU (J), *Le droit des traités*, PUF, Col. Que Sais-je, Paris, 1991, 125 pages. Du même auteur, lire *Pas une puissance, une liberté : la souveraineté internationale de l'État*, Pouvoirs (Revue française d'études constitutionnelles et politiques), n° 67, p. 68.

interrogation sur ce qui, éventuellement, pourrait caractériser celui qui nous intéresse, l'ordre communautaire CEMAC.

– Les caractères généraux

Tout ordre juridique se caractérise par quatre points :

- **L'unité** : c'est un « *principe unificateur* » essentiel qui permet de relier et d'ordonner les éléments de l'ensemble. Pour Kelsen, c'est cette pyramide de validité déjà évoquée. C'est même une double pyramide ; d'un point de vue statique, une norme est valide si elle est conforme à la norme supérieure. D'un point de vue dynamique, une norme est valide si elle a été posée conformément aux conditions prescrites par la norme supérieure. À chaque fois, on remonte jusqu'à la norme fondamentale hypothétique. D'autres ont cherché ailleurs que dans le caractère hypothétique la solution de la norme suprême. Pour Hart, ce fondement est une « *règle de reconnaissance* » permettant d'identifier les autres normes comme appartenant au même ordre, qui n'est ni valide ni invalide : elle est acceptée ou non[50].
- **La cohérence** : il est possible qu'existent dans un ordre juridique des antinomies, c'est-à-dire des normes incompatibles entre elles. Ce n'est pas un problème[51], dès lors qu'il suffit qu'existent des solutions permettant au juge spécialement consacré de résoudre ces antinomies[52].
- **La complétude** : l'idée d'ordre juridique implique que le juge puisse toujours trouver une norme de cet ordre applicable au cas en cause. On retrouvera, s'agissant du système communautaire, ce recours à l'idée d'un système « *complet* ».
- **L'efficacité** : C'est ce qui permet de distinguer un ordre juridique d'un autre type d'ordre normatif (normes morales ou religieuses...). D'où l'importance de la sanction pour Kelsen[53]. La difficulté ici consiste à savoir l'incidence de la violation ou du non-respect de certaines normes. Jusqu'où peut aller la non-application, le non-respect de telle ou telle norme communautaire sans que l'effectivité de l'ordre lui-même en soit affectée ?

---

[50] Cf. HART (H), *Le concept de droit*, 1976, Presses Universitaires de Saint Louis, p. 85.

[51] C'est un problème de justice, mais pas un problème d'existence de l'ordre en tant que tel.

[52] Des principes tels que *lex posterior derogat priori*, ou *specialia generalibus derogant*.

[53] Cf. KELSEN (H), *Théorie pure du droit*, Dalloz, Paris, 1962, p. 92.

– Les caractères particuliers de l'ordre communautaire CEMAC

On peut tenter d'aller plus loin et de préciser les caractères de l'ordre juridique communautaire en particulier, et la Cour de justice l'a fait. La Cour de Justice de la CEMAC, en effet, a parfois présenté les traités comme formant un ordre juridique tout en précisant ce qui caractérisait ce dernier[54]. Dans certaines espèces, c'est l'intégration qui est mise en évidence, l'ordre juridique communautaire se caractérisant par le fait qu'il est à la fois autonome et intégré au système juridique des États membres. Ailleurs, c'est à la fois plus précis et assez maladroit et approximatif : les caractéristiques essentielles de l'ordre juridique communautaire sont en particulier sa primauté et l'effet direct de toute une série de dispositions. On est aussi obligé d'admettre que ce qui est mis en relief est essentiel et complémentaire, puisque sont célébrés le principe de primauté, qui commande les relations d'ordre juridique (de la Communauté) à ordre juridique (de l'État membre), et le principe de l'effet direct, essentiel pour la portée du droit de la Communauté vis-à-vis des particuliers.

Mais une fois que l'on a éclairé un peu ce que pouvait signifier une analyse en termes d'ordre juridique, une autre question apparaît : si le droit de la CEMAC forme vraiment un ordre juridique, cela impliquerait, au vu de l'assimilation dominante entre ordre juridique et État, une pluralité de types d'ordres juridiques.

2 °) La pluralité des ordres juridiques coexistant dans les États membres

Deux types de problèmes apparaissent ici. Peut-on accepter le pluralisme juridique, la pluralité d'ordres juridiques à l'intérieur d'un même État ? Et si oui, comment organiser les rapports entre ces ordres juridiques ?

a) La question de la pluralité d'ordres juridiques

Elle est susceptible de se poser sous plusieurs formes. Par exemple, l'État se confondant avec son ordre juridique, il y a autant d'ordres juridiques que d'États. Mais cela n'est pas problématique ou discuté.

La vraie controverse consiste à se demander s'il peut exister un ordre juridique ailleurs que dans l'État, c'est-à-dire à l'intérieur ou à l'extérieur

---

[54] Cf. SCELLE (G), *La notion d'ordre juridique*, Revue de Droit Public, 1944, p. 88.

du cadre étatique[55]. La thèse institutionnelle consiste par exemple à soutenir qu'il y a ordre juridique dès qu'existe un ordre social organisé, avec un droit spécifique, que ce soit dans une association, une entreprise ou au niveau international. Le droit positif considère une double position ici : d'une part, c'est l'adhésion à cette identification d'un ordre juridique non étatique. Bref, l'analyse du droit communautaire CEMAC en tant qu'ordre juridique vise à démarquer ce dernier des ordres.

b) La gestion de la pluralité des ordres juridiques

Si le problème est en général assez simple s'agissant des rapports entre les ordres juridiques infra-étatiques et celui de l'État (l'ordre juridique éventuellement constitué par une association est entièrement subordonné à l'État), c'est beaucoup plus délicat pour la relation entre l'ordre étatique et un ordre « *supranational* ». À cet égard, il faut avoir en tête l'alternative classique qui a longtemps structuré la problématique, avant d'envisager une nouvelle perspective que semble imposer la spécificité communautaire.

α) L'alternative classique : le réflexe hiérarchisant

On peut avoir une approche dualiste[56], notamment l'indépendance et la coexistence des ordres, avec des procédures particulières pour qu'une norme de l'ordre « *externe* » ait une force juridique dans l'ordre interne. On peut aussi développer une vision moniste de continuité avec deux variantes. Soit l'ordre externe est considéré comme une émanation, une délégation de l'ordre étatique, et le droit national l'emporte sur le droit externe[57], soit le droit externe est considéré comme le droit « *du tout* », ne pouvant, dès lors, que l'emporter sur le « *droit des parties* »[58]. Nous reviendrons sur tout cela, mais on voit que dans la logique « pyramidale » dominante, il y a une recherche acharnée de hiérarchie, de

[55] Cf. COMBACAU (J), *Pas une puissance, une liberté : la souveraineté internationale de l'État*, Pouvoirs (Revue française d'études constitutionnelles et politiques), n° 67, p. 73.

[56] Cf. SIMON (Denys), *Dualisme incompressible ou monisme inversé : à propos de la jurisprudence récente du Conseil d'État sur la primauté du droit communautaire*, Revue Europe, mars 1999, p. 27-41.

[57] Cf. TEITGEN (Paul-Henri), « L'application du droit communautaire par le législatif et l'exécutif français », in *La France et les Communautés européennes*, LGDJ, 1975, p. 793.

[58] Cf. VIENNE (Raymond), *La primauté du droit communautaire sur le droit français*, Annales de l'Université des Sciences Sociales de Toulouse, 1975, p. 5-11.

sommet unique de la pyramide, ce qui est une négation, finalement, de la pluralité. Comme nous le verrons, des oppositions existent encore là-dessus : une bonne partie de la doctrine et des jurisprudences nationales adhèrent à l'idée d'une primauté de l'ordre national, non dans son ensemble, certes, mais quant à son niveau supérieur, la Constitution[59].

En revanche, le droit positif considère clairement que l'ordre juridique communautaire dans son ensemble l'emporte sur les ordres juridiques des États membres[60].

β) Les perspectives nouvelles du pluralisme juridique en Afrique Centrale

L'idée pourrait être ici d'assumer la spécificité de l'intégration, c'est-à-dire de l'existence de l'ordre juridique communautaire, autonome, existant en tant que tel, mais sans priver d'existence le « référentiel » spécifique de chaque État membre, et spécialement la supériorité ultime de la constitution pour chacun d'eux.

Dès lors, il ne s'agit pas de déterminer quel ordre juridique « *l'emporte* » sur l'autre, mais de voir, dans chaque situation particulière, ce que sont les obligations des États membres pour que les caractéristiques de l'ordre communautaire soient respectées. Le caractère de nécessaire uniformité *(à cause du marché commun)* implique que les normes administratives et législatives des États ne puissent faire obstacle à l'application des normes communautaires, d'où l'obligation pour tout juge national d'écarter, comme on le verra plus tard, ces normes nationales contraires pour que puisse jouer la norme de la CEMAC.

Quoi qu'il en soit, appliqué à la CEMAC, l'ordre juridique communautaire va révéler l'originalité des outils juridiques qui portent le système normatif supranational, c'est-à-dire un ensemble cohérent et ordonné de règles originales dotées d'une force obligatoire à l'égard des acteurs communautaires et dont la méconnaissance est sanctionnée par un ordre juridique propre[61].

---

[59] Cf. SIMON (D), *Retour du mythe du gouvernement des juges ?*, *Europe*, février 2006, pp. 39.
[60] Cf. BIPELE KEMFOUEDIO (Jacques), *Essai sur une théorie juridique de l'intégration économique au sein de la CEMAC*, Thèse de Doctorat/Ph.D en droit communautaire et comparé de la CEMAC, Université de Dschang, FSJP, 2008.
[61] Cf. PESCATORE (P), *L'ordre juridique des Communautés Européennes : étude des sources du droit communautaire*, Presses Universitaires des Liège, 3e Ed., Liège, 1975.

Comme il est loisible de le constater, ce nouvel *ordo* communautaire se singularise par son autonomie vis-à-vis des ordres juridiques internes des États membres et de l'ordre international classique. Vu sous cet angle, aidé par son autonomie génétiquement organisée, le droit communautaire va fonder sa spécificité sur certains caractères qui lui sont propres notamment les principes de primauté, d'applicabilité directe et d'immédiateté. L'autre spécificité de l'ordre juridique communautaire par rapport au droit international classique est qu'il n'admet jamais de réserve de réciprocité. Vue sous ce prisme, toute violation du droit communautaire ou toute abstention à son application sera mécaniquement sanctionnée par les mécanismes communautaires pertinents[62].

À l'examen du corps de règles régissant la CEMAC, on est fondé à se demander si cet ordre juridique à travers lequel la théorie néo-fonctionnaliste s'exprime au sein de la Communauté est supranational[63]. Par supranationalité, il faut entendre le transfert des compétences des États membres aux institutions communautaires, lesquelles dans l'exercice de ces compétences prendront des actes juridiques qui seront d'applicabilité directe et primeront sur les droits nationaux. Elle consiste en l'existence d'un système institutionnel autonome permettant de privilégier le bien commun par rapport aux intérêts nationaux et d'édicter des normes qui, non seulement s'imposent aux États, mais aussi régissent directement la situation juridique des particuliers. À l'épreuve des faits et en faisant un bilan théorique et pratique, on s'aperçoit que l'ordre juridique au sein de la CEMAC se caractérise par deux grands principes à travers lesquels s'efforce ou du moins tente de s'exprimer la théorie néo-fonctionnaliste : il s'agit du principe de la primauté du droit communautaire sur le droit national (**Partie I**) et celui de l'applicabilité (**Partie II**).

---

[62] Cf. BIPELE KEMFOUEDIO (J), *Essai sur une théorie juridique de l'intégration économique au sein de la CEMAC*, Thèse de Doctorat/Ph.D précitée.

[63] À cet effet, sans se référer à la méthode d'interprétation traditionnelle de l'arrêt VAN GEND, on peut aboutir à des conclusions sur la base de l'affirmation que le Traité CEMAC n'est pas un Traité international « *ordinaire* », car il a institué ou du moins est en train d'instituer un ordre juridique propre, intégré au système juridique des États membres lors de l'entrée en vigueur du Traité et qui s'impose à leurs juridictions. Notons à toutes fins utiles que le principe de la primauté et celui de l'applicabilité directe et immédiate constituent la *summa divisio* de l'ordre juridique communautaire.

PREMIÈRE PARTIE

LES SOURCES DU DROIT COMMUNAUTAIRE DE LA CEMAC

Les sources du droit se conçoivent traditionnellement comme un ensemble de règles juridiques applicables dans un État donné, dans une branche du droit, dans un cadre donné et à un moment donné[64]. Il s'agit aussi de l'ensemble des procédés par lesquels le droit est créé[65].

L'ordre juridique, entendu comme « *un ensemble de normes et d'institutions gouvernant les relations internes d'une société humaine* »[66] ou mieux comme « *l'organisation d'un système plus ou moins complexe de normes et d'institutions destinées à s'appliquer effectivement aux sujets constitutifs d'une communauté déterminée* »[67], repose sur un ensemble de sources qui le constituent. Ces sources sont non seulement obligatoires, mais aussi créatrices de droits et d'obligations. Dans le cadre de la CEMAC, elles sont de plusieurs ordres et résultent de divers actes communautaires. Les actes communautaires sont ici perçus dans leur acception juridique.

Comme le fait remarquer la doctrine[68], l'acte communautaire « *recouvre une réalité que la doctrine internationaliste situe au cœur d'une controverse* ». Ce sont entre autres des actes juridiques appartenant à l'ordre juridique communautaire. Leur nature est précisée aux articles 40 et suivants du Traité révisé de la CEMAC. La nomenclature des actes communautaires est variée : « *unité terminologique et diversité*

---

[64] Cf. YEHOUESSI D. (Yves), *L'application du droit international dans l'ordre juridique des États francophones ouest-africains : le cas du droit communautaire de l'Union Économique et Monétaire Ouest Africaine*, Communication de la Cour de Justice de l'UEMOA, les Actes du colloque de Ouagadougou 24-26 juin 2003, in *Les Cahiers de l'Association Ouest-Africaine des Hautes Juridictions Francophones*, p. 347.

[65] Notamment le droit écrit, la coutume et les principes généraux du droit consacrés par la jurisprudence. YEHOUESSI D. (Y), *L'application du droit international dans l'ordre juridique des États francophones ouest-africains…,* Ibid., p.348.

[66] Cf. RIGAUX (F), cité par M.B. GERARD (Damien), *Ordre juridique, autonomie et dépendance - une introduction*, Cahiers du CeDIE, working papers 2012/07, p. 5.

[67] Cf. DUPUY (Pierre-Marie), cité par M.B. GERARD (Damien), *Ordre juridique, autonomie et dépendance – une introduction*, Cahiers du CeDIE, working papers 2012/07, p.11

[68] Cf. KAMWE MOUAFFO (Marie-Colette), *La CJ-CEMAC a rendu son premier arrêt préjudiciel. Note sous Arrêt n ° 001/CJ/CEMAC/CJ/10-11 du 25 novembre 2010. Affaire École Inter-États des Douanes C/Djeukam Michel*, Revue de l'ERSUMA, n° 2, p. 92.

typologique », synthétise la doctrine[69]. De fait, cet article nomme, par ordre hiérarchique, le Traité, les Conventions, les Actes additionnels, les Règlements, les Règlements-cadres, les Directives, les Décisions, les Recommandations et les Avis. Mais, cette liste de l'article 40 précité ne saurait être exhaustive. En effet, les règlements intérieurs des institutions communautaires doivent également y figurer, tout comme les différents accords que peut conclure la Communauté au titre de ses relations internationales[70].

Par ailleurs, il existe une catégorie d'actes dits innommés, procédant de l'activité administrative des institutions communautaires. Ils ont, pour certains, bénéficié d'une qualification du juge communautaire : par exemple, un protocole d'accord adopté par la COBAC, un avis conforme donné dans le cadre d'une procédure bancaire, la résolution du conseil d'administration d'une institution communautaire comme la BDEAC constitue un acte communautaire. Ces derniers appartiendront à la catégorie d'actes communautaires dérivés. Finalement, il s'agit pour ce qui concerne les sources communautaires primaires, des traités communautaires[71], des accords internationaux conclus par la Communauté et de la jurisprudence de la Cour de Justice de la CEMAC, centrée sur les principes généraux de droit progressivement dégagés par cette dernière. Dans tous les cas, à côté du droit primaire (**Chapitre I**), le droit dérivé, sans nécessairement avoir d'effets obligatoires, participe à la sécurisation de l'ordre juridique naissant (**Chapitre II**).

---

[69] Cf. KENFACK (Jean), *Les actes juridiques des Communautés et Organisations Internationales d'intégration en Afrique Centrale et Orientale*, Thèse, 2003, p. 288 et *Le juge de la CEMAC à l'épreuve du droit communautaire et de l'intégration économique*, Juridis Périodique n° 63, Juillet-Septembre 2003, p. 69.

[70] Cf. KAMWE MOUAFFO (M-C), *La CJ-CEMAC a rendu son premier arrêt préjudiciel. Note sous Arrêt n ° 001/CJ/CEMAC/CJ/10-11 du 25 novembre 2010. Affaire Ecole Inter-Etats des Douanes C/Djeukam Michel*, Revue de l'ERSUMA, n° 2, ibid.

[71] Notamment le Traité institutif de Ndjamena, l'Additif au Traité relatif au système juridique et institutionnel de la Communauté du 31 juillet 1996, et du Traité révisé signé à Libreville le 30 janvier 2009.

CHAPITRE I

LE DROIT COMMUNAUTAIRE PRIMAIRE, DROIT CONSTITUTIONNEL DE LA COMMUNAUTÉ

C'est la catégorie la plus élevée de l'ordre juridique communautaire CEMAC qui subordonne les autres actes[72]. Il s'agit de l'ensemble des règles qui déterminent les objectifs de la CEMAC, la nature, les pouvoirs et les compétences des organes, institutions et institutions spécialisées mis en place ainsi que les actes juridiques pris par eux en vue de l'accomplissement des missions à eux dévolues[73]. On y fait entrer les différentes catégories de traités comme le traité créateur de la Communauté signé à Ndjamena le 14 mars 1994, l'Additif au Traité relatif au système juridique et institutionnel du 05 juillet 1996[74], le traité de révision de Libreville du 30 janvier 2009, les Actes additionnels adossés au Traité, les Conventions de base[75] et celles révisées portant respectivement sur l'Union Économique de l'Afrique Centrale (UEAC), sur l'Union Monétaire de l'Afrique Centrale (UMAC), sur la Cour de Justice de la CEMAC[76], sur le Parlement de la CEMAC[77], et enfin, les éventuels traités d'adhésion[78].

Chacun de ces textes fondateurs a pour but de participer à la mise en place progressive d'un marché commun et des institutions pour gérer et éventuellement contrôler et protéger ce marché[79]. Ces textes fondateurs ne sont pas appréciés de manière neutre : le Traité de la CEMAC est désormais considéré comme étant, plus qu'un accord international qui

[72] Article 41 du Traité révisé de la CEMAC.

[73] Cf. YEHOUESSI D. (Y), *L'application du droit international dans l'ordre juridique des États francophones ouest-africains : le cas du droit communautaire de l'Union Economique et Monétaire Ouest Africaine*, *op.cit.*, p. 348.

[74] Aujourd'hui abrogé par les dispositions pertinentes du Traité révisé de 2009.

[75] Signées à Libreville le 31 juillet 1996 et mettant en place l'UEAC et l'UMAC.

[76] Signé à Libreville le 30 janvier 2009.

[77] Signé à Yaoundé, 25 juin 2008.

[78] Mieux, les dispositions du Traité de Brazzaville du 08 décembre 1965 régissant l'UDEAC non contraires au nouveau traité de la CEMAC, les actes juridiques non contraires aux dispositions des Conventions UEAC et UMAC, ainsi que tout le patrimoine conventionnel édifié par l'ex-UDEAC restent en vigueur, sauf dérogation expresse, conformément aux dispositions pertinentes du traité révisé.

[79] Cf. GNIMPIEBA TONNANG (E), Note de Synthèse, Habilitation à Diriger des Recherches (HDR), *Le droit communautaire africain à l'aube du 21e siècle : entre consécrations législatives, incertitudes jurisprudentielles et hésitations politiques*, Institut du Droit de la Paix et du Développement, Université de Nice-Sophia Antipolis, 18 mars 2013.

créerait à la fois des droits et obligations au profit et à la charge des États membres et de leurs ressortissants, un véritable ordre juridique, à la fois indépendant des ordres juridiques internes des États membres, mais faisant désormais partie intégrante, par incorporation, des droits nationaux de ces États membres[80].

La Cour de Justice de la CEMAC assimile désormais les traités communautaires à une sorte de Constitution de base **(Section I)**, ou à une charte constitutionnelle[81]. Bien entendu, les Additifs annexés au Traité, les Conventions négociées aux fins d'accélération de la construction de l'espace communautaire ont la même valeur que les traités eux-mêmes (Section **II**). La Cour de Justice peut cependant être amenée à s'y référer pour éclaircir telle ou telle disposition, notamment dans son œuvre d'interprétation ou à l'occasion d'une procédure de renvoi préjudiciel[82].

Section I - Les traités communautaires de la CEMAC

L'ossature conventionnelle sur laquelle repose la construction communautaire en Afrique Centrale est désormais plurielle. Outre le traité fondateur signé à Ndjamena le 14 mars 1996 et révisé pour une première fois à Yaoundé le 25 juin 2008 et ensuite à Libreville un an plus tard notamment le 30 janvier 2009, la Communauté dans sa charpente est portée toute à la fois par les acquis conventionnels de l'ex-UDEAC, et se nourrit en même temps des acquis communautaires connexes dont les États membres font partie, notamment les traités de la CEEAC et de l'OHADA. Sans les élever au même niveau de valeur, les Conventions adossées au Traité de la CEMAC vont donc jouir d'une protection égale.

---

[80] Pour plus de développements, voir KAMTOH (P), *Introduction au système juridique et institutionnel de la CEMAC*, Africaine d'Edition (Afredit), 1re Edition, Yaoundé, 2014, notamment les pages 103 et suivantes. À la vérité, cette belle construction est l'œuvre de la Cour de Justice des Communautés Européennes qui, dès 1963, a considéré pour définitivement acquis que les traités communautaires européens, « *plus qu'un accord qui ne créerait que des obligations mutuelles entre les États constituants. La Communauté constitue un nouvel ordre juridique dont les sujets sont les États et leurs ressortissants* ». Voir Arrêt Van Gend En Loos, 15 juillet 1964.

[81] Cf. Arrêt n° 010/CJ/CEMAC/CJ/*/09 du 13 novembre 2009, SILIENOU et Autres c/. Décision COBAC n° D.2008/52, Amity Bank et Autorité Monétaire Nationale du Cameroun*. Inédit

[82] Cf. KAMWE MOUAFFO (M-C), *La CJ-CEMAC a rendu son premier arrêt préjudiciel. Note sous Arrêt n ° 001/CJ/CEMAC/CJ/10-11 du 25 novembre 2010. Affaire École Inter-États des Douanes C/Djeukam Michel*, Revue de l'ERSUMA, n° 2 *op.cit*.

Le juge communautaire CEMAC a souvent rappelé ce hiatus conventionnel liant les États membres de la CEMAC, dont il a souvent rappelé l'obligation de respect des engagements, dans le cadre bien sûr du plein respect de l'ordre communautaire de la CEMAC.

Singuliers dans leur nature (**I**), les traités communautaires CEMAC obéissent pour l'essentiel aux règles régissant le droit conventionnel classique (**II**).

I - La nature des traités communautaires de la CEMAC

Véritable traité international, le traité de la CEMAC originellement signé à Ndjamena le 14 mars 1996 a fait l'objet d'une révision profonde à Yaoundé le 25 juin 2008 puis définitivement à Libreville le 30 janvier 2009. La version originelle du Traité est un texte de sept (07) articles annonçant laconiquement les objectifs de la nouvelle Communauté, et renvoyant pour l'essentiel, à l'Additif à lui adossé relatif au système juridique et institutionnel de la Communauté qui sera signé deux ans plus tard, notamment le 05 juillet 1996, à Libreville.

Comme sa version originelle, le Traité révisé de la CEMAC, texte de soixante-sept (67) articles, phagocyte le traité originel et l'Additif au Traité relatif au système juridique et institutionnel[83] en adaptant les objectifs communautaires au temps de la mondialisation économique et de la globalisation financière internationales.

Ce traité signé entre les six États membres de la CEMAC traduit leur volonté de développer ensemble toutes leurs ressources humaines et naturelles et de mettre celles-ci au service du bien-être général de leurs peuples dans tous les domaines, de donner une impulsion nouvelle et décisive au processus d'intégration en Afrique Centrale par « *une harmonisation accrue des politiques et des législations de leurs États, de renforcer la solidarité entre leurs peuples dans le respect de leurs identités nationales respectives, de réaffirmer leur attachement aux principes de liberté, de démocratie et de respect des droits fondamentaux des personnes et l'État de droit ; tout ceci en considération de la nouvelle dynamique en cours dans la Zone Franc* », au demeurant

[83] L'article 63 du Traité révisé dispose d'ailleurs que ses dispositions abrogent et remplacent dès leur entrée en vigueur celles du Traité du 14 mars 1994 instituant la CEMAC et de l'additif au Traité relatif au système juridique et institutionnel du 05 juillet 1996. Bien entendu, les actes juridiques communautaires adoptés antérieurement et non contraires restent en vigueur.

nécessaire au regard des mutations et du recentrage des stratégies de coopération et de développement observés en Afrique et sur d'autres continents dont l'Europe[84].

Il est rédigé dans les langues française, espagnole, arabe et anglaise traduisant ainsi la diversité linguistique qui caractérise la communauté. Ces différentes langues reflètent les langues officielles des pays membres, étant bien entendu que le français reste la langue commune à tous les États membres. Ce qui justifie la primauté du texte dans sa version française en cas de divergence d'interprétation.

Les traités, tout comme les autres sources du droit primaire de la CEMAC, s'imposent à l'ensemble des sujets de droit dans l'espace communautaire et ne sauraient faire l'objet ni de contrôle contentieux ni de contestation par les autres normes communautaires notamment dérivées, auxquelles elles doivent obligation de conformité. Seule est rendue possible la renégociation politique de ces derniers ainsi que leur amendement par les Hautes Parties Contractantes. À cet égard, le parallèle peut être fait par rapport aux règles constitutionnelles nationales des États membres. Vu sous cet angle, on peut considérer que les traités communautaires dans l'ordre juridique CEMAC constituent la norme fondamentale, au-dessus de toutes les normes et, comme telle, ne pourraient souffrir de quelque contrôle que ce soit.

À l'image du traité institutif de 1994, le traité révisé entre en vigueur après sa signature et sa ratification[85], et surtout après dépôt des instruments de ratification auprès de l'État membre dépositaire, notamment le Gouvernement de la République du Tchad, à l'initiative des Hautes Parties Contractantes, et en conformité avec leurs règles constitutionnelles propres[86]. C'est dire qu'avant d'intégrer les ordres juridiques nationaux des États membres de la Communauté, les traités communautaires sont obligatoirement soumis au régime des actes

---

[84] Préambule du traité instituant la Communauté Économique et Monétaire de l'Afrique Centrale.

[85] À la fin de l'année 2015, tous les États membres ont finalement ratifié le Traité révisé ainsi que les Conventions qui lui sont adossées. Ils sont donc définitivement entrés en vigueur.

[86] Articles 65 et 66 du Traité révisé. Après quelques hésitations (notamment du Gabon et de la Guinée équatoriale) et controverses, tous les États membres ont signé le Traité révisé ainsi que toutes les Conventions adossées à ce dernier. C'est dire que l'entrée en vigueur du nouveau droit communautaire conventionnel CEMAC est désormais consommée.

conventionnels du droit international et se doivent de suivre la procédure de ratification et de réception dans les États respectifs composant la Communauté[87].

II - Le régime des traités communautaires de la CEMAC

Le régime des traités communautaires est appréhendé sous le couvert des règles qui ont trait, entre autres, au régime de l'adhésion (**A**), de la révision et de la dénonciation (**B**) des traités communautaires.

A - Le régime de l'adhésion aux traités communautaires de la CEMAC

En droit international classique, l'adhésion est l'acte juridique par lequel un sujet du droit international, les États ou les organisations internationales, expriment leur volonté non équivoque de faire désormais partie d'un traité ou d'une convention internationale. C'est une procédure ouverte à des sujets qui, soit n'ont pas participé à la négociation soit n'ont pas signé le texte d'un traité dans le délai éventuellement requis et qui manifestent la volonté de participer et d'être postérieurement liés par les dispositions du traité[88]. Elle n'est « *généralement pas prévue par les droits internes, de telle sorte que sur ce plan,* (elle) *se ramène à une ratification, à une approbation, voire à une procédure simplifiée* »[89].

L'adhésion d'un État aux traités de la CEMAC est soumise à un certain nombre de conditions et entraîne des conséquences non sous-estimables.

1 °) Les conditions d'adhésion

Le traité institutif de Ndjamena organisait déjà le régime juridique de l'adhésion aux traités CEMAC en son article 6. Désormais, les modalités de l'adhésion sont prévues par l'article 55 du traité révisé. Cette disposition prescrit substantiellement que « *tout autre État africain, partageant les mêmes idéaux que ceux auxquels les États fondateurs se déclarent solennellement attachés, pourra solliciter son adhésion à la*

---

[87] Cf. D. YEHOUESSI (Y), *L'application du droit international dans l'ordre juridique des États francophones ouest-africains : le cas du droit communautaire de l'Union Économique et Monétaire Ouest Africaine, op.cit.*, p. 349.

[88] Cf. COMACAU (J) et SUR (S), *Droit international public*, 8e édition, Montchrestien, Paris, 2008, p. 122.

[89] *Ibid.*

Communauté Économique et Monétaire de l'Afrique Centrale. Toute adhésion ultérieure d'un nouvel État sera subordonnée à l'accord unanime des membres de la Communauté »[90].

À la lecture de ce dernier, on peut dire que le Traité de la CEMAC appartient à la catégorie des traités dits « semi-ouverts »[91]. En effet, il laisse la possibilité aux autres États, exclusivement africains n'ayant participé ni à la négociation du traité ni à sa signature, d'en devenir partie. Mais cette adhésion ne peut avoir effectivement lieu que suivant certaines conditions non moins nécessaires.

D'une part, l'État qui aspire adhérer au traité de la CEMAC doit partager les mêmes idéaux que ceux auxquels les États fondateurs se déclarent solennellement attachés. Il s'agit en fait de la philosophie qui a gouverné la mise sur pied de la communauté. Ces idéaux sont expressément énoncés au préambule du traité révisé qui fonde l'ordre juridique communautaire de la CEMAC.

D'autre part, l'adhésion dudit État est subordonnée à l'accord unanime des membres fondateurs de la communauté. Cette dernière condition de par son énonciation attire une attention particulière. C'est qu'à la lecture de cette disposition communautaire, l'accord unanime doit intervenir en deux temps. L'article prescrit que l'adhésion ne doit intervenir « *qu'après accord unanime des membres fondateurs* ». Il poursuit en précisant que « *toute adhésion ultérieure d'un nouvel État sera subordonnée à l'accord unanime des membres de la Communauté* ». Il y aurait donc un accord unanime préliminaire qui est celui des États fondateurs et un autre accord unanime qui est celui de tous les États de la Communauté. Ce qui amène à comprendre que les États fondateurs ne sauraient être les seuls à donner leur accord. Les autres États qui sont membres de la communauté par adhésion au traité se doivent de se prononcer sur la question.

Au surplus, cette adhésion éventuelle d'un État au traité de la CEMAC entraîne quelques conséquences à ne pas sous-estimer.

---

[90] Cf. Article 55 du Traité révisé de la CEMAC.

[91] Cf. MARTIN (Pierre-Marie), *Droit International Public*, Masson, Paris, 2e Ed, 1995, p. 130.

2 °) Les conséquences de l'adhésion

L'adhésion d'un nouvel État au traité de la CEMAC entraîne des conséquences non seulement sur l'ossature institutionnelle de la CEMAC au regard du nombre des membres qui s'accroît, mais aussi sur le système du travail de la Communauté, qui doit connaître une modification. En effet, conformément à l'article 55 précité, l'adhésion d'un État au traité de la CEMAC implique l'usage de la langue officielle dudit État au cours des travaux de la Communauté, si cette langue ne figure pas parmi les langues de travail adoptées[92].

De plus, le nouvel État qui fait partie désormais des membres de la Communauté bénéficie du droit de donner son accord pour l'adhésion d'un autre État qui manifesterait l'intention d'adhérer ultérieurement au traité de la CEMAC. L'article 55 du Traité est clair. Il prescrit comme susmentionné que « *toute adhésion ultérieure d'un nouvel État sera subordonnée à l'accord unanime des membres de la Communauté* ». Il s'agit d'un véritable pouvoir qui est reconnu au nouvel État ayant adhéré au traité. Il suffit pour ce dernier de manifester son refus à l'adhésion d'un nouvel État pour que ce dernier ne participe pas au Traité. Ce d'autant que l'unanimité est requise pour quiconque sollicite faire partie de la communauté.

On comprend alors que l'adhésion au traité de la CEMAC fait du nouveau venu un membre à part entière de la Communauté, exerçant les mêmes pouvoirs que les autres membres, comme la possibilité d'initier une révision ou une dénonciation du Traité de la CEMAC.

TABLEAU DE L'ÉTAT DE RATIFICATION DES TRAITÉS COMMUNAUTAIRES À LA DATE DU 16 MARS 2016

PAYS	Convention Parlement 2008	Traité Révisé 2009	Convention UEAC 2008	Convention UMAC 2008	Convention Cour Justice 2009	Convention Cour des comptes 2009
CAMEROUN	R	R	R	R	R	R
CENTRAFRIQUE	R	R	R	R	R	R
CONGO	R	R	R	R	R	R
GABON	R	R	R	R	R	R
GUINÉE EQUATO	R	R	R	R	R	R
TCHAD	R	R	R	R	R	R

R : Ratifié/**NR :** Non ratifié

[92] Cf. Article 59 du traité révisé CEMAC.

B -La révision et la dénonciation du Traité de la CEMAC

Comme tout accord international, le traité de la CEMAC n'est pas une tente dressée pour le sommeil. Il se doit de s'adapter aux évolutions de la société. Dans cette optique, le traité peut faire l'objet d'une révision (**1**). Aussi, est-il permis à un État membre de dénoncer (**2**) le traité le cas échéant.

1 °) La révision du traité

La révision des traités n'est jamais une initiative aisée dans la mesure où « *toute modification conduit* (le plus souvent) *à altérer l'équilibre initial des intérêts et des règles tel qu'il avait été établi lors de la conclusion des engagements »*[93]. L'opération de modification peut apparaître substantiellement difficile, dans la mesure où elle suppose un nouvel accord, qui révoque au moins partiellement l'ancien. C'est ce qui justifie que les traités ne prévoient pas nécessairement les modalités de leur propre révision[94]. Mais dans les hypothèses où il est prévu les conditions de la révision d'un traité par l'une de ses dispositions, la procédure apparaît parfois très rigoureuse comme c'est le cas avec le traité de la CEMAC.

Le traité de la CEMAC organise lui-même le régime de sa propre révision. Celle-ci peut être à l'initiative de tout État membre ou des principales autorités communautaires. Aux termes de l'article 57 du Traité révisé, « *tout État membre peut soumettre à la Conférence des Chefs d'État des projets tendant à la révision du présent Traité ou des Conventions de l'UEAC et de l'UMAC. Les modifications sont adoptées à l'unanimité des États membres. Sur proposition du Président de la Commission, des premiers responsables des Institutions et Organes de la Communauté ou du premier responsable de toute Institution Spécialisée de la Communauté, le Conseil des ministres ou le Comité ministériel, peuvent également soumettre des projets de révision du présent Traité à la Conférence des Chefs d'État. Les modifications entrent en vigueur après avoir été ratifiées par tous les États membres en conformité avec leurs règles constitutionnelles respectives* ».

---

[93] Cf. COMACAU (J) et SUR (S), *Droit international public, op.cit.*, p. 140.
[94] *Ibid.*

2) La dénonciation du traité

En droit international, la dénonciation est un acte unilatéral par lequel une des parties contractantes exprime son intention de ne plus faire partie, pour l'avenir, d'un traité international. Aux termes des dispositions pertinentes du Traité révisé, ce dernier « *peut être dénoncé par tout État membre. Il cesse d'avoir effet à l'égard de celui-ci le dernier jour du sixième mois suivant la date de notification à la Conférence des Chefs d'État. Ce délai peut cependant être abrégé d'un commun accord entre les États signataires* »[95].

Section II -Les autres sources du droit primaire communautaire de la CEMAC

Ce sont entre autres les Conventions communautaires (**I**) ainsi que les Actes Additionnels de la Conférence des Chefs d'État (**II**).

I - Les Conventions communautaires

Les conventions communautaires sont celles qui sont mises sur pied dans le cadre la Communauté dans le but de créer une institution ou une institution spécialisée. Elles sont de nos jours au nombre cinq (05) et sont de nature juridique plus ou moins différente[96]. Elles ont en commun de mettre en place et d'organiser les institutions communautaires, notamment l'Union Économique, l'Union monétaire, le Parlement communautaire, la Cour de Justice et la Cour des comptes de la CEMAC. Ces Conventions régissent ces institutions et sont adossées au Traité dont ils constituent la principale ossature.

Quid des Conventions portant respectivement harmonisation de la profession bancaire et contrôle des activités bancaires en Afrique Centrale ? Appartiennent-elles ou non à la typologie des sources primaires du droit communautaire CEMAC ? La réponse sera négative dès l'instant que le traité révisé les a classées parmi les sources secondaires du droit communautaire et a fait de la COBAC un organe plutôt d'une institution de la Communauté. Malgré leurs intitulés, les Conventions de 1990 et de 1992 appartiennent bel et bien à la catégorie des sources dérivées du droit communautaire CEMAC[97].

---

[95] Article 58.

[96] Consulter Tableau de ratification supra, p. 119.

[97] À part ces Conventions de nature adossées au Traité, diverses autres conventions, de valeur égale au droit communautaire dérivé, notamment les Conventions de 1990 et de

II - Les Actes Additionnels de la Conférence des Chefs d'État

Il s'agit d'une typologie d'actes propres aux ordres communautaires africains notamment CEMAC et UEMOA, agissant en tant qu'Organisations Internationales. Prévu dans l'Additif au Traité relatif au système juridique et institutionnel de la CEMAC de 1996, il a été incorporé dans le texte du traité lui-même à l'occasion de la réforme de 2009. Les actes additionnels, dont la définition n'est pas prévue dans le dispositif conventionnel CEMAC, peuvent être considérés comme des textes à valeur normative dont l'objectif est de compléter, voire d'organiser des secteurs sensibles des activités communautaires. Ils sont adoptés par la Conférence des Chefs d'État[98].

Aux termes de l'article 41 alinéa 1 du traité de la CEMAC, « *les actes additionnels sont annexés au Traité de la CEMAC et complètent celui-ci sans le modifier. Leur respect s'impose aux Institutions, aux Organes et aux Institutions Spécialisées de la Communauté ainsi qu'aux autorités des États membres* ».

Il est tout aussi vrai que comme les Conventions COBAC de 1990 et 1992, un flou persiste quant à la place des Actes Additionnels de la Conférence des Chefs d'État. En effet, adoptés eux aussi par un organe de la Communauté, ils peuvent, contrairement aux autres textes normatifs de type primaire, être déférés devant la Cour de Justice communautaire au moyen d'un recours en exception d'illégalité ou d'un recours pour excès de pouvoir communautaires, comme l'indique les dispositions de l'article 24 alinéa 2 de la Convention régissant la Cour.

D'ailleurs, les juges communautaires ont très tôt pris position par rapport à la véritable valeur des Actes Additionnels dans le système juridique de la CEMAC. Dans un *obiter dictum* célèbre, les Hauts Magistrats de Ndjamena rappelaient déjà qu'une disposition de son règlement de procédure adopté par Acte Additionnel ne pouvait valablement aller contre le traité ou rendre inapplicable un principe général de droit communautaire, le droit au juge, qui lui résultait du préambule du traité institutif et considéré comme un droit fondamental de

---

1992 relatives respectivement à l'harmonisation et à la règlementation de l'activité bancaire en Afrique Centrale, l'Accord de 2004 sur l'extradition et la Coopération judiciaire entre les États membres, et Pacte de Non-agression de 2004.

[98] Article 40 du Traité révisé de la CEMAC.

la Communauté[99]. Lorsqu'il est régulièrement saisi pour connaître de la légalité des Actes Additionnels et de leur conformité au dispositif conventionnel pertinent, la Cour de Justice de la CEMAC veillera simplement à contrôler la conventionalité de ces derniers[100].

---

[99] Voir CJ/CEMAC, Arrêt n° 010/CJ-CEMAC/CJ/09 du 13 novembre 2009, *Affaire SILIENOU et autres c/. Décision COBAC n° D.2008/52, Amity Bank et Autorité Monétaire Nationale du Cameroun* (Pour plus de développements, voir Commentaires KALIEU ELONGO (Yvette-Rachel), dans Juridis Périodique n° 83, Juillet-Septembre 2010, p. 34).

[100] À titre de droit comparé, la Cour de Justice de l'UEMOA a déjà eu l'occasion de statuer sur la nature juridique des Actes Additionnels. Dans deux espèces fondatrices - *Yaï Eugène c/. Conférence des Chefs d'État et Commission de l'UEMOA*, il rappelait que la révocation du mandat du requérant par Acte Additionnel des Chefs d'État de l'UEMOA violait les dispositions pertinentes du Traité UEMOA, et annulait ainsi ce dernier. Voir CJ-UEMOA, Arrêts n° 03/2005 du 27 avril 2005 et n° 1/2006 du 05 avril 2006, *Eugène Yaï c/. Conférence des Chefs d'État et Commission de l'UEMOA*, *op.cit.*, inédits.

CHAPITRE II

LES SOURCES DÉRIVÉES ET SUBSIDIAIRES DU DROIT COMMUNAUTAIRE DE LA CEMAC

Aux côtés des sources primaires sus évoquées, les sources dérivées **(Section I)** et les sources subsidiaires **(Section II)** du droit communautaire complètent les actes juridiques qui régulent la CEMAC.

Section I -Les sources dérivées du droit communautaire de la CEMAC

Elles sont composées d'actes unilatéraux édictés, pris pour l'essentiel en application du droit primaire et représentent la catégorie la plus importante de normes communautaires y compris en droit interne. Il s'agit des actes à portée générale et les autres actes, prévus par les traités, mais non décisoires (**I**), aux côtés d'une catégorie exceptionnelle, notamment les accords signés entre la Communauté et les États membres et les États tiers et autres organisations internationales (**II**) pour ne pas les nommer qui ont une influence considérable sur l'ordre juridique communautaire CEMAC.

I - Les Accords des États membres avec les États tiers, les Accords d'association et les Accords commerciaux de la Communauté avec les partenaires tiers

Ces autres sources de droit primaire[101] sont consacrées par le Traité révisé de la CEMAC, et vont bien au-delà des règlementations purement commerciales. Il s'agit des sources qui naissent de la coopération économique, voire sociale, entre la Communauté et les partenaires tiers. C'est l'hypothèse que propose la coopération entre les États membres, la Communauté d'une part et l'Union Européenne dans le cadre de la Convention UE/ACP[102] d'autre part. C'est sous un triple signe que ces accords d'association et de coopération peuvent être imaginés : ils peuvent être des accords maintenant des liens étroits et particuliers des États membres de la Communauté avec des pays et Organisations

---

[101] Une autre classification les considère comme n'étant ni du droit originaire ni du droit dérivé, et les considère tantôt comme les sources complémentaires du droit communautaire tantôt comme les Accords extérieurs de la Communauté.

[102] Afrique-Caraïbes-Pacifique. Les Conventions CE-CEE-UE/ACP depuis les premières de Yaoundé I et II, Lomé I, II, III et IV ont permis une mise en œuvre effective du traitement différencié des Pays en développement (PED) négocié dans le cadre de l'Accord GATT, à travers le Système de Préférences Généralisées (SPG), jusqu'aux Accords de Marrakech créant l'OMC. Lire GNIMPIEBA TONNANG (E), *Droit International du Développement*, Cours polycopié précité.

Internationales tierces, des Accords visant à préparer une adhésion possible dans le marché commun en Afrique Centrale, ainsi que des Accords commerciaux signés dans le cadre des négociations commerciales multilatérales du système OMC[103].

Les Accords d'association et de coopération sont prévus par le dispositif de l'article 56 du Traité de la CEMAC. Mais cette disposition ne définit pas ce que l'on entend par accord de coopération. Elle se borne juste à prescrire que ce type d'accord soit signé au nom de la Communauté par le Président de la commission, sur recommandation du Conseil des ministres et après avis de la Cour de Justice communautaire, mettant aux prises un État demandeur et la Communauté.

Qu'est-ce donc un accord d'association ? Que se cache-t-il derrière ce générique ?

Les accords d'association sont en vérité rendus possibles par le statut international de la Communauté comme acteur du droit et des relations internationales. Klaus-Dieter BORCHARDT les définit comme « *des accords qui vont bien au-delà des règlementations purement commerciales et concernent une coopération économique étroite associée à un vaste soutien financier de la* (communauté) *en faveur* (d') *un partenaire* (à l') *accord »*[104]. Dans le cadre communautaire CEMAC, on distinguera trois (03) types d'accords de coopération, à savoir, les accords commerciaux avec les partenaires bilatéraux et multilatéraux, les accords maintenant les liens particuliers de certains États membres de la Communauté avec des pays tiers[105] ainsi que les accords visant à préparer une éventuelle adhésion.

---

[103] Notamment les Accords actuellement négociés relatifs au partenariat économique entre les Communautés Économiques Régionales (CER), plus connus sous le générique d'Accords APE.

[104] Cf. BORCHARDT (Klaus-Dieter), *L'ABC du droit communautaire*, Documentation française, Communautés européennes, 2000, p. 61.

[105] Il s'agit de la première catégorie des accords d'association en droit européen. BORCHARDT (K-D) précise que *« l'instrument de l'association a été mis en œuvre pour tenir compte, notamment, des pays et territoires d'outre-mer qui, en raison de leur ancien statut de colonies, entretenaient des relations économiques étroites avec certains pays fondateurs de l'Union Européenne. Comme l'instauration d'un tarif douanier extérieur commun dans l'Union Européenne aurait considérablement perturbé les échanges commerciaux avec ces pays et territoires, il était nécessaire de prévoir des régimes spéciaux. Ces régimes ont pour objet d'étendre aux pays et territoires d'outre-mer le système de liberté communautaire des échanges commerciaux. Simultanément,*

C'est depuis l'origine de la construction communautaire que l'Afrique Centrale se nourrit constamment des influences croisées des relations économiques et commerciales globales. Dès l'année 1960, les pays membres de l'UDEAC ont été obligés de signer individuellement des Accords économiques et commerciaux avec des partenaires commerciaux du Nord, notamment dans le cadre de la mise en œuvre du traitement spécial des pays en développement initié depuis la tribune de la Conférence des Nations unies pour le Commerce et le Développement (CNUCED) et dans l'enceinte de l'Accord Général sur les Tarifs Douaniers et le Commerce (GATT). Très tôt, les Communautés européennes ont proposé aux pays en développement membres de l'UDEAC, dans un cadre plus global, un traitement différencié, facilitant leur insertion dans le multilatéralisme commercial. Ces programmes, notamment ceux du STABEX[106] et du SYSMIN[107] vont évoluer pour être davantage portés par les organisations sous-régionales d'intégration économique[108].

C'est donc tout naturellement que depuis le Programme Régional des Réformes, les bailleurs de fonds proposent de plus en plus des projets intégrateurs d'envergure communautaire. C'est donc tout naturellement aussi que la CEMAC est devenue, aux côtés des États membres, l'un des partenaires majeurs des bailleurs de fonds dans le cercle du financement international du développement en Afrique Centrale. La fin quasi consommée du traitement différencié et l'uniformisation imposée par la nouvelle Organisation Mondiale du Commerce obligent une adaptation urgente de ces Accords d'association et leur incorporation juridique dans le système normatif communautaire CEMAC. C'est seulement dans cette perspective qu'il faudra placer les négociations actuelles des Accords de

---

les droits de douane grevant les marchandises de ces pays ont été progressivement supprimés », op.cit., p. 61-62.

106 Système de stabilisation des recettes d'exportation d'origine agricole des pays Afrique-Caraïbe-Pacifique (ACP) signataires des Conventions de Yaoundé, Lomé et Cotonou avec l'Union Européenne ayant eu cours depuis l'ère GATT jusqu'à récemment, et qui est appelé à disparaître avec les exigences d'uniformisation juridique forcée dans lesquelles sont appelés les pays en développement, à l'ère OMC.

107 Système de stabilisation des recettes d'exportation d'origine minière des pays Afrique-Caraïbe-Pacifique (ACP) signataires des Conventions de Yaoundé, Lomé et Cotonou avec l'Union Européenne.

108 Cf. GNIMPIEBA TONNANG (E), *Droit International du Développement*, Cours polycopié, Licence 3, Faculté des Sciences Juridiques et Politiques, Université de Dschang, 2014-2015, inédit.

Partenariat Économique entre l'Union Européenne d'une part, les États membres et la CEMAC d'autre part.

Dans tous les cas, comme l'indique le dispositif de l'article 56 du traité révisé, « *Tout État africain peut être associé à une ou plusieurs politiques de la Communauté. Les conditions d'une telle association font l'objet d'un accord entre l'État demandeur et la Communauté. L'accord est conclu au nom de la Communauté par le Président de la Commission, sur recommandation du Conseil des ministres après avis de la Cour de Justice communautaire* ».

II - Les actes à portée générale

Les actes de portée générale sont de trois catégories : il s'agit des règlements-cadres et des règlements (**B**), des décisions et des directives (**C**), règlements et directives étant soumis à un régime juridique commun (**A**).

A - Le régime juridique de droit commun des règlements et des directives

Les règlements et les directives sont des actes qui naissent des travaux du Conseil des ministres, du Comité ministériel de la Commission et des autres institutions, organes et institutions spécialisées de la Communauté[109]. Ils doivent être publiés au Bulletin Officiel de la Communauté, cette parution devant être effective. L'entrée en vigueur se fera soit à la date prévue par la publication, soit le vingtième jour après la publication[110], le but étant de respecter le principe de sécurité juridique[111]. Ces actes doivent être motivés, l'acte insuffisamment motivé étant entaché d'un vice de forme. L'exigence de la motivation varie selon la nature de l'acte. Le principe général ici est la règle de la non-rétroactivité, sauf exception dégagée par la Cour de Justice, la règle du caractère authentique et intangible de l'acte communautaire qui signifie que lorsqu'un acte est adopté, il ne peut être modifié par une autorité

---

[109] Article 42 du traité révisé CEMAC.

[110] Article 43 du Traité révisé.

[111] Pour plus de développement sur la question de la sécurité juridique appliquée à l'ordre juridique communautaire CEMAC, lire NGUENA DJOUFACK (A L), *Sécurité juridique et droit communautaire de la CEMAC : recherches sur la sécurité juridique dans la construction du marché commun de la CEMAC*, Thèse de Doctorat/Ph.D, Dschang, 2015.

administrative sauf pour de simples corrections d'orthographe ou de syntaxe.

Ces actes sont décisoires et obligatoires. Rappelons ici la généralité de l'obligation incombant aux autorités communautaires : les actes communautaires ont une valeur quasi législative. Pour pouvoir appliquer un régime juridique propre à chaque acte dérivé, il faut que l'acte dérivé soit bien qualifié[112].

B -Le régime juridique particulier des règlements et des règlements-cadres communautaires

Le règlement est un acte de portée générale (**1**), obligatoire dans tous ses éléments (**2**) et directement applicable (**3**).

1 °) Un acte de portée générale

La portée générale est le premier des caractères reconnus aux règlements par l'article 41 alinéa 3 du traité révisé. Le droit positif tend à rejeter la conception formelle du règlement au profit d'une conception «*fonctionnelle* »[113]. Cela signifie que l'ordre communautaire se réfère prioritairement aux fonctions qu'attribue à l'acte « *le système dans lequel il s'insère* »[114]. L'objectivité qui préside au processus de législation, la définition générale et abstraite des destinataires, et subsidiairement la durée, constituent des critères d'identification essentiels. Dans cette perspective, il importe peu que l'on puisse déterminer, avec plus ou moins de précision, le nombre ou l'identité des sujets de droit auxquels s'applique le règlement communautaire. La circonstance, que l'acte soit d'application territoriale limitée, ou qu'il comporte des stipulations concrètes et détaillées, n'emporte pas nécessairement la remise en cause de sa nature règlementaire. La Cour veille à distinguer les véritables règlements des actes n'en présentant que l'apparence[115]. En effet, à

---

[112] Pour plus d'amples informations, lire avec intérêt NGUENA DJOUFACK (A L), *Le régime d'édiction des actes communautaires par les organes ministériels de la CEMAC*, Mosaïque, Revue Panafricaine des Sciences Juridiques Comparées, n° 10, 2015, p. 27-61.

[113] Cf. RAEPENBUSCH (Sean Van), *Droit institutionnel de l'Union Européenne*, Bruxelles, 2011.

[114] Cf. RIDEAU (Joël), *Droit institutionnel de l'Union Européenne*, Paris, LGDJ, 2010, p. 158.

[115] CJCE, 25 mars 1982, *Moksel/Commission,* 45/81.

défaut d'une dimension générale, objective et abstraite, il ne peut s'agir que de décisions collectives ou de faisceaux de décisions individuelles.

2 °) Un acte obligatoire dans tous ses éléments

Dans l'ordre juridique communautaire, ces « actes quasi législatifs » ont un effet normatif *erga omnes*[116]. Expression d'un « pouvoir normatif complet », le règlement est *obligatoire dans tous ses éléments*. Ainsi, sous peine d'être poursuivis pour manquement à leurs obligations communautaires, les États membres doivent impérativement se conformer aux prescriptions d'un règlement. La norme s'impose en bloc, car l'ordre communautaire ne saurait admettre « *qu'un État [...] applique de manière incomplète ou sélective des dispositions d'un règlement [...], afin de faire échec à certains éléments de la législation communautaire à l'égard desquels il aurait manifesté son opposition ou qu'il estimerait contraire à ses intérêts nationaux* »[117]. Les réserves sont interdites ici.

La soumission au règlement est une obligation absolue. Les États membres ne sauraient donc se prévaloir d'aucune circonstance exonératoire tenant, par exemple, aux particularités de leur ordre juridique interne pour justifier du non-respect de délais impératifs. Les règlements sont présumés valides. Ils doivent donc être observés, appliqués tant que leur « inconventionnalité » n'aura pas été judiciairement constatée. L'obligation de coopération loyale posée par l'article 44 du Traité CEMAC comporte deux volets : d'une part, les États doivent s'abstenir de tout acte susceptible de porter atteinte à l'autorité du règlement ; d'autre part, les États membres doivent prendre toutes les mesures générales ou particulières propres à garantir, le cas échéant, une correcte exécution des règlements. Comme dans l'ordre communautaire européen, l'intervention des États ne se justifie que « *dans la mesure nécessaire à l'exécution des règlements* »[118] pour modifier ou abroger, par exemple, la législation nationale contraire.

---

[116] Construction tracée par l'expérience communautaire européenne. Voire CJCE, 20 mars 1959, *Nold*, 18/57.
[117] CJCE, *7* février *1979, Commission/Royaume-Uni*, 128/78.
[118] CJCE, 11 février 1971, *Fleishkontor*, 39/70.

3 °) Un acte directement applicable

Le règlement est directement applicable dans tout État membre[119]. Il s'agit des seuls actes pour lesquels les traités prévoient expressément qu'ils auront une telle qualité. L'applicabilité directe renvoie à l'idée d'immédiateté. Cela signifie que le règlement est automatiquement valide dans l'ordre juridique des États membres, sans qu'aucune mesure particulière d'incorporation, de publication, ou *a fortiori* de transformation soit nécessaire. Aussi, le droit communautaire considère-t-il comme « *contraires au traité toutes modalités d'exécution dont la conséquence pourrait être de faire obstacle à l'effet direct des règlements [...] et de compromettre leur application simultanée et uniforme dans l'ensemble de la Communauté* »[120]. La Cour de Justice de la CEMAC interdira ainsi aux États membres de dissimuler l'origine communautaire de la règle en cause et prohibera de ce fait toute mesure de réception des règlements.

L'applicabilité immédiate est un caractère intrinsèque du règlement. Cependant, une éventuelle intervention nationale n'est pas exclue. La reprise dans des normes internes de certains éléments du règlement est admise lorsqu'elle vise à en faciliter l'application, et non pas à en compromettre la mise en œuvre. Les autorités de l'État membre agissent ainsi, soit en vertu d'une habilitation contenue dans le règlement lui-même, soit en exécution de l'obligation générale résultant de l'article 44 du Traité révisé.

Au-delà de l'immédiateté, l'applicabilité directe renvoie à la notion d'effet direct. À cet égard, il s'agit de l'aptitude des règlements, d'une part, à créer des obligations, et d'autre part, à faire entrer directement dans le patrimoine juridique des personnes privées des droits dont elles peuvent obtenir judiciairement la protection. Le droit communautaire européen estime par exemple que « *les règlements pour s'imposer avec la même force à l'égard des ressortissants de tous les États membres, s'intègrent au système juridique applicable sur le territoire national, qui doit laisser s'exercer l'effet direct (...) de telle sorte que les particuliers*

[119] Pour plus de développements, lire BIPELE KEMFOUEDIO (J), *Droit communautaire d'Afrique centrale et constitutions des États membres ; la querelle de la primauté*, Annales de la Faculté des Sciences Juridiques et Politiques, Université de Dschang, Tome 13, 2009, p. 109 et ss.

[120] Cf. BIPELE KEMFOUEDIO (J), *Droit communautaire d'Afrique centrale et constitutions des États membres ; la querelle de la primauté, ... op.cit.*

peuvent l'invoquer sans que leur soient opposables des dispositions ou pratiques de l'ordre interne »[121].

Dans son étendue, cet effet direct est le plus complet possible, puisqu'il couvre les relations entre particuliers. Il faut de ce fait parler d'effet non seulement vertical, mais aussi horizontal. L'applicabilité directe et immédiate est simplement une présomption irréfragable que le législateur communautaire peut renverser, en exprimant sans équivoque sa volonté de voir les instances nationales émettre des normes d'exécution. L'effet direct restera alors à l'état de virtualité. Sans doute faut-il y voir le signe de ce que « *de leur côté les règlements se sont mis à ressembler aux directives dans la mesure où il s'agit dans certains cas d'actes incomplets, qui nécessitent expressément l'intervention de textes nationaux d'application. Il peut donc arriver que comme pour les directives, l'entrée en vigueur de ces règlements dans un État membre se trouve subordonnée à l'intervention d'un texte national »*[122].

Ces derniers actes sont consacrés directement par le traité institutif, d'où le terme de « droit dérivé ». Les actes désignés par l'article 41 du traité révisé ne connaissent pas de hiérarchie entre eux, dans la mesure où le principe du parallélisme des formes ne s'applique pas en droit communautaire. L'utilisation de l'une ou l'autre des formes prévues par cet article est parfois imposée par le traité. Dans les autres cas, le choix est laissé au législateur national qui optera, en fonction des mérites propres à chaque instrument. Le règlement est l'acte normatif par excellence. Il a une portée générale et abstraite[123]. Le règlement est directement applicable, il ne nécessite donc pas d'acte de transposition dans les ordres juridiques nationaux. On peut par ailleurs signaler que toute forme de transposition est interdite, puisqu'elle aurait comme conséquence de semer le doute quant à l'origine de la règle et quant au moment de son entrée en vigueur.

Il peut être assimilé aux lois et règlements pris à l'intérieur des États membres. Ils peuvent être édictés par le Conseil ministériel UEAC, le

---

[121] Cf. ISAAC (G), *Droit communautaire général*, Liège, Armand Colin, 12e Edition, 2009.

[122] Cf. GALMOT (Y), *L'apport des principes généraux de droit communautaires à la garantie des droits dans l'ordre juridique français,* Cahiers de droit européen, Vol. 33, n° 1-2, 1997, p. 71. Bien que compréhensible, cette construction a néanmoins pour effet de brouiller la distinction entre règlements et directives.

[123] Contrairement à la décision, qui est individuelle et concrète.

Comité ministériel UMAC, le Parlement communautaire ou par la Commission ainsi que la BEAC. Leur régime est défini par les articles 41 alinéas 2 et 42 du Traité révisé de la CEMAC, selon lesquels les règlements ont une portée générale, sont obligatoires dans tous leurs éléments et sont applicables directement dans tous les États membres. En vertu de l'article 43 du traité révisé, les règlements et règlements-cadres entrent en vigueur dès leur publication au Bulletin Officiel de la Communauté[124].

S'agissant spécifiquement des règlements-cadres, ce sont des normes qui ont pour finalité de fixer le cadre d'application des normes communautaires ordinaires. Ils contiennent *in fine « des habilitations normatives et doivent avoir fixé les éléments essentiels de la matière à régler auxquels le règlement d'application ou d'exécution devra se conformer »*[125].

En tout état de cause, les règlements sont des normes communautaires par lesquelles les institutions communautaires interviennent le plus dans les ordres juridiques nationaux. Ils se particularisent par deux propriétés tout à fait inhabituelles en droit international classique :

- **Leur caractère communautaire** : c'est-à-dire leur particularité à créer un même droit dans toute la Communauté sans tenir compte des frontières et d'être valables uniformément et intégralement dans tous les États membres. Ces derniers n'ont plus donc à prendre obligatoirement des mesures nationales de transposition. C'est ainsi qu'il est interdit aux États membres d'appliquer de manière incomplète les dispositions d'un règlement communautaire ou de procéder à une sélection parmi celles-ci, afin d'éliminer ainsi des règles auxquelles ils se sont déjà opposés au cours de la procédure décisionnelle ou qui sont contraires à certains intérêts nationaux. De même, l'État membre ne peut pas se soustraire au caractère contraignant des dispositions des règlements communautaires en se référant aux dispositions et aux pratiques du droit national.

---

[124] Idem. *« Article 43 : Les actes additionnels, les règlements et les règlements-cadres sont publiés au Bulletin Officiel de la Communauté. Ils entrent en vigueur à la date qu'ils fixent ou, à défaut, le vingtième jour suivant leur publication. Ils sont également publiés aux journaux Officiels des États membres ».*

[125] Pour plus de développements, voir KAMTOH (P), *Introduction au droit institutionnel de la CEMAC*, *op.cit.*, p. 114.

- **Leur applicabilité directe** : c'est-à-dire le fait que les règlements communautaires créent un même droit sans que les États aient à donner un ordre particulier, en conférant des droits directs aux citoyens communautaires ou en leur imposant directement des obligations. Les États membres, leurs institutions et leurs autorités sont directement liés par le droit communautaire et sont tenus de le respecter au même titre que le droit national, sous peine d'activation des recours en manquement d'obligations d'État ou des recours en carence des institutions de leurs obligations conventionnelles.

Ils ont une portée large. Ils auraient dû être utilisés pour l'harmonisation des législations, mais dans les faits, les règlements sont plus généralement utilisés pour organiser le marché intérieur et les activités bancaires et financières, toute chose qui est rendue plus difficile par les directives communautaires.

C - Le régime juridique de la directive et de la décision communautaires

Le régime juridique respectif de la directive et des autres décisions facilite une meilleure compréhension de l'ossature institutionnelle de l'État.

Aux termes de l'article 41 alinéa 3 du traité révisé, « *les directives lient tout État membre destinataire quant au résultat à atteindre tout en laissant aux instances nationales leur compétence en ce qui concerne la forme et les moyens* ». Ainsi conçue, la directive devrait être perçue comme un acte de nature controversée de par son histoire (**1**), bien qu'étant finalement un acte obligatoire. Quoi qu'il en soit, la directive obéit à un régime juridique bien spécial (**2**).

1 °) La directive : un acte obligatoire et de nature controversée

On a pu dire de la directive qu'elle intrigue, dérange, divise. Après bien des affrontements, il est désormais acquis que les directives s'apparentent aux lois-cadres nationales. Elles permettent de décomposer et de déconcentrer le processus décisionnel. La doctrine voit dans cette catégorie certes un « *mécanisme de législation indirecte et médiate [...], un moyen d'orientation législative* »[126], mais aussi une méthode de législation à deux étages : au niveau communautaire sont arrêtés la ligne politique et le modèle législatif ; ensuite il appartient aux États membres de traduire ce modèle dans leurs catégories nationales[127]. Bien que nécessaire, l'intervention des États demeure subordonnée.

La directive établit une obligation de résultat à la charge des États destinataires. En revanche, elle leur laisse normalement le libre choix des formes et des moyens propres à la réaliser. Cette distinction entre le résultat à atteindre, d'une part, et les formes et moyens, d'autre part, n'est pas des plus nettes. On peut considérer qu'il ressort de l'article 44 du Traité révisé que la compétence laissée aux États membres, en ce qui concerne la forme et les moyens des mesures à prendre par les instances nationales, est fonction du résultat que le Conseil des ministres UEAC, le Comité ministériel UMAC ou la Commission entendent voir atteindre. La directive peut donc définir, avec plus ou moins de minutie, selon la volonté des institutions génitrices, la teneur du résultat attendu.

L'intensité normative des directives a eu tendance à s'accroître. La transposition se résume bien souvent à un simple recopiage de la directive. Cette attitude a fréquemment été contestée. Le caractère en principe souverain de la représentation nationale s'accommode mal d'une fonction purement exécutive. Ce sentiment « *d'abaissement* » est assurément renforcé par l'édiction de directives ne se contentant plus de définir des objectifs à atteindre, mais décrivant précisément les voies et moyens pour y parvenir. N'ayant plus le choix qu'entre une attitude de rejet injustifiable ou le sacrifice de son libre-arbitre, le Parlement communautaire est souvent réduit, dans des matières législatives importantes, au rôle de moine copiste des compromis de la vingt-cinquième heure, de règles élaborées dans le secret des bureaux feutrés de Bangui, de Yaoundé, de Libreville, de Brazzaville, de Malabo ou encore de Ndjamena.

L'exécutif communautaire, notamment le Conseil des ministres de l'UEAC et le Comité ministériel de l'UMAC, assume un rôle de premier plan dans la mise en œuvre du droit de la CEMAC. Plus simple et plus rapide que le processus législatif, le processus de décision

[126] Cf. PESCATORE (P), *L'effet direct des directives communautaires, une tentative de démystification*, Dalloz, 1980, p. 171-197.
[127] Cf. KAMTOH (P), *Introduction au système institutionnel de la CEMAC*, Édition Afrédit, Yaoundé, 2015, p. 116.

gouvernementale est censé permettre de transposer les directives communautaires dans les délais. Il est en outre cohérent de privilégier une transposition portée par l'exécutif dans la mesure où les gouvernements nationaux sont les mieux placés pour appliquer un droit qu'ils ont largement contribué à élaborer. Les États membres ont souvent éprouvé des difficultés chroniques à respecter leurs obligations de transposition des directives. Dans la période la plus récente, le nombre global des directives en retard de transposition est resté largement élevé[128].

L'obligation de transposition présente un caractère général et absolu. Dans leur esprit, les dispositions de l'article 44 du Traité révisé voudraient que les États membres adoptent toutes les mesures nécessaires à l'exécution de la directive avant l'expiration des délais impartis[129]. Les États réfractaires s'exposent à un recours en constatation de manquement, mais aussi à divers recours devant les tribunaux internes. Les États ne peuvent exciper de la brièveté des délais de transposition pour justifier leurs éventuelles défaillances, cela d'autant moins qu'ils participent aux travaux préparatoires et qu'ils disposent, le cas échéant, de la possibilité d'en demander une prorogation à l'institution compétente. De même, les États membres ne sauraient se réfugier derrière quelques spécificités ou pratiques constitutionnelles, législatives ou administratives de leur ordre interne pour légitimer leur manquement. Un État ne peut notamment pas se prévaloir de la dissolution du Parlement national pour justifier sa carence.

Malgré les impératifs de transposition pesant sur eux, les États membres ne disposent pas moins d'une « certaine » liberté de choix quant aux formes et aux moyens. Les États sont ainsi libres « *de choisir les formes et les moyens les plus appropriés en vue d'assurer l'effet utile des directives* »[130]. Ils sont ainsi libres de répartir souverainement, sur le

---

[128] Ainsi, l'essentiel des directives communautaires ne reçoit pas toujours une transposition au niveau national, et court ainsi le risque de se voir concurrencer par des mesures nationales contraires.

[129] Article 44 Traité révisé : *« Sous réserve des dispositions de l'article 43 du présent Traité, les actes adoptés par les Institutions, Organes et Institutions Spécialisées de la Communauté pour la réalisation des objectifs du présent Traité sont appliqués dans chaque État membre nonobstant toute législation nationale contraire, antérieure ou postérieure ».*

[130] Cf. BIPELE KEMFOUEDIO (J), *Droit communautaire d'Afrique centrale et constitutions des États membres ; la querelle de la primauté*, *op.cit.*, 2009, p. 109 et ss.

plan interne, les compétences d'exécution de la directive entre autorités centrales, régionales ou locales, voire de les confier aux partenaires sociaux. La transposition doit être complète et avoir lieu dans des conditions répondant aux exigences de « *clarté et de certitude des situations juridiques voulues par les directives dans l'intérêt des opérateurs économiques établis dans d'autres États membres* »[131]. Ainsi, de « *simples pratiques administratives, par nature modifiables au gré de l'administration et dépourvues d'une publicité adéquate, ne sauraient être considérées comme constituant une exécution valable de l'obligation qui incombe aux États membres* »[132]. L'existence de principes généraux de droit constitutionnel ou administratif permettra certainement aux États membres d'être dispensés de la transposition. Cette dispense sera toutefois subordonnée à deux conditions :

- il faut, tout d'abord, que la pleine application de la directive soit effectivement assurée ;
- ensuite, l'état du droit national résultant de ces principes généraux doit être connu de toutes les personnes concernées. Si la directive crée des droits au profit des particuliers, la situation découlant des principes généraux nationaux doit être suffisamment claire et précise pour que les bénéficiaires soient mis en mesure de connaître la plénitude de leurs droits et, le cas échéant, de s'en prévaloir devant les juridictions nationales.

2 °) Le régime juridique spécifique de la directive

La directive, qui ne lie pas les citoyens, mais seulement les États membres, a donc besoin d'une mise en œuvre en droit national pour déployer pleinement ses effets[133]. En ce sens, elle apparaît comme une « loi-cadre ». Cette nécessité de mise en œuvre avec liberté des États membres quant à la forme et aux moyens illustre le principe de subsidiarité singularisant l'ordre juridique communautaire. La mise en œuvre doit être faite dans un délai de transposition et on considère que la directive ne comporte des obligations qu'à partir de cette date

[131] Cf. ATEMENGUE (Jean de Noël), *La procédure de décision dans la CEMAC*, Cahiers Juridiques et Politiques, Revue de la Faculté des Sciences Juridiques et Politiques de l'Université de Ngaoundéré, 2010, p. 171-195.

[132] Cf. ISAAC (G) et BLANQUET (Marc), *Droit général de l'Union Européenne*, Paris, Sirey, 9e Ed., 2006, p. 155.

[133] Une exception, comme vu précédemment, les États membres engagent leur responsabilité lorsqu'ils ne mettent pas – *ou mal* – en œuvre la directive.

d'échéance. Toutefois, l'article 44 du traité révisé qui pose l'obligation de loyauté implique que les États membres ne doivent pas agir de façon à priver la directive de ses futurs effets. Si la directive le demande, ce qui est presque toujours le cas, les dispositions de transposition doivent avoir un effet contraignant, et donc être non seulement conformes à la directive, mais également claires et précises. Ces actes de transposition ne peuvent donc pas revêtir la forme de pratiques administratives, même si ces dernières sont conformes à la directive. L'idée est que les particuliers puissent les comprendre, les connaître et les invoquer le cas échéant.

La directive est un des principaux moyens d'action législative de la communauté. Elle est, après le règlement, dans les ordres communautaires, la deuxième source la plus importante du droit communautaire dérivé[134]. La directive cherche à concilier la recherche de l'indispensable unité du droit communautaire et la préservation de la diversité des particularités nationales des États membres[135]. Contrairement au règlement, le principal objectif de la directive n'est pas l'harmonisation juridique, mais le rapprochement des législations nationales. Cette harmonisation a pour but d'éliminer peu à peu les contradictions et les différences entre les législations nationales jusqu'à ce que, dans chaque État membre, les conditions de fond soient aussi similaires que possible. Vue sous cet angle, la directive se présente comme l'un des principaux instruments de base de réalisation du marché intérieur.

La Directive ne lie les États membres qu'en ce qui concerne le résultat à atteindre. Elle leur laisse le choix de la forme et des moyens qu'ils adopteront pour réaliser les objectifs communautaires dans le cadre de leur ordre juridique interne. Cette façon de lier les États membres est le reflet d'une volonté d'atténuer les interventions de la Communauté dans les systèmes juridiques et administratifs nationaux[136]. Les États membres

[134] Pour plus de développement sur l'évolution du régime juridique de la directive comme source dérivée du droit communautaire, voire Olivier DORD, *Systèmes juridiques nationaux et Cours Européennes : de l'affrontement à la complémentarité ?*, Revue Pouvoirs, vol. 2001/1, n° 96, p. 8.

[135] Lire à ce propos BIPELE KEMFOUEDIO (J), *Essai sur une théorie juridique de l'intégration économique au sein de la CEMAC*, Thèse Ph.D, Dschang, 2008.

[136] Lire à ce propos NGUENA DJOUFACK (A L), *Sécurité juridique et droit communautaire de la CEMAC : recherches sur la sécurité juridique dans la*

peuvent ainsi tenir compte des spécificités nationales lors de la réalisation des objectifs communautaires. Les dispositions d'une directive ne remplacent pas automatiquement les règles juridiques nationales, mais imposent aux États membres l'obligation d'adapter leur droit national aux dispositions communautaires.

En général, cela exige une procédure législative en deux étapes :

- Lors de la première étape, au niveau communautaire. Le résultat que la directive cherche à atteindre est fixé de manière contraignante pour le destinataire désigné ; c'est-à-dire pour un, plusieurs ou tous les États membres, qui doivent l'atteindre dans un délai donné. Les institutions communautaires peuvent définir ce résultat de manière si précise qu'il ne reste plus aux États membres la moindre marge de manœuvre pour apporter des adaptations sur le fond. Cette possibilité est essentiellement utilisée pour les normes techniques et la protection du droit à la vie.
- Lors de la seconde étape, au niveau national, le résultat fixé au niveau communautaire est atteint, quant au fond, dans les législations des États membres.

Ces directives entrent en vigueur dès leur publication au Bulletin Officiel de la Communauté[137], l'entrée en vigueur marquant le début du délai de mise en œuvre des objectifs qu'elles contiennent. Les États membres doivent respecter le terme du délai d'application, car une fois ce délai expiré, ils doivent avoir modifié leur droit interne. La directive — *norme communautaire* — semble préserver l'autonomie des États. La directive a certes un caractère obligatoire, mais ses effets dépendraient de la transposition faite par les États. Mais cette obligation de transposition est-elle d'ordre public ? Jusqu'où les États membres sont-ils obligés de prendre ces mesures nationales de transposition des directives communautaires ?

L'article 41 alinéa 3 sus-cité du traité révisé de la CEMAC dispose que « *les directives lient tout État membre destinataire quant au résultat à atteindre tout en laissant aux instances nationales leur compétence en ce qui concerne la forme et les moyens* ». Comme rappelé plus haut, la

---

construction du marché commun de la CEMAC, Thèse de Doctorat/Ph.D, Dschang, 2015, *op.cit.*, p. 251.

[137] Article 41 du Traité révisé. Cet article 41 parle plutôt de la notification, même si en pratique on observe qu'il y a publication.

directive a certes un caractère obligatoire, mais ses effets dépendent de la transposition faite par les États membres. Pourtant la Cour de Justice des Communautés européennes (CJCE), à titre de droit comparé, a été amenée à reconnaître un effet direct aux directives n'ayant pas fait l'objet de transposition en droit interne, uniquement cependant lorsqu'elles sont claires, précises et inconditionnelles[138].

De quelle manière cette jurisprudence peut-elle être acceptée par les États membres, alors qu'elle entame leur souveraineté ? Si en droit positif allemand la règle a été celle de la reconnaissance immédiate de l'effet direct des directives communautaires européennes, la jurisprudence notamment administrative française a pendant longtemps estimé la prise des mesures nationales de transposition desdites directives comme obligatoire et un préalable à l'activation de l'effet direct de cette source dérivée du droit communautaire. Le Conseil d'État français, depuis une espèce célèbre du 22 décembre 1978, *Cohn-Bendit*, considérait qu'il appartenait aux autorités nationales de prendre obligatoirement les mesures nationales de transposition des directives pour les rendre invocables devant le juge administratif. Il rappelait au secours de cette conviction que, « *quelles que soient les précisions que contiennent les directives à l'intention des États membres, elles ne sauraient être invoquées par les ressortissants de ces États à l'appui d'un recours dirigé contre un acte administratif individuel* ».

L'obligation d'obtention des résultats liée à la mise en œuvre de la directive a souvent posé des difficultés d'interprétation en droit positif. Une certaine opinion a pendant longtemps pensé que les directives communautaires n'imposaient que des obligations de résultat générales et globales, laissant aux États membres une large marge de manœuvre quant aux modalités de réception dans les ordres juridiques internes des obligations consécutives à la réception des directives. À titre de comparaison en droit européen toujours, certains pensent que la directive n'impose que des obligations de résultat générales et globales laissant aux États une grande marge de manœuvre. Mais la pratique a infirmé cette position, car dans les faits, les directives sont de plus en plus précises et les États doivent en reprendre les termes dans le dispositif des mesures nationales de transposition. La Cour de Justice européenne n'a pas condamné cette pratique et elle a même admis que pour réaliser

---

[138] Cf. de la FOREST DIVONNE (F), *À propos de la reconnaissance de l'effet direct des directives communautaires,* Les Petites Affiches, 03 mai 2008, p. 15.

certains buts, la directive pouvait ne laisser à l'État aucune marge d'appréciation[139]. Très récemment, la jurisprudence française a définitivement abandonné les constructions de l'espèce *Cohn-Bendit* et consacre désormais définitivement le principe de l'invocabilité pleine et directe des directives communautaires[140].

Souvent, les États ont le choix entre au moins deux solutions ; c'est le cas pour les directives techniques qui tendent à l'harmonisation de la règlementation technique pour lesquelles la Communauté s'est engagée à respecter la nature de la directive. L'État a l'obligation de conformer son droit national au résultat contenu dans la directive. Cette obligation ne laisse pas à l'État la possibilité d'apprécier le bien-fondé de l'acte ou de son opportunité. La Cour de Justice comme la Commission de la CEMAC contrôlent désormais cette obligation[141]. Si les États manquent à cette obligation, la Cour peut engager la responsabilité de ce dernier au moyen d'un nouvel instrument juridictionnel, et initier un recours en manquement[142]. L'État membre est libre de choisir l'acte interne approprié pour mettre en œuvre la directive[143].

Cette mesure doit fournir des garanties de transparence et de sécurité juridique : une simple pratique administrative ne suffit pas, comme on l'a vu, à mettre en œuvre les objectifs de la directive[144]. De même, une circulaire administrative n'est pas une mesure adéquate sauf si c'est une circulaire règlementaire. La mesure d'ordre interne doit pouvoir être contrôlée *(faire grief)*.

Ces actes ont pour destinataires l'ensemble des États membres ou certains d'entre eux, ou des entreprises publiques ou privées. La décision crée des droits et obligations à l'égard de ses destinataires. Elles sont obligatoires dans tous leurs éléments et emportent des effets juridiques pour d'autres que les destinataires quand ces personnes sont concernées par l'acte. La décision doit être publiée et peut faire l'objet de retrait ou

---

[139] Cf. CJCE 23 novembre 1977 *Société ENKA*.
[140] Cf. CE, Assemblée, 30 octobre 2009, *Emmanuelle Perreux*.
[141] Article 48 du Traité révisé de la CEMAC.
[142] Article 23 al. 1 de la Convention révisée régissant la Cour de Justice de la CEMAC.
[143] Loi, Décret, décision, ou exceptionnellement une circulaire.
[144] Cf. DORD (O), *Systèmes juridiques nationaux et Cours Européennes : de l'affrontement à la complémentarité ?*, Revue Pouvoirs, vol. 2001/1, n° 96, p. 9.

d'abrogation[145]. Dans le cas d'un retrait, le juge effectue un balancement entre les intérêts privés et les intérêts publics qui justifieraient le retrait.

La décision est obligatoire pour ses destinataires (qui peuvent être des États membres ou des particuliers) et ne pose en principe pas de problème. Elles sont obligatoires dans tous leurs éléments pour les destinataires qu'elles désignent. De plus, la décision qui comporte une obligation pécuniaire peut servir directement de base à son exécution.

Aux termes de l'article 40 du Traité révisé, le Conseil des ministres UEAC, le Comité ministériel UMAC ainsi que les premiers responsables des institutions, organes et institutions spécialisées de la Communauté peuvent agir au moyen de décisions. Quant aux recommandations et les avis, ils peuvent être formulés par le Conseil des ministres, le Comité ministériel ou encore par les premiers responsables des institutions, organes et institutions spécialisées de la Communauté.

Il faut faire attention, car beaucoup d'actes interinstitutionnels sont aussi des décisions qui émanent de la Communauté et s'adressent à elle-même.

III - Les autres actes du droit communautaire dérivé

Ce sont entre autres les actes expressément prévus par le Traité révisé (**A**) et les actes non prévus (**B**) par le système institutionnel et normatif CEMAC.

A - Les actes expressément désignés : les Recommandations et les Avis

Entre autres actes de droit dérivé, l'article 41 du Traité révisé cite les recommandations et les avis. L'alinéa 4 de l'article 41 du traité révisé de la CEMAC précise que les recommandations et les avis ne lient pas, bien qu'il leur soit imposé l'obligation d'être motivés[146]. Mais des conséquences juridiques ne sont pas exclues pour autant, puisque les juges nationaux doivent les prendre en considération dans leur interprétation du droit national. Les avis ont une grande importance

---

[145] Cf. De la FOREST DIVONNE (F), *À propos de la reconnaissance de l'effet direct des directives communautaires,* Les Petites Affiches (LPA), 03 mai 2008, p. 12-15 et CASSIA (Paul), *Une nouvelle étape dans l'Europe des juges : l'effet direct des directives communautaires devant la juridiction administrative française*, Revue Française de Droit Administratif n° 3, 2009, p. 1146.

[146] Article 42 du Traité révisé de Libreville.

politique, puisqu'ils permettent souvent une ouverture des débats, qui aboutissent parfois à l'adoption d'une règle de droit. Ils peuvent également avoir des effets juridiques[147].

À titre d'illustration, le Conseil des ministres peut, par des recommandations, fixer les grandes orientations de la politique économique des États. En fonction de ces recommandations, le Conseil peut être amené à constater que dans les faits ces recommandations ne sont pas suivies d'effets et peut donc prendre des sanctions contre les États. Dans ce cas, la recommandation apparaît créatrice de droits et d'obligations[148].

B - Les autres actes communautaires

Certains les appellent les actes innommés ou encore les actes atypiques. En font partie les déclarations interinstitutionnelles, les conclusions, les résolutions, les communications et codes de conduite. Inspirées du droit communautaire européen, les déclarations interinstitutionnelles servent aux institutions et aux relations qu'elles désirent établir entre elles. Ce sont des actes internes à la Communauté qui ne lient que leurs signataires.

Quant aux communications, ce sont des textes dans lesquels la Commission présente un futur programme ou donne des conseils aux autres administrations communautaires. La critique qui peut être faite de ces sources métajuridiques du droit communautaire est qu'elles peuvent nuire à la clarté du droit communautaire, le rendre complexe et peuvent ne pas être conformes aux traités.

Section II - Les sources subsidiaires du droit communautaire de la CEMAC

Il s'agit essentiellement des sources non écrites du droit communautaire de la CEMAC telles que la jurisprudence de la Cour de Justice (**I**) et les principes généraux du droit progressivement construits par l'ordre juridique (**II**) qui apparaissent comme célébrant la fonction normative du juge communautaire à l'affirmation d'une sécurité

---

[147] Les avis motivés de la Commission sont parfois la condition *sine qua non* de l'examen d'une question par la Cour de Justice ; ils sont également motivés dans le cadre de la conclusion d'un accord international par exemple.

[148] Lire les dispositions des articles 60 à 63 de la Convention révisée de l'UEAC.

juridique d'avant-garde en Afrique Centrale. La coutume complète cette liste (**III**).

I - La contribution émergente de la jurisprudence communautaire à l'édification d'un ordre juridique autonome

À titre de rappel, la Cour de justice de la CEMAC a reçu du législateur communautaire une fonction de régulation contentieuse des relations entre la Communauté et ses partenaires[149]. Aussitôt mise en place, elle a inauguré, dès 1999, une œuvre prétorienne qui fait d'elle une véritable institution de protection des droits des justiciables communautaires. Ses décisions sont en principe rendues en premier et dernier ressort. Elle connaît exceptionnellement des appels formés contre les décisions rendues par des organes et institutions à compétence juridictionnelle d'instance, notamment celles rendues par la Commission Bancaire (COBAC) en matière de contentieux bancaire[150], des décisions rendues par la Commission des Marchés Financiers (COSUMAF) relativement au contentieux financier[151], ou encore des décisions rendues par la Commission relativement au contentieux de la concurrence[152].

À l'exception des décisions résultant de recours en annulation qui ont un effet *erga omnes*, les autres arrêts n'ont qu'autorité relative de la chose jugée. Mais la Cour de Justice de la CEMAC tient une position particulière dans le système institutionnel, elle est la seule juridiction communautaire et la seule institution qui doit réaliser le but des communautés en interprétant les traités et en les faisant appliquer. Elle dispose d'une autorité accrue, car elle n'est pas contrôlée dans sa fonction juridictionnelle.

Quand on regarde l'économie du système de contrôle, on constate que beaucoup de recours peuvent être formés devant elle. Elle accomplit la

---

[149] Article 48 du Traité révisé de la CEMAC.

[150] Voir Article 23 alinéa 6 de la Convention révisée régissant la Cour de Justice de la CEMAC.

[151] Article 19 du Règlement Général de la COSUMAF du 23 mai 2006 : « *Les recours contre les décisions rendues par la COSUMAF dans l'exercice de ses prérogatives sont portés devant la Cour de Justice de la CEMAC. Les recours ne sont pas suspensifs. Toutefois, la Cour de Justice Communautaire peut ordonner qu'il soit sursis à l'exécution de la décision rendue si celle-ci est susceptible d'entraîner des conséquences manifestement excessives* ».

[152] Article 23 alinéa 6 de la Convention révisée régissant la Cour de Justice de la CEMAC.

mission essentielle de l'interprétation authentique du droit communautaire. Cette idée est liée à celle de la création d'un marché commun, car cela suppose une interprétation uniforme. C'est pourquoi la Cour de Justice a le monopole de l'interprétation des normes communautaires, face aux juridictions nationales. Quand elle interprète le droit communautaire, elle complète le droit écrit et donne sa vraie portée à chaque disposition. L'interprétation téléologique se fait par la méthode finaliste, en vertu de quoi les traités ont été conclus. Sa décision qui a des effets *erga omnes*, s'impose à elle.

Par cette fonction normative, la juridiction communautaire apporte une contribution majeure au développement de la sécurité juridique dans l'espace communautaire, à travers les pouvoirs d'interprétation des normes communautaire[153] et la fixation de principes généraux communs aux États membres.

Le juge national, juge la communauté de droit commun renforce cette œuvre jurisprudentielle de la Cour de Justice communautaire. En effet, il est à noter que la Cour dans ses différentes fonctions juridictionnelles assume des compétences à lui expressément attribuées par l'article 23 de la Convention l'instituant. Toutes les autres matières sont assorties à la compétence du juge nationale. Ainsi est-il prévu à l'article 26 de la Convention révisée régissant la Cour qu'elle statue à titre préjudiciel sur l'interprétation du Traité de la CEMAC et des textes subséquents, sur la légalité et l'interprétation des actes des institutions, organes et institutions spécialisées de la CEMAC, quand une juridiction nationale ou un organisme à fonction juridictionnelle est appelé à en connaître à l'occasion d'un litige. En outre, chaque fois qu'une juridiction nationale ou un organisme à fonction juridictionnelle saisi des questions de droit ci-dessus doit statuer en dernier ressort, il est tenu de saisir préalablement la Cour de Justice. Cette saisine devient facultative lorsque la juridiction nationale ou l'organisme à fonction juridictionnelle doit statuer à charge d'appel[154].

---

153 Article 48 du Traité révisé de la CEMAC.

154 Article 26 de la Convention révisée régissant la Cour de Justice Communautaire.

II - Les principes généraux du droit dans l'ordre juridique communautaire CEMAC

Considérés comme la deuxième source non écrite du droit communautaire de par leur importance[155], les principes généraux se sont progressivement imposés grâce à l'émergence de la fonction normative de justice communautaire. Néanmoins, la jurisprudence du juge communautaire n'est pas considérée, par elle-même, comme une source de droit CEMAC. C'est le dispositif communautaire pertinent qui énonce cette place des principes généraux sources du droit communautaire, en fondant par exemple la responsabilité extracontractuelle de la Communauté sur « *le droit positif communautaire et les principes généraux du droit commun aux États membres* »[156]. Il importe, pour mieux cerner la contribution des principes généraux du droit à la construction de l'ordre CEMAC, de préciser les contours de cette source singulière du droit communautaire.

Les principes généraux sources du droit sont une construction jurisprudentielle française importée en droit international. C'est dans le statut de la Cour Permanente de Justice Internationale (CPJI) de 1920 que l'expression est pour la première fois utilisée en droit international. L'article 38 du Statut de la Cour Internationale de Justice (CIJ) les mentionne comme étant l'une des sources du droit international. La notion de principes généraux a donc connu, tant en droit interne qu'en droit international, un développement prodigieux, à un moment où le juge a progressivement acquis une fonction normative majeure[157].

En droit communautaire européen, la fonction normative de la juridiction communautaire a été unanimement saluée comme une des œuvres les plus achevées de la construction communautaire[158]. Consacrés dans l'ordre communautaire CEMAC, les principes généraux de droit ont une origine à la fois conventionnelle et prétorienne. En effet, ils peuvent être sécrétés par les traités et conventions communautaires, ou par le juge

---

[155] Cf. KAMTOH (P), *Introduction au système institutionnel de la CEMAC*, Éditions Afrédit, Yaoundé, 2014, p. 126.

[156] Article 28 de la Convention révisée régissant la Cour de Justice de la CEMAC.

[157] Cf. CARREAU (D) et MARRELLA (F), *Droit International*, Pedone, Paris, 2012, p. 325-330.

[158] Cf. RACLET (A), *Droit communautaire des affaires et prérogatives de puissance publique nationales*, Dalloz, Col. Nouvelle Bibliothèque des Thèses, Paris, 2002, p. 7.

communautaire. Édictés par les traités communautaires, ils sont identifiés par la Cour et s'imposent désormais *erga omnes*.

Cette compétence d'identification consacrée au bénéfice de la Cour de Justice de la CEMAC est organisée par les dispositions de l'article 48 du traité révisé qui énonce qu'elle a la charge « *d'assurer le respect du droit dans l'interprétation et dans l'application* » des traités et conventions subséquentes. Les principes généraux sécrétés par l'ordre juridique CEMAC sont indispensables à l'interprétation du dispositif conventionnel et complètent les sources écrites du droit communautaire[159]. Les principes généraux du droit communautaire ont ainsi une place privilégiée dans l'ordre juridique communautaire tant leur contribution à l'émergence de l'ordre juridique est assimilable à celle du droit primaire. Aussi, le respect des principes généraux sécrétés dans l'ordre communautaire s'impose à l'ensemble des acteurs communautaires[160].

Relativement au contenu des principes généraux du droit communautaire, on peut dire que ces derniers sont des principes inhérents à tout système juridique organisé. Ce sont des principes généraux classiques dont l'origine n'est pas précisée. Ils tournent autour de l'idée d'équité et de sécurité juridique. À titre d'exemple, le principe de la non-rétroactivité des actes administratifs ; le principe du respect des droits acquis ; le principe de confiance légitime. Le juge y fait référence pour justifier sa solution. On peut les identifier selon leur nature, notamment :

- Les principes servant à améliorer le système communautaire : le principe du respect des droits de la défense ; le principe du contradictoire, le principe de l'exigence d'une bonne administration de la justice, etc.
- Les principes généraux communs au droit des États membres : ce sont ceux hérités du droit métropolitain, et en vigueur dans les ordres juridiques nationaux. Ils naissent de l'idée selon laquelle il existerait une parenté d'inspiration et de technique juridique commune aux six États membres de la Communauté. Par nécessité, la Cour de Justice s'inspire profondément des droits des États membres pour mieux légitimer ses décisions. On peut, entre autres,

[159] Cf. KAMTOH (P), *Introduction au système institutionnel de la CEMAC*, Éditions Afrédit, Yaoundé, 2014, p. 128.

[160] Cf. JACQUE (J-P), *Droit institutionnel de l'Union européenne*, LGDJ, 7e Édition, Paris, 2011, p. 165.

citer le principe d'égalité, le principe de la consolidation des droits acquis, le principe de la présomption d'innocence, le principe de l'égalité de tous les usagers devant l'impôt, le principe de l'interdiction du retrait des actes administratifs créateurs de droit, etc.[161]

- Les principes déduits de la nature de la Communauté : ce sont des principes institutionnels tels que le principe de solidarité entre les États et le principe de l'équilibre institutionnel. Certains sont inhérents à la notion de marché commun comme le principe de liberté, le principe de non-discrimination en raison de la nationalité ou du sexe, le principe de préférence communautaire.

III - La coutume dans l'ordre juridique communautaire

En droit international, il est communément admis que la coutume est une source non négligeable. Elle occupe une place centrale parmi les différents éléments qui concourent à la formation de l'ordre juridique international. En tant que norme non écrite au regard de ce qu'elle ne tire pas son existence ou son autorité d'un acte ou d'une série d'actes écrits avec lesquels elle s'identifierait[162]. La Convention de Viennes sur le droit des traités la définit comme étant « *la preuve d'une pratique générale, acceptée comme étant le droit* »[163]. Cette définition contient l'ensemble des éléments qui permettent d'identifier ce que pourrait être une coutume. Il s'agit non seulement de l'élément matériel qui renvoie à la « pratique générale » et l'élément psychologique qui est caractérisé par la conscience que cette pratique obéit au droit ou mieux l'*opinio juris sive necessitatis*[164].

[161] Tous ces principes sont progressivement construits par le juge communautaire CEMAC. La haute juridiction communautaire a ainsi depuis peu jugé que le respect des droits fondamentaux contenus dans la Charte Africaine des Droits de l'Homme et des Peuples s'imposait tant à lui qu'aux juges nationaux. Pour plus de développements sur cette posture du juge CEMAC, lire avec intérêt CJ-CEMAC, Arrêt n° 006 du 02 juillet 2009, Affaire Société Price Water House c/. Commission de la CEMAC et Autorité Monétaire Nationale du Cameroun).

[162] Cf. COMBACAU (J) ET SUR (S), *Droit International Public*, Montchrestien, Domat, 1994, *op.cit.*, p. 54.

[163] Article 38 de la Convention de Viennes sur le droit des traités.

[164] Cf. DECAUX (Emmanuel), *Droit International Public,* 7eédition, Paris, Dalloz, 2010, p. 51.

En droit communautaire CEMAC, la coutume semble être beaucoup plus évanescente. Elle « *ressemble à un mirage qui s'éloigne au fur à mesure que l'on tente de l'approcher* »[165], ce d'autant que parmi les éléments prévus par la Convention de la Cour de Justice Communautaire, éléments auxquels la Cour fait recours dans ses fonctions, la coutume n'y figure pas expressément. L'article 28 prescrit que la Cour « *statue en tenant compte du droit positif communautaire et des principes généraux de droit communs aux États membres* ». De plus, il est difficile de retrouver « *une échelle* » qui permettrait de rechercher « *les précédents d'une coutume. Par ailleurs, la nature des précédents serait elle-même incertaine* »[166].

Au surplus, dans la pratique, la mise en place d'un droit coutumier se heurte à des obstacles considérables au niveau communautaire. D'abord, l'existence d'une procédure spéciale pour la révision des traités[167]. En droit communautaire CEMAC, cette procédure est précise et difficilement applicable en dehors d'un droit écrit. Ceci « *n'exclut certes pas l'établissement d'un droit coutumier, mais elle renforce la difficulté de satisfaire aux critères d'un long usage et de l'acceptation juridique* »[168].

Ensuite, l'établissement d'un droit coutumier par les institutions communautaires serait comme le précise Klaus-Dieter BORCHARDT, le fait que la plupart des actions d'une institution communautaire prennent leur source et ne tiennent le plus souvent leur validité « *que des traités et non du comportement réel ou de la volonté de l'institution de créer des relations juridiques. Par conséquent, en ce qui concerne les traités, le droit coutumier ne peut être établi en aucun cas par les institutions communautaires, mais éventuellement par les États membres, et ce uniquement dans le cadre des critères rigoureux susmentionnés. Les pratiques et les usages juridiques des institutions communautaires peuvent cependant être invoqués lors de l'interprétation des règles juridiques qu'elles ont établies, ce qui peut modifier la portée juridique et réelle de l'acte juridique concerné. Toutefois, les conditions et les limites imposées par la législation communautaire originaire s'imposent également dans ce cas* »[169].

---

[165] *Ibid.*
[166] *Ibid.*, p. 52.
[167] Cf. BORCHARDT (K-D), *op. cit.*, p. 65.
[168] *Ibid.*
[169] *Ibid.*

Faut-il pour autant conclure que contrairement à l'UEMOA où la coutume est considérée comme une source subsidiaire communautaire[170], celle-ci n'en est pas une en droit communautaire de la CEMAC ? Il ne semble pas. Car, la coutume est « *une forme juridique connue dans tous les systèmes, y compris dans (...) le droit de tradition écrite* »[171]. Le droit communautaire de la CEMAC ne saurait être en marge de cette réalité. La coutume peut être de plusieurs ordres. La Cour internationale de Justice a admis que parmi les différentes formes de coutumes, la coutume régionale est celle qui est propre à un groupe d'États[172]. Il serait possible d'identifier cette forme de coutume dans la CEMAC dans la mesure où avant l'essor de la codification dans cet espace, des pans entiers de la coopération étaient indubitablement tout aussi de nature coutumière[173]. On comprend alors que le droit coutumier se doit d'être considéré comme une source non écrite du droit communautaire CEMAC. Sous d'autres cieux, comme c'est le cas en Europe, il « *s'agit d'une pratique qui, après avoir été appliquée et acceptée, est ainsi légalement établie et complète ou qui modifie la législation originaire ou dérivée. La possibilité qu'un tel droit existe au niveau communautaire est reconnue en principe* »[174]. Cette possibilité ne saurait échapper au droit communautaire de la CEMAC.

---

170 Cf. D YEHOUESSI (Y), *op.cit.*, p. 351.

171 Cf. DECAUX (E), *Droit International Public*, *op.cit.*, p. 51.

172 *Ibid.*

173 *Ibid.*, p. 52.

174 Cf. BORCHARDT (K-D), *op.cit.*, p. 65.

SECONDE PARTIE

LES CARACTÈRES DE L'ORDRE JURIDIQUE COMMUNAUTAIRE DE LA CEMAC

L'ordre juridique qui sous-tend la CEMAC fait partie intégrante de la réalité politique et sociale des États de l'Afrique centrale. Chaque année, la plupart des règles communautaires sont édictées et sont à l'origine d'une multitude de décisions qui influencent sur la réalité vécue des États membres et de leurs ressortissants[175]. C'est la raison pour laquelle, les ressortissants d'un État membre de la Communauté ne devraient en principe plus être seulement les citoyens de leur ville, de leur commune ou de leur État, mais des citoyens de la Communauté tout entière et devraient être informés au quotidien sur un ordre juridique qui concerne leur vie[176].

En effet, la mise sur pied d'une Communauté de droit entraîne un transfert de compétences aux institutions communautaires plus important que celui qui se fait à l'égard des organisations internationales. Ce transfert de compétences atteint des proportions non négligeables dans des domaines dans lesquels les États conservent généralement leur souveraineté[177]. Ce qui aboutit à l'établissement d'un ordre juridique propre de la communauté qui se trouve être indépendant des ordres juridiques nationaux, mais entretient des rapports décisifs. Ces rapports sont conçus sous le couvert des caractères propres à l'ordre juridique communautaire qui traduisent sa spécificité et lui donnent toute son identité. On en vient à considérer l'ordre juridique de la communauté comme un ordre juridique international spécial doté des traits particuliers qui fondent sa particularité. Élaborés par la doctrine, ces caractères sont tirés des spécificités des normes originales de l'ordre international classique, justifiés par leur propension à s'éloigner des conditions de réception du droit international par l'ordre interne[178].

Les rapports entre l'ordre juridique communautaire et les ordres juridiques des États membres de la Communauté mettent ainsi en lumière trois caractères propres au droit communautaire bâtis autour des principes

---

175 Cf. BORCHARDT (K-D), *op. cit.*, p.10.

176 *Ibid.*

177 *Ibid.*, p. 24.

178 En effet, les dispositions de l'article 45 de la Constitution camerounaise soumettent, pour leur validité, les traités et conventions internationales et leur insertion dans l'ordonnancement juridique interne à la triple obligation de l'application réciproque par les autres Hautes Parties Contractantes, à la préalable ratification parlementaire et à la promulgation présidentielle.

de primauté (**Chapitre I**), d'applicabilité immédiate et directe (**Chapitre II**) du droit communautaire sur les ordres juridiques internes des États membres.

CHAPITRE I

LA PRIMAUTÉ DU DROIT COMMUNAUTAIRE SUR LE DROIT INTERNE DES ÉTATS MEMBRES

Invitons Hans KELSEN dans cette thématique pour revisiter les relations entre l'ordre juridique international et l'ordre interne tel qu'édifié par la théorie de la hiérarchie des normes[179]. La hiérarchie des normes permet de procéder à une classification des sources du droit en raison de la place et de l'importance de chacune d'elle dans l'ordre juridique[180]. C'est ainsi que dans l'ordre interne, au-dessus des normes écrites (lois et règlements) et non écrites (principes généraux du droit, jurisprudence, us et coutumes) trône la constitution à laquelle toutes les autres sources du droit ont une obligation de conformité.

Dans le même ordre d'idées, la question de l'insertion de l'ordre international dans l'ordre interne est réglée par le constituant à travers les mécanismes de réception qu'il aménage pour l'ordre international[181]. Le dispositif de l'article 45 de la Constitution camerounaise consacre pour le pays un monisme juridique à sa rencontre avec le droit international, en ce sens qu'il soumet la réception dans l'ordre interne du droit international à la triple exigence de l'application réciproque, de la ratification parlementaire notamment lorsque le traité que l'État veut faire entrer dans son ordre juridique a un objet qui relève du domaine de la loi et de la promulgation présidentielle[182].

En tout état de cause, reçue dans l'ordre interne, la norme internationale est placée en dessous de la constitution et au-dessus de toutes les autres normes. On dit alors qu'elle a une valeur infra constitutionnelle et supra décrétale[183]. Quid des relations entretenues par le droit communautaire avec *l'ordo* juridique interne dans les États membres ? D'emblée, une observation mérite d'être faite :

- D'une part, aucune des constitutions nationales des États membres de la CEMAC ne fixe ni implicitement ni explicitement la place de l'ordre communautaire dans son ordonnancement juridique interne. A priori donc, on peut dire que le droit communautaire CEMAC

---

179 Cf. KELSEN (H), *Théorie pure du droit*, Dalloz, Paris, 1962, p. 59.

180 Cf. KELSEN (H), *Théorie pure du droit*, p. 75.

181 Cf. KELSEN (H), *Théorie pure du droit*, p. 75, et Georges SCELLE, *La notion d'ordre juridique*, Revue de Droit Public, 1944, p. 88.

182 Cf. BIPELE KEMFOUEDIO (J), *Essai sur une théorie juridique de l'intégration économique au sein de la CEMAC*, Thèse Ph.D, Dschang, 2008, *op.cit*.

183 Voir Article 45 de la Constitution camerounaise et BIPELE KEMFOUEDIO (J), *Essai sur une théorie juridique...*

souffre d'un déficit génétique de base constitutionnelle dans les ordres juridiques internes, sauf à considérer les proclamations évasives de type préambulaire énoncées ici et là dans les constitutions nationales qui insistent de manière laconique et par des allusions à l'urgence de l'intégration africaine et leur attachement aux règles du droit international.

- D'autre part, cette difficulté de qualification des rapports entre l'ordre juridique communautaire et l'ordre national ne se pose que dans les systèmes juridiques monistes. En effet, le monisme célébré dans les États membres de la CEMAC justifie à suffisance ces déqualifications dès lors que l'on sait que l'une des exigences à laquelle s'attache l'intégration sous-régionale est la mise en place d'un *ordo* communautaire primant sur les ordres juridiques internes.

La doctrine communautaire propose de voir derrière le principe de primauté la consécration de règles à effet direct en tant qu'elles font partie intégrante avec rang de priorité, de l'*ordo* applicable sur le territoire de chacun des États membres[184]. Ces règles singulières devraient être appliquées dès leur entrée en vigueur en dépit de la préexistence d'une norme nationale incompatible et pendant toute la durée où elle reste en vigueur malgré la question ultérieure d'une loi nationale incompatible[185]. Elles acquièrent de ce fait non seulement le statut de droit positif dans les États membres dès leur adoption, elles sont susceptibles de créer par elle des droits et des obligations pour les particuliers, mais aussi sont susceptibles de prendre place, avec un rang de priorité, sur toutes les lois nationales[186].

La primauté assure donc à la norme communautaire une force de pénétration irrésistible et une efficacité complète une fois insérée dans les ordres internes[187]. Cette pénétration à l'absolu de la norme communautaire par irradiation dans l'ordre étatique est la preuve

---

[184] Cf. ISAAC (G), *Droit Communautaire Général*, Armand Colin, Dalloz, 10e Édition, Paris, 2008, p. 173.

[185] Cf. RIDEAU (J), *Communauté de droit et États de droit, le rôle des États membres dans l'application du droit communautaire*, AFDI, 1972, p. 864.

[186] Cf. YEHOUESSI D. (Y), *L'application du droit international…*, *op.cit.*, p. 353.

[187] Pour plus de développements sur les conséquences de cette force radicale des normes communautaires sur les ordres internes, voir Pierre PESCATORE, *L'application du droit communautaire dans les États membres*, Rencontre judiciaire et universitaire, 1976, Luxembourg, VI, p. 15.

singulière de ce que le droit issu des sources communautaires n'est ni un droit externe, encore moins un droit étranger, mais surtout et davantage le droit propre de chacun des États membres, applicable à l'intérieur de son territoire au même titre que son droit national, mais avec cette qualité supplémentaire qu'elle couronne la hiérarchie des textes normatifs de chacun d'eux, à l'exception peut-être de la norme constitutionnelle[188]. Comme on le découvrira dans les lignes suivantes, la prometteuse primauté aura une existence duale en Afrique Centrale, écartelée qu'elle est, entre une vie pleine et sans équivoque à sa rencontre avec le droit ordinaire national (**section I**) et une autre, beaucoup plus controversée, dans ses relations avec les constitutions nationales (**section II**).

Section I -Une primauté apaisée

À l'épreuve, le droit communautaire ne souffre d'aucune difficulté à son insertion dans l'ordre juridique interne à sa rencontre avec les normes nationales ordinaires. Plus prosaïquement, cette primauté célébrée du droit communautaire sur les normes nationales est une réalité dans le droit communautaire CEMAC. C'est dire que dans l'hypothèse de conflit entre celui-ci et celle-là, celui-ci l'emporte. Il ne pouvait d'ailleurs en être autrement dans la mesure où le conflit entre le droit communautaire et le droit national ne peut être résolu que si l'un des deux ordres juridiques s'efface devant l'autre ; et l'ordre communautaire découlant d'une philosophie commune à tous les États membres et mis sur pied pour la réalisation des objectifs communs, doublée de son application uniforme dans tous les États membres de la communauté, ne peut que l'emporter[189].

Il apparaît dès lors nécessaire de légitimer cette proclamation dans ses fondements (**I**) avant de la célébrer dans ses implications juridiques (**II**).

I. Les fondements juridiques

Étymologiquement, cette primauté est consommée, c'est-à-dire qu'aussitôt intégrées dans l'ordre interne, les normes communautaires priment sur les lois nationales ordinaires des États membres, qu'elles soient postérieures ou antérieures. Cette supériorité est prescrite par les

---

[188] Pour plus de développement, lire BIPELE KEMFOUEDIO (J), *Essai sur une théorie juridique de l'intégration économique au sein de la CEMAC*.
[189] Cf. BORCHARDT (K-D), *op.cit.*, p. 106.

textes communautaires, et ce de façon tacite (**A**) et par le dispositif législatif de certains États membres (**B**).

A - Le fondement communautaire

Les dispositions de l'article 41 du Traité révisé de la CEMAC annoncent les couleurs de la primauté de l'ordre juridique communautaire sur les ordres juridiques des États membres de la communauté. Elles prescrivent substantiellement que *« les Actes Additionnels sont annexés au traité de la CEMAC et complètent celui-ci sans le modifier, et le respect de leurs dispositions s'impose aux institutions, organes et institutions spécialisées de la Communauté ainsi qu'aux autorités des États membres (...). Les règlements et les règlements-cadres ont une portée générale. Les règlements sont obligatoires dans tous leurs éléments et directement applicables dans les États membres. Les règlements-cadres ne sont directement applicables que dans certains de leurs éléments. Les directives lient tous les États membres quant aux résultats à atteindre tout en laissant aux instances nationales la compétence en ce qui concerne la forme et les moyens de leur mise en œuvre, les décisions sont obligatoires dans tous leurs éléments pour les destinataires qu'elles désignent (...). Les recommandations et avis ne les lient pas ».*

Le législateur communautaire célèbre, par les dispositions de l'article 41 du Traité révisé, la primauté de la règle communautaire sur les lois nationales ordinaires. En parcourant le corpus de ce traité révisé, on découvre une terminologie faisant appel à cette exigence de la primauté de la règle communautaire sur les normes nationales ordinaires[190]. En effet, en soulignant que les États membres « *s'engagent à...... »*, « *s'abstiennent de... »*, il entendait écarter toutes les lois nationales susceptibles d'empêcher la mise en œuvre heureuse de la norme communautaire. Mieux, solennellement désormais, l'article 44 du traité révisé proclame que le droit secrété par l'ordre communautaire doit primer sur les normes nationales contraires, antérieures ou postérieures[191].

---

[190] Cette exigence est un des fondements de la supériorité de la norme communautaire sur les lois nationales ordinaires, constamment rappelée par la doctrine. Voir dans ce sens, DANTONEL-COR (Nathan), *La violation de la norme communautaire et la responsabilité extracontractuelle de l'État*, RTDE, 1998, p. 74.

[191] Article 44 Traité révisé : *« Sous réserve des dispositions de l'article 43 du présent Traité, les actes adoptés par les Institutions, organes et Institutions Spécialisées de la*

En tout état de cause, le principe de la primauté de la norme communautaire sur les lois nationales ordinaires excipe de la réalité selon laquelle tout acte régulièrement voté par le Parlement national et promulgué par le Président de la République devra l'être en conformité des dispositions de l'article 44 du traité révisé CEMAC. La primauté vient ici s'insérer comme un moyen de facilitation de l'insertion de la norme communautaire dans l'ordre interne. À l'épreuve, cette primauté sera renforcée par certains textes nationaux.

On peut relever ici une série d'indices censés refléter la volonté des pères fondateurs de la CEMAC de rompre les amarres internationales de la Communauté, et de lui donner une identité propre, la déliant ainsi progressivement de l'emprise des règles du droit international public classique. D'une part, la CEMAC est instituée pour une durée illimitée. D'autre part, elle est dotée d'institutions propres, de la personnalité, de la capacité juridique, d'une capacité de représentation internationale et plus particulièrement de pouvoir réel issu d'une limitation de compétence ou d'un transfert d'attributions des États à la Communauté, ceux-ci ont limité, bien que dans des domaines restreints, leurs droits souverains et créé ainsi un corps de droit applicable à leurs ressortissants et à eux-mêmes. À ce titre, la CEMAC apparaît comme une « *entité autonome dotée des droits souverains et d'un ordre juridique indépendant qui s'impose tant aux États membres qu'à leurs ressortissants dans des domaines relevant de la compétence communautaire* »[192]. Enfin, les termes et l'esprit du traité révisé excluent que les États membres puissent rompre la réciprocité des engagements qu'ils ont souscrits en adoptant des mesures unilatérales dérogatoires au droit communautaire. Les mesures adoptées par chaque État doivent refléter l'esprit des textes communautaires et ne sauraient en aucune manière leur être dérogatoires.

Néanmoins, l'exécution forcée de certaines décisions communautaires à la charge des personnes autres que les États se fait selon les règles de la procédure civile en vigueur dans l'État sur le territoire duquel elle a lieu ; la formule exécutoire étant dans cette optique apposée, sans autre contrôle que celui de la vérification de l'authenticité du titre, par l'autorité nationale que le gouvernement de chacun des États membres

---

Communauté pour la réalisation des objectifs du présent Traité sont appliqués dans chaque État membre nonobstant toute législation nationale contraire, antérieure ou postérieure ».

[192] Cf. BORCHARDT (K-D), *op.cit.*, p. 24.

désigne à cet effet et dont il donne connaissance à la Commission et à la Cour de Justice communautaire. Mais il est à noter que cette force exécutive du droit communautaire ne saurait, en effet, varier d'un État à l'autre à la faveur des législations internes ultérieures, sans mettre en péril la réalisation des buts du traité, ou provoquer une discrimination interdite par les textes fondateurs de la Communauté[193].

Finalement, la justification la plus convaincante de cette posture de l'ordre juridique communautaire paraît, de façon assez paradoxale, presque dissimulée. La volonté des États membres de construire une union douanière et un marché commun implique nécessairement l'uniformité des règles communes sur l'ensemble du territoire communautaire. Toute atteinte à l'uniformité du droit serait, en effet de nature à provoquer des distorsions de concurrence[194]. Il apparaitrait difficile de remplir les missions qui ont été confiées à la communauté par les États membres ; le fonctionnement de la communauté compromis et la construction d'une Afrique centrale unie, porteuse de grands espoirs seraient minés[195]. La réalisation du marché commun porte d'ailleurs, nécessairement, en germe l'uniformité du droit communautaire.

Sous ces entrefaites, on peut, avec la jurisprudence communautaire européenne, conclure que, « *issu d'une source autonome, le droit né du traité ne pourrait donc, en raison de sa nature spécifique originale, se voir judiciairement opposer un texte interne quel qu'il soit, sans perdre son caractère communautaire et sans que soit mise en cause la base juridique de la communauté elle-même* »[196]. Cette formulation peut être *mutatis mutandis* étendue au droit communautaire de la CEMAC. La formulation retenue met en exergue l'existence d'« *un lien consubstantiel entre l'autonomie et la primauté du droit communautaire* »[197]. Il s'ensuit que le fondement de la primauté du droit communautaire ne doit donc pas être recherché ailleurs qu'en lui-même.

---

193 Lire à cet effet les dispositions de l'article 45 du Traité révisé de Libreville.

194 Lire pour plus de développements GNIMPIEBA TONNANG (E), *Recherches sur le nouvel encadrement communautaire des ententes anticoncurrentielles en Afrique Centrale*, Revue Trimestrielle de Droit Africain (Penant) n° 862, janvier-mars 2008, p. 5-35.

195 Cf. BORCHARDT (K-D), *op.cit.*, p.106.

196 Cf. PESCATORE (P), *Rôle et chance du droit et des juges dans la construction de l'Europe*, Revue Internationale de Droit Comparé, 1974, p. 5-21.

197 Cf. FRISSON-ROCHE (Marie-Anne) et DRAGO (Roland), *Mystères et mirages des dualités des ordres de juridictions*, Archives philosophiques du droit, tome 41, 1997, p. 135-154.

Au demeurant, la primauté du droit communautaire est un principe bénéficiant d'une portée générale et plus ou moins absolue. La doctrine communautaire classique célèbre en effet le principe de la primauté inconditionnelle de *tout* le droit communautaire sur *tout* le droit national. La primauté du droit communautaire sur le droit national est ainsi générale et absolue.

- **Générale**, elle l'est, parce que c'est l'ensemble du droit communautaire qui s'impose au droit national. C'est dire que *l'ensemble des sources du droit communautaire* bénéficie de cette qualité, qu'il s'agisse du droit originaire ou du droit dérivé, mais aussi des engagements internationaux liant la Communauté ou encore des principes généraux du droit. Cela signifie également que la primauté du droit communautaire vaut aussi bien pour les normes d'effet direct que pour celles qui en sont dépourvues.
- La primauté du droit communautaire est ensuite également **absolue** parce qu'elle vaut à l'égard de *l'ensemble du droit national*. Peu importe par conséquent qu'un acte national soit imputable au gouvernement, à une collectivité locale, au législateur ou au constituant. En cas de contrariété, le droit national devra, en toute hypothèse, céder devant le droit communautaire.

Cette primauté générale et absolue était déjà suggérée par le droit positif européen, qui affirmait en effet que le droit communautaire « *ne pourrait [...] se voir judiciairement opposer un texte interne, quel qu'il soit* »[198]. Les Hauts Magistrats de Ndjamena lui ont très tôt emboité le pas, et dans une espèce célèbre, ils ont décidé que cette consécration conventionnelle les obligeait désormais à « *laisser inappliquée toute disposition éventuellement contraire de la loi nationale antérieure ou postérieure à la règle communautaire* »[199]. Quittant le terrain de l'implicite, la Cour de Justice des Communautés Européennes s'est montrée encore plus affirmative dans sa jurisprudence ultérieure. Dans une célèbre espèce, elle a estimé que « *l'invocation d'atteintes portées soit aux droits fondamentaux tels qu'ils sont formulés par la constitution d'un État membre, soit aux principes d'une structure constitutionnelle nationale ne saurait affecter la validité d'un acte de la Communauté ou*

---

[198] CJCE, 27 mars 1980, *Denkavit*, Aff. 61/79, Rec. 1205.

[199] Arrêt n° 012/2011-CJ/CEMAC-CJ du 31 mars 2011, Banque Atlantique du Cameroun et autres c/Arrêt n° 010/CJ/CEMAC du 13 novembre 2009, SIELIENOU Christophe et Amity Bank PLC, *op.cit.*

son effet sur le territoire de cet État »[200]. Un État membre ne pouvait donc pas se prévaloir de la violation d'une tradition constitutionnelle ou d'un droit fondamental garanti par sa constitution pour s'opposer à l'application sur son territoire d'un acte adopté par une institution communautaire.

Enfin et comme on l'a vu plus haut, dès lors que la primauté du droit communautaire s'exerce sur *un texte interne quel qu'il soit*, le droit communautaire finira, sous certaines conditions souvent il est vrai par s'imposer, que la norme nationale lui soit antérieure ou postérieure.

B -Le fondement national

La place des traités et conventions internationales dans les ordres juridiques internes a souvent été entourée de flou. Au Cameroun, à l'exception de la très courte expérience fédérale, les textes constitutionnels n'avaient jamais jusqu'à la loi n° 96/06 du 18 janvier 1996 portant révision de la constitution, précisé la nature des relations entre le droit international et les engagements internationaux de l'État. Il a fallu attendre le renouveau démocratique de la décennie quatre-vingt-dix pour voir tous les pays membres de la CEMAC procéder au toilettage de ces rapports[201]. Néanmoins, très tôt, certaines législations et jurisprudences nationales avaient déjà envisagé ces rapports en consacrant implicitement la supériorité de la norme internationale sur la norme interne. À titre d'illustration, l'article 2 (1) du Code pénal camerounais dispose depuis 1969 que « *les règles du droit international ainsi que les traités dûment promulgués et publiés s'imposent au présent Code ainsi qu'à toutes ses dispositions (...)* ». L'article 3 du Code de la nationalité de 1968 du même pays poursuit dans la même logique et dispose que « *(...) les dispositions relatives à la nationalité contenues dans les traités et accords internationaux ratifiés et publiés s'appliquent au Cameroun même si elles sont contraires aux dispositions législatives en vigueur* ».

C'est à l'aune de cette double posture que le monisme avec primauté du droit communautaire sur les législations nationales est l'orientation

[200] CJCE, 17 décembre 1970, Aff. 11/70, *Internationale Handelsgesellschaft*, *Rec.* p. 533.

[201] Pour plus d'amples développements sur la question, voir TCHEUWA (Jean-Claude), *Quelques aspects du droit international à travers la nouvelle constitution camerounaise du 18 janvier 1996*, RJPIC, 2e trimestre 1998, n ° 24, p. 85-102.

non équivoque du droit positif dans les États membres à la rencontre du droit communautaire avec les lois ordinaires. Les droits nationaux s'alignent ainsi sur la logique en vigueur dans les ordres juridiques d'inspiration française.

Pour les juridictions nationales, le fondement de la primauté du droit communautaire n'est pas nécessairement celui retenu par les dispositions conventionnelles pertinentes. La spécificité du droit communautaire n'est que rarement consacrée ici. Le plus souvent, le juge puise le fondement de la primauté du droit communautaire dans son droit constitutionnel national. Ainsi, la primauté du droit communautaire sur les lois nationales ordinaires a une assise juridique incontestable dans l'ordre interne avec des conséquences juridiques majeures qu'elle entraîne.

II - Les implications de la primauté

La primauté de l'ordre juridique communautaire sur les ordres juridiques nationaux emporte une conséquence juridique considérable en ce sens qu'*« en cas de conflit de lois, la disposition nationale contraire à la disposition communautaire cesse d'être applicable et qu'aucune autre disposition nationale ne peut être introduite si elle n'est pas conforme à la législation communautaire »*[202]. La primauté apparaît comme une norme d'habilitation aussi bien à l'adresse des juges et des législateurs nationaux et induit en ce sens (02) deux obligations essentielles à l'égard des États membres ; à savoir, l'obligation de mise en conformité des lois nationales au droit communautaire (**A**) et en l'obligation d'invalidation des lois nationales contraires (**B**).

A -L'obligation de mise en conformité des lois nationales au droit communautaire

Dans une perspective normativiste défendue par Kelsen la hiérarchie des normes est légitimée par les nombreux contrôles de conformité au regard du principe selon lequel « *seules les normes inférieures doivent s'adapter aux normes supérieures* »[203]. En ce sens, « *toute norme doit sa qualité de norme au fait d'avoir été produite conformément aux conditions posées par l'ordre juridique dans lequel elle s'insère : elle tire sa validité d'autres normes qui seront dites, pour cette raison,*

[202] Cf. BORCHARDT (K-D), *op.cit.*, p.107.

[203] Cf. KELSEN (H), *Théorie pure du droit*, Dalloz, Paris, 1962, notamment p. 183.

supérieures »[204]. Ce qui induit nécessairement un rapport hiérarchique consubstantiel à l'ordre juridique, doublé d'un rapport de conformité et d'un rapport de production qui en sont des démembrements inéluctables[205]. Le rapport de conformité est en mesure « *de connaître de substantielles variations et suppose toujours une mise en œuvre, une concrétisation de la norme haute sur la norme basse »*[206]. Ce qui fait que la conformité dans le monde du droit est d'abord affaire de hiérarchie et dire d'une norme qu'elle est ou doit être conforme à une autre, exprime l'idée d'infériorité et d'obligation de conformité, sous peine, pour la norme défaillante d'être censurée[207].

Le rapport de production est purement formel et met en valeur « *un mouvement en sens descendant de la haute vers la norme basse »*. À ce titre, la norme supérieure participe de l'encadrement des modes d'élaboration de la norme inférieure, elle procède à la détermination de ses coordonnées procédurales et organiques, le législateur de la norme basse jouissant d'une certaine autonomie ou mieux d'un pouvoir discrétionnaire quant à l'élaboration de son contenu[208].

Les rapports entre l'ordre communautaire et les ordres internes des États n'ignorent pas ce schéma. Il s'agit même d'une réalité vécue au sein de la Communauté CEMAC, où on voit les États membres non seulement adopter les nouvelles législations en conformité du prescrit communautaire, mais aussi adapter les règles préexistantes et éventuellement contraires à la norme communautaire à celle dernière.

On comprend alors qu'en vertu de la primauté de la norme communautaire sur les lois nationales ordinaires, ces dernières ont désormais une obligation de conformité sur la première.

La théorie générale du droit reste ferme sur les conséquences de ce postulat : en aucun cas et en aucune circonstance, la loi nationale ordinaire ne saurait contrarier la norme communautaire qui lui est supérieure. C'est dans ce sens que le contrôle de conventionalité des lois révèle toute son importance puisqu'il vise à empêcher l'entrée en vigueur

---

[204] Cf. BRAMI (Cyril), *La hiérarchie des normes en droit constitutionnel français : essai d'analyse systémique,* Thèse de Doctorat, Droit public, Université de Cergy Pontoise, 4 décembre 2008, p.1.

[205] *Ibid.*

[206] *Ibid.*, p. 2.

[207] *Ibid.*

[208] *Ibid.*

de toutes les lois contraires au droit communautaire, lois qui courent ainsi le risque d'être génétiquement victimes d'invalidité[209].

B - L'obligation d'invalidité des lois nationales contraires au droit communautaire

Comme affirmé précédemment, l'obligation de respect de la norme appartient concurremment à tous les acteurs communautaires. C'est obligé par ce principe que les autorités nationales ont la responsabilité de paralyser l'application des normes nationales contraires au droit communautaire et à l'entrée en vigueur de ce dernier, tant l'effet mécanique de cette insertion de la norme communautaire reste l'abrogation *erga omnes* de la législation nationale qui lui est contraire[210]. Cette imposition de la norme communautaire à l'*ordo* interne est élargie à la fois aux autorités exécutives, législatives et aux juridictions nationales. Dans le même ordre d'idées, l'insertion de la norme communautaire a également pour corolaire l'abrogation automatique de toutes les dispositions normatives intérieures qui lui sont contraires[211]. Dans tous les cas, le juge national, juge communautaire de droit commun, est appelé à vérifier la saine application de la norme communautaire par paralysie des normes nationales contraires[212].

La prohibition faite au juge national de donner effet à une règle nationale incompatible avec le droit communautaire implique l'obligation minimale pour les juridictions nationales d'écarter l'applicabilité des normes du droit interne contraires au droit communautaire[213].

Néanmoins, on peut rappeler ici les réticences traditionnelles du juge national à procéder à un contrôle de la constitutionnalité des normes

---

[209] Cf. FRISSON-ROCHE (M-A) et Roland DRAGO, *Mystères et mirages des dualités des ordres de juridictions, Archives philosophiques du droit*, RTDE, Tome 41, 1997, p. 135.

[210] Cf. DUTHEIL de la ROCHERE (J), *Le principe de responsabilité de l'État pour violation du droit communautaire : une garantie nouvelle pour les justiciables*, JCP (Edition Economie), 1996, n° 46-I, p. 604.

[211] Cf. BOULOIS (J), *Les obligations du juge national découlant de l'effet direct et de la primauté du droit communautaire*, Note sou CJCE, 09 mars 1978, AJDA, 1978, p. 323.

[212] Lire AUTHEXIER (C), *L'hétérogénéité du droit communautaire dérivé*, RIDC, 1982, p. 337.

[213] Cf. SIMON (D), « Les exigences de la primauté du droit communautaire : continuité ou métamorphose ? », in Mélanges en hommage à Jean BOULOUIS, *L'Europe et le Droit*, Dalloz, Paris, 1991, p. 481.

communautaires. Deux sortes de considérations ont souvent déterminé sa conviction. Les principes du droit public national lui apparaissaient prohiber toute prétention des juges à contrôler la constitutionnalité des lois, notamment de celles issues des engagements internationaux de l'État. Or, constater l'incompatibilité d'une loi avec un engagement international l'aurait obligé à méconnaître cette interdiction puisque ce constat le conduirait à mettre en évidence la violation par le législateur de la hiérarchie des normes établies par l'article 45 de la Constitution camerounaise notamment, donc de la Constitution elle-même.

À titre de droit comparé, en France, le contrôle de la constitutionnalité des lois étant réservé par la Constitution au Conseil constitutionnel, aucune juridiction, pas même le Conseil d'État, ne pouvait prétendre procéder à un tel contrôle sans excéder les limites de sa compétence en empiétant sur celle du Conseil constitutionnel. Ce raisonnement avait été développé par Mme Questiaux dans ses conclusions avant un arrêt du 1er mars 1968, « *Syndicat général des fabricants de semoules de France* » *(préc.)*. « *Le juge administratif* », déclarait que le Commissaire du gouvernement, « *ne peut ni censurer ni méconnaître une loi. Cette considération l'a toujours conduit à refuser d'examiner les moyens tirés de l'inconstitutionnalité d'une loi, d'autant plus maintenant que la Constitution a traité du contrôle de la constitutionnalité des lois pour le confier au Conseil constitutionnel* »[214].

Il a été difficile de convaincre le Conseil d'État qu'en contrôlant la compatibilité d'une loi avec une convention internationale, le juge ne s'insurgerait nullement contre la source de son autorité. Bien au contraire, il se conformerait à la Constitution, c'est-à-dire à la norme fondamentale dont la loi comme le traité tirent leur autorité. Il faudra attendre l'arrêt « *Nicolo* » du 20 octobre 1989 pour voir le Conseil d'État abandonner son attitude traditionnelle de refus de faire prévaloir les conventions internationales sur les lois postérieures qui leur seraient contraires. La jurisprudence *Nicolo* repose implicitement sur l'idée que l'article 55 de la Constitution habilite implicitement les juges ordinaires à contrôler la conformité des lois aux traités. La faille ainsi ouverte dans la théorie de l'écran législatif s'est rapidement élargie[215].

[214] Pour plus de développements, lire KEUTCHA TCHAPNGA (C) *Le juge constitutionnel, juge administratif au Benin et au Gabon*, RFDC n° 2008/3, p. 551-583.
[215] Cette solution a été étendue aux règlements dès 1990 avec l'Arrêt *Boisdet* puis aux directives par les arrêts *Arizona Tobacco* et *Rothmans international* (CE, ass., 28 févr. 1992, *Sté Rothmans international France & SA Philip Morris France et Soc. Arizona*

La portée de la primauté du droit communautaire sur les lois nationales est donc unanimement désormais admise, même si elle pose en revanche plus de difficultés dès lors que sont en cause des normes constitutionnelles. C'est que, les constitutions des États membres entretiennent des relations sinon tumultueuses, du moins controversées avec le principe de primauté de la norme communautaire.

Section II -Une primauté tumultueuse

Le principe de primauté s'incline également en l'idée selon laquelle le droit communautaire originaire comme celui dérivé bénéficient d'un primat génétique sur le droit interne en toutes circonstances. Il s'agit d'une « *donnée existentielle de l'ordre juridique communautaire* » en ce sens qu'il « *dérive de l'objectif d'intégration poursuivi ainsi que de la nécessité de garantir l'application uniforme du droit communautaire* »[216]. L'exigence de l'unité d'application de l'ordre juridique communautaire se trouve être l'élément fondateur de ce principe et l'érige en condition substantielle de son existence[217]. La conséquence principale qui en est tirée est que dans l'hypothèse de conflit entre les deux normes, le droit national est appelé à s'effacer au profit du droit communautaire. Cette interprétation extrémiste induit l'idée selon laquelle désormais, au sommet des ordres juridiques internes, trône le droit communautaire. Admise et célébrée en théorie à la lecture des dispositions conventionnelles pertinentes, la consécration de la primauté du droit communautaire ne serait finalement qu'implicite (**I**), posture vite confirmée dans l'ordre juridique interne et directement remise en cause de manière radicale par le droit national de nature constitutionnelle (**II**).

I - La consécration communautaire du principe

C'est une fois de plus l'article 44 du Traité révisé qui solennise le primat du droit communautaire sur le droit national, la constitution faisant partie intégrante de ce dernier. Dès lors, pour mieux appréhender

---

Tobacco products & Philip Morris France). Par un arrêt *« SNIP »*, enfin, le Conseil a accepté la primauté de principes généraux du droit communautaire, assimilés au droit primaire sur la loi interne (CE, 3 déc. 2001, *Synd. nat. industries pharmaceutiques*).

[216] Cf. BRAMI (C), *La hiérarchie des normes en droit constitutionnel français : essai d'analyse systémique*, Thèse, *op.cit.*, p. 122.

[217] *Ibid.*

l'affirmation de cette primauté, il convient d'en dégager les fondements (**A**) avant d'en vérifier le renforcement jurisprudentiel (**B**).

A - Les fondements communautaires du principe

Le principe de la primauté des normes communautaires sur les ordres juridiques nationaux des États ne saurait être une vue de l'esprit ou relever de l'ordre des virtualités. Cette primauté est rendue possible par la mise sur pied des textes juridiques supranationaux qui prescrivent la suprématie de l'ordre communautaire aussi bien dans son principe que dans son application[218]. Ce principe n'est pas d'ailleurs absent des dispositions du Traité révisé CEMAC, qui en sont des fondements essentiellement communautaires.

Ces fondements sont *prima facie* textuels et le dispositif de l'article 44 du Traité révisé le réaffirme. En effet, en extrayant les normes communautaires des obligations constitutionnelles de l'article 45, le législateur communautaire a entendu assortir la pleine et immédiate application du droit communautaire d'aucune réserve même implicite. C'est que, ce principe qui apparaît originaire et qui se doit d'être absolu, est la conséquence de la nature juridique du droit communautaire lui-même[219]. Ainsi, parce que les États membres de la CEMAC sont obligés d'apporter leur contribution à la réalisation de l'idéal communautaire, ils se doivent d'adopter toutes les mesures internes propres à assurer l'exécution efficiente de leurs obligations communautaires. Cette obligation traduit deux principes essentiels du droit international transposés dans l'ordo communautaire : la règle *pacta sunt servanda* et le principe selon lequel *une partie ne peut invoquer les dispositions de son droit interne comme justifiant la non-exécution d'un traité*.

Pour l'ordre communautaire, le principe de primauté a une valeur absolue en ce qu'il s'applique à n'importe quelle norme interne quel que soit son rang fut-elle une norme constitutionnelle. Ces énonciations de l'article 44 s'apparentent dès lors à une clause de loyauté du fait qu'un État membre ne puisse se prévaloir de sa norme fondamentale — constitution pour ne pas remplir ses obligations communautaires. Cette

---

[218] Cf. MBENGUE (Mahamadou Moustapha), *La suprématie des normes communautaires nationales à l'UEMOA et à l'OHADA*, In Les Notes d'Africa 21, Notes n° 3, avril 2013, p. 4.

[219] Cf. BRAMI (C), *La hiérarchie des normes en droit constitutionnel français : essai d'analyse systémique*, Thèse, *op.cit.*, p.127.

posture est renforcée par les dispositions de l'article 4 alinéa 2 du traité révisé qui institue un recours contre les abstentions ou les obligations par les États membres de leurs engagements constitutionnels : « *En cas de manquement par un État aux obligations qui lui incombent en vertu du droit communautaire, la Cour de Justice peut être saisie en vue de prononcer les sanctions dont le régime sera défini par des textes spécifiques* ». Cette consécration conventionnelle réaffirme le principe du primat de la norme communautaire sur les constitutions nationales, position appelée à être renforcée par le juge communautaire dans sa fonction normative[220].

B - Le renforcement jurisprudentiel du principe

Principe fondateur du processus d'intégration, la primauté du droit communautaire sur les constitutions nationales ne prend un sens que si le juge lui assure une pleine garantie. Dès lors, l'ordre communautaire ne doit être définitivement intégré qu'à la condition qu'il s'impose aux États membres ainsi qu'à leur juridiction. Dès cet instant, mission est assignée aux juridictions nationales et communautaires d'assurer le plein effet de la norme communautaire, la juridiction communautaire étant la gardienne des traités institutifs de la communauté[221]. Cette obligation qui pèse sur le juge national devra le conduire à écarter tout obstacle notamment de nature constitutionnelle — que le droit national pourrait opposer au plein effet de la règle communautaire. C'est ce qu'a semblé récemment affirmer le juge communautaire de Ndjamena à l'occasion d'une espèce du 29 mai 2010[222] lorsqu'il réaffirmait que « *(...) le juge national est obligé de procéder à une saine et juste application des normes communautaires en cause toutes les fois qu'il doit assurer leur contrôle en respect des procédures nationales* ». Il s'agit pour le juge de Ndjamena de rappeler au juge national son devoir d'appliquer, dans le cadre de l'exercice de sa compétence communautaire, les dispositions du droit communautaire et d'assurer le plein effet de ces normes en laissant au besoin inappliquée, de sa propre autorité, toute disposition contraire

---

[220] Cf. TEITGEN (P-H), « L'application du droit communautaire par le législatif et l'exécutif français », in *La France et les Communautés européennes*, LGDJ, 1975, p. 793.

[221] Cf. BRAMI (C), *La hiérarchie des normes en droit constitutionnel français...*, *op.cit.*, p.122.

[222] Arrêt n° 10/CJ/CEMAC/CJ/2010, *Les Brasseries du Cameroun c/. Ministre Tchadien des Finances*.

de la législation nationale même lorsqu'il est en face d'une disposition constitutionnelle[223]. À ce titre, il revient aux juges ordinaires dans l'ordre interne, « *d'organiser le passage de la "guerre des juges" au "dialogue" entre les juridictions* »[224].

Le droit comparé offre un supplément de compréhension du renforcement jurisprudentiel du principe de primauté de l'ordre juridique communautaire sur les ordres juridiques des États. La Cour de Justice de l'UEMOA a rendu le 18 mars 2003 un avis significatif relatif à la création de la Cour des comptes au Mali. Dans son avis, cette Cour fait l'apologie du principe de primauté des normes communautaires sur les normes nationales des États membres. Elle précise que « *la primauté bénéficie à toutes les normes communautaires, primaires ou dérivées, et s'exerce à l'encontre de toutes les normes nationales, administratives, législatives, juridictionnelles et même constitutionnelles parce que l'ordre juridique communautaire l'emporte dans son intégralité sur les ordres juridiques nationaux* »[225]. La Cour renforçant le principe de la primauté démontre ainsi que toutes les normes communautaires confondues — primaires ou dérives — s'imposent à toutes normes de la législation nationale même pour les normes de nature constitutionnelle.

La Cour de Justice des Communautés Européennes dans un arrêt auréolé d'une célébrité incontestable en droit communautaire, renchérit la force de ce principe de primauté en précisant les dangers du refus d'application par les juges. « *Issu d'une source autonome, le droit né du traité ne pourrait donc, en raison de sa nature spécifique originale, se voir judiciairement opposer un texte interne quel qu'il soit, sans perdre son caractère communautaire et sans que soit mis en cause la base juridique de la Communauté elle-même* »[226] dit la Cour. Cette position de la Cour de Justice des Communautés Européennes est aujourd'hui épousée par les juges administratifs et judiciaires dans « *les conditions globalement satisfaisantes et harmonieuses* » en Europe, même si « *la pierre d'achoppement* » demeure dans la mesure où *« le juge interne a*

---

[223] Cf. BRAMI (C), *La hiérarchie des normes en droit constitutionnel français...*, *op.cit.*, p.121.

[224] *Ibid.*, p.125.

[225] Avis de la Cour de Justice de l'UEMOA, cité par Mahamadou Moustapha MBENGUE, *La suprématie des normes communautaires nationales à l'UEMOA et à l'OHADA*, In les Notes d'Africa 21, Notes n° 3, avril 2013, p. 4.

[226] CJCE, 15 juillet 1964, cité par Cyril BRAMI, *La hiérarchie des normes en droit constitutionnel français...*, *op.cit.*, p.123.

toujours refusé de faire primer le droit communautaire sur la norme constitutionnelle, refusant ainsi de reprendre à son compte le principe de primauté au sens où l'entend la Cour de Justice des Communautés Européennes »[227] ; au point où l'on peut penser à la remise en cause de ce principe devant les dispositions constitutionnelles.

II - La remise en cause du principe

À l'évaluation, le droit positif national est resté, comme rappelé plus haut, muet quant à la place et au rôle du traité communautaire à l'intérieur de l'ordonnancement juridique interne[228]. *A contrario*, une lecture des dispositions constitutionnelles nationales indique l'idée selon laquelle *de jure* et *de facto*, ces dernières consacrent une sorte de verrou constitutionnel de nature à garantir perpétuellement la primauté de la constitution sur toutes les autres normes juridiques et par voie de conséquence sur le droit communautaire (**A**), même si à l'épreuve ces mêmes lois fondamentales proposent des pistes de conciliation entre elles et le droit communautaire, à travers une harmonie normative progressive (**B**).

A - Les résistances constitutionnelles face à la consécration communautaire du principe de la primauté

En affirmant la primauté de la constitution sur toutes les autres sources du droit, les États membres remettent en cause tacitement le principe de la primauté du droit communautaire sur les constitutions nationales. En l'état actuel du droit des États membres de la CEMAC, la primauté de la constitution dans l'ordre juridique interne est fortement affirmée et protégée par le juge constitutionnel national. Ainsi, le juge constitutionnel s'oppose à l'introduction dans l'ordre juridique interne de toute norme internationale portant atteinte au principe fondamental de l'ordre constitutionnel ou à l'identité constitutionnelle. S'inspirant de l'article 55 de la Constitution française selon lequel « *les traités ou accords régulièrement ratifiés ou approuvés ont, dès leur publication, autorité supérieure à celle des lois sous réserve pour chaque accord ou*

[227] Cf. BRAMI (C), *La hiérarchie des normes en droit constitutionnel français...* Thèse, *op.cit.*, p.122.

[228] Lire GNIMPIEBA TONNANG (E) et NGUENA DJOUFACK (A L), *L'influence du droit communautaire de la Communauté Économique et Monétaire de l'Afrique Centrale (CEMAC) sur le domaine de compétence du juge administratif camerounais*, Revue Recht in Afrika, Issue 2, décembre 2013, Cologne, p. 54-71.

traité de son application par l'autre partie », les États de l'Afrique Centrale du moins pour la majorité dégagent la place des traités par rapport à la constitution[229].

En plus, les dispositions constitutionnelles affirment que « *les traités ou accords... ont... une autorité supérieure à celle des lois »*[230], sans préciser expressément que cette autorité est inférieure à celle des constitutions. De là à dire que la valeur infra constitutionnelle reconnue aux traités ou accords à notre sens n'est qu'implicite et relève d'une déduction faite lors de la pratique juridique. En tout état de cause, cette règle constitutionnelle découlant de l'article 55 de la Constitution de la Ve République française et consacrée par la majorité des pays membres de la CEMAC laisse planer deux interprétations pertinentes que la doctrine n'a pas manqué de souligner[231]. À la question de savoir si la référence aux « lois » englobe les lois ordinaires et les lois constitutionnelles ou alors l'absence de référence expresse à cette catégorie de loi suppose différentiation et par ricochet mutisme du constituant sur le problème des rapports de hiérarchie entre les traités et la loi fondamentale[232].

Face à cette équivoque, c'est la seconde hypothèse qui a été adoptée lors de la mise en œuvre des dispositions constitutionnelles, les raisons qui ont conduit au choix d'une telle position ne sont pas négligeables. En effet, il est communément admis que c'est la constitution qui, classiquement, prévoit la suprématie des traités ou accords internationaux sur le droit interne et non un principe général de droit. En plus, aucun traité contraire à la constitution ne peut être ratifié, sauf à préciser que si la juridiction constitutionnelle déclare « *qu'un traité ou accord international comporte une clause contraire à la constitution, l'approbation en forme législative ou la ratification de ce traité ou de cet accord ne peut intervenir qu'après la révision de la constitution »*[233]. Autrement dit, c'est la constitution qui permet à un traité de s'insérer

---

[229] Voir Article 45 de la Constitution camerounaise.

[230] *Ibid.*

[231] Cf. MOUELLE KOMBI (N), *Les dispositions relatives aux conventions internationales dans les nouvelles constitutions des États d'Afrique francophone*, RJPIC n° 1, 2003, p. 10-15.

[232] Cf. MOUELLE KOMBI (N), *Les dispositions relatives aux conventions internationales dans les nouvelles constitutions des États d'Afrique francophone*, Ibid.

[233] Cf. Article 44 de la Constitution camerounaise.

dans l'ordre juridique interne et non le contraire[234]. C'est dire qu'à tout moment, la constitution peut fermer les portes d'entrée à un traité. Enfin, et surtout, on prend en compte le fait que les autorités habilitées à signer et à ratifier le traité tiennent leur pouvoir de la constitution et ne peuvent agir que dans les limites fixées par celle-ci. Cela est d'autant pertinent que l'article 66 du traité révisé de la CEMAC à l'instar des articles 52 alinéa 1er du Traité OHADA et 116 du Traité UEMOA disposent que « *le présent traité sera ratifié à l'initiative des Hautes Parties Contractantes en conformité avec leurs règles constitutionnelles respectives* ». N'est-ce pas là une façon discrète de reconnaître la suprématie constitutionnelle sur le droit communautaire ?

Quoi qu'il en soit, le respect de la souveraineté nationale et des principes qui lui sont liés est l'une des questions qui lui sont essentielles et que suscitent les politiques d'intégration en Afrique Centrale[235]. L'attachement des États membres à cette souveraineté chèrement acquise empêche toute norme d'y porter atteinte. Pour le professeur Pierre PACTET, « *la supériorité des normes internationales demeure purement théorique. Dans la pratique, il n'existe aucun moyen de faire céder la norme constitutionnelle devant quelque autre norme que ce soit, même internationale. La constitution se situe incontestablement pour tout observateur lucide, dans l'ordre juridique au sommet de la hiérarchie des normes* ». Cette règle s'applique au droit communautaire notamment au droit communautaire dérivé. Suivant cette logique, l'article 54 de la Constitution française repris par la quasi-totalité des constitutions des États membres de la CEMAC dispose qu'« *en cas de conflit entre un traité et la constitution, le traité ne peut être ratifié qu'après une modification de la constitution* »[236]. Une telle affirmation est, sous un autre angle, révélatrice de la primauté constitutionnelle, car c'est la constitution qui permet à un traité d'intégrer l'ordre juridique interne. Ainsi, si la révision de la constitution, qui ne constitue pas pour l'État une obligation internationale n'est pas faite, alors, le traité ne serait jamais ratifié et *a fortiori* inséré dans l'ordonnancement juridique interne.

---

[234] Cf. BIPELE KEMFOUEDIO (J), *Droit communautaire de l'Afrique Centrale et constitutions des États membres : la querelle de la primauté*, Annales de la FSJP, Dschang, 2009, p. 109-134.

[235] Lire ONDOUA (A), « Le Cameroun à l'épreuve de l'intégration sous-régionale en Afrique Centrale », *Mélanges en l'honneur du Professeur François Hervouët*, Faculté de Droit et des Sciences Sociales de Poitiers, 2015, p. 331-342.

[236] Article 44 Constitution du Cameroun.

À ce niveau, on se demande si la constitution peut accepter intégrer dans l'ordre juridique interne une norme conventionnelle qui lui serait supérieure. D'ailleurs, sur ce point, la Constitution gabonaise dispose clairement que si un traité ou un accord international est contraire à la constitution, ledit traité ou accord international ne sera même pas ratifié[237]. Dans cette logique, le traité, qui ne tient son intégration dans l'ordre juridique interne qu'à la faveur des dispositions constitutionnelles ne s'impose donc pas à cette dernière, laquelle demeure la norme suprême.

En somme, il y a lieu de constater que la hiérarchie des normes juridiques, traditionnellement dans les États membres de la CEMAC, est favorable à la primauté de la constitution sur le droit communautaire. Dans cette perspective, les États membres ont développé une théorie qu'on peut à raison qualifier de théorie des résistances constitutionnelles face à la consécration communautaire du principe de la primauté. On comprend donc que face aux constitutions nationales, le principe de primauté en droit communautaire ait perdu de sa superbe. C'est pourquoi au stade de l'intégration au sein de l'Afrique Centrale, la primauté normative ne peut être satisfaisante ni parfaite dans les relations entre droit communautaire et droit constitutionnel. C'est le principe d'harmonie normative progressive qui est appelé à dominer ces rapports aujourd'hui et non le principe classique de la primauté de la norme communautaire.

B - Le souci constitutionnel d'une harmonie normative entre le droit communautaire et les Constitutions nationales

Ce souci veut que les rapports entre le droit communautaire et le droit constitutionnel ne se posent plus en termes de conflits, c'est-à-dire en termes de hiérarchie, mais plutôt en termes de conciliation ou mieux d'harmonie. Il est généralement établi que l'ordre juridique communautaire est un ordre intégré aux droits nationaux.

De plus, même si le fondement du droit communautaire est certes la constitution, une fois ratifié et entré en vigueur, le traité dispose de moyens d'autonomisation par rapport à la constitution. Si le constituant a voulu donner un fondement constitutionnel à l'appartenance à l'intégration et à la Communauté, il a évité de constitutionnaliser l'ensemble du droit communautaire. En effet, la question se pose de

[237] Article 114 Constitution gabonaise.

savoir quelle norme doit prévaloir en cas de conflit entre une norme communautaire non implicitement constitutionnalisée et une norme constitutionnelle ? Cette question a fait l'objet d'un certain nombre de réflexions qui a souvent poussé l'observateur averti à considérer qu'un tel conflit n'était qu'une hypothèse d'école. C'est en ce sens qu'un célèbre auteur a pu écrire que « *la notion d'inconstitutionnalité d'un traité de l'ordre juridique étatique est impensable* »[238]. Cette thèse s'appuie sur la considération selon laquelle le mécanisme de contrôle préalable de constitutionnalité des traités a pour conséquence l'élimination progressive de tout risque de conflit entre la constitution et une convention internationale.

À l'effet d'éviter ce conflit, la quasi-totalité des États membres de la CEMAC a mentionné dans leurs constitutions la possibilité d'une révision incidente de la constitution en cas d'incompatibilité de son contenu avec les conventions internationales. Selon les constituants ici, « *si le Conseil Constitutionnel a déclaré qu'un engagement international comporte une clause contraire à la constitution, l'autorisation de ratifier ou d'approuver l'engagement international en cause ne peut intervenir qu'après révision de la constitution* »[239].

C'est dire qu'avant toute ratification ou approbation d'engagements internationaux, ceux-ci doivent en principe être déférés au juge constitutionnel aux fins de contrôle de conventionalité ou de compatibilité entre ces engagements et la loi fondamentale qu'est la constitution[240]. Le contrôle de la constitutionnalité des traités relevant de la compétence du juge constitutionnel est l'une des innovations majeures des nouvelles constitutions africaines[241].

Dans tous les cas, l'harmonisation préventive a pour finalité d'assurer la cohérence de l'ordre juridique en évitant en particulier les contrariétés

---

[238] Cf. Georges SCELLE, *La notion d'ordre juridique*, Revue de Droit Public, 1944, p. 88.

[239] Lire avec intérêt Jean-Claude TCHEUWA, *Quelques aspects du droit international à travers la nouvelle constitution du 18 janvier 1996*, RJPIC, n° 24, 2e trimestre, 1998, p. 85-102.

[240] Cf. KEUTCHA TCHAPNGA (C), *Droit et Pratique du Contentieux Constitutionnel*, Cours polycopié, Master I, Droit Public, 2015.

[241] Cf. KEUTCHA TCHAPNGA (C), *Droit et Pratique du Contentieux Constitutionnel*, Ibid.

entre les traités, qu'ils soient communautaires ou classiques[242]. Toutefois, ladite harmonisation, pour utile qu'elle puisse être, n'est pas totalement rassurante, car le contrôle de la constitutionnalité des traités n'est pas un contrôle préventif systématique[243]. À titre d'illustration, on se souvient que le traité portant OHADA est entré en vigueur au Cameroun sans qu'un tel contrôle soit effectué. C'est pourquoi au regard des limites et carences du contrôle de constitutionnalité des conventions, la vision de Georges SCELLE d'une coexistence nécessairement harmonieuse et non conflictuelle des normes conventionnelles et constitutionnelles mérite d'être nuancée[244].

En effet, l'hypothèse où l'ordre juridique institué par un traité comporte des éléments d'incompatibilité avec les principes constitutionnels en vigueur n'est pas totalement illusoire. Elle peut d'ailleurs se produire, dans notre espace juridique commun, et ne relève pas seulement d'un raisonnement juridique fictif[245]. C'est pourquoi il serait tout à fait souhaitable que le traité instituant la CEMAC soit une fois de plus révisé et que soient intégrées dans ce traité les dispositions qui consacreront explicitement et solennellement la primauté soit du droit communautaire sur le droit constitutionnel, soit l'inverse.

Vu sous l'angle communautaire, on peut constater que « *le droit communautaire originaire ou dérivé prime sur le droit interne des États membres antérieur ou postérieur, ou à défaut de mentionner que le droit communautaire originaire ou dérivé est directement et obligatoirement applicable dans les États membres nonobstant les dispositions contraires* »[246]. Une telle disposition consacrée par les textes fondateurs de la CEMAC dissipera toute équivoque au regard du principe de la primauté. Cette consécration de la primauté du droit communautaire sur le droit national en amont mérite aussi d'être faite en aval dans les

[242] Cf. Georges SCELLE, *La notion d'ordre juridique,* Revue de Droit Public, 1944, *op.cit.*, p. 57.
[243] Cf. KEUTCHA TCHAPNGA (C), *Droit et Pratique du Contentieux Constitutionnel, Ibidem.*
[244] Cf. SCELLE (G), *La notion d'ordre juridique,* Revue de Droit Public, 1944, *op.cit.*, p. 73.
[245] Selon une formule du Professeur Narcisse MOUELLE KOMBI, in *Les dispositions relatives aux conventions internationales dans les nouvelles constitutions des États d'Afrique francophone*, RJPIC n° 1, 2003, p. 13.
[246] Cf. BIPELE KEMFOUEDIO (J), *Droit communautaire de l'Afrique Centrale et constitutions des États membres : la querelle de la primauté*, Annales de la FSJP, Dschang, 2009, p. 109-134.

constitutions nationales. Le problème reste de savoir si les États membres qui sont encore fortement attachés à leur souveraineté valideront de telles dispositions. L'avenir nous guidera à répondre à cette question et le succès de l'entreprise communautaire portée par la CEMAC reste à ce prix. Mais l'essentiel n'est pas la consécration théorique d'une norme. Une fois consacrée, elle est appelée à s'appliquer.

CHAPITRE II

LE PRINCIPE D'APPLICABILITÉ DIRECTE, IMMÉDIATE ET OBLIGATOIRE DU DROIT COMMUNAUTAIRE

Le droit communautaire mis en place dans l'espace CEMAC, qu'il soit dérivé ou originaire, a vocation à recevoir application dans les États membres et dans les institutions, les institutions spécialisées et organes communautaires. Comme tout ordre juridique, il est appelé à s'appliquer *in concreto*. Les principes de l'applicabilité directe, de l'immédiateté et d'obligatoriété caractérisent profondément le droit communautaire et trouvent leur fondement dans l'article 41 du traité révisé de la CEMAC.

La notion d'« applicabilité » occupe ici une place déterminante. Elle donne tout un sens particulier à la compréhension de l'ordre juridique communautaire en ce sens qu'elle induit plusieurs opérations nécessaires à la mise en œuvre du droit communautaire en Afrique Centrale. Il s'agit de prime abord de l'application matérielle des normes communautaires et de l'application individuelle, doublé des modalités de surveillance et de contrôle de mise en œuvre desdites normes. Il y a lieu de l'entendre dans un sens strict étant donné que ce qui est en cause ici c'est la possibilité offerte au juge national d'appliquer la règle communautaire, c'est-à-dire « *d'emprunter à son dispositif la solution du litige dont il est saisi, et non point seulement celle de la prendre en considération, d'une manière ou d'une autre, dans l'application du droit national* »[247]. Dans cette perspective, le principe d'applicabilité directe, immédiate et obligatoire du droit communautaire est primordial pour le rayonnement de la communauté (**Section I**) et dont le non-respect ou la violation entraîne des sanctions considérables (**Section II**).

Section I -L'affirmation du principe de l'applicabilité directe, immédiate et obligatoire du droit communautaire

Pour qu'une règle communautaire bénéficie de l'applicabilité directe, immédiate et obligatoire, elle doit avant toute chose être une norme communautaire du droit dérivé[248]. En plus, elle doit non seulement être claire et précise, mais aussi complète et juridiquement parfaite et même inconditionnelle. C'est sur ce principe fondamental que repose l'efficacité de la norme communautaire. Il est communément établi et accepté qu'une norme n'est efficace que si elle atteint les objectifs

---

[247] Cf. VERHOEVEN (Joe), *La notion d'applicabilité directe du droit international*, RBDI, 1980, n° 2, p. 244.

[248] Cf. VIENNE (Raymond), *La primauté du droit communautaire sur le droit français*, Annales de l'Université des Sciences Sociales de Toulouse, 1975, p. 5.

escomptés[249]. Or pour les atteindre, la norme doit quitter le stade théorique pour être traduite en acte concret. C'est dans le souci d'atteindre ce résultat que le législateur communautaire a doté le droit CEMAC d'un principe similaire qu'est le principe de l'applicabilité directe, immédiate et obligatoire qui participe de la garantie de la mise en œuvre complète et uniforme des dispositions communautaires dans tous les États et de l'établissement des droits et obligations pour les États membres et leurs ressortissants[250].

En vertu de ce principe, le droit communautaire s'impose aux institutions et organes communautaires d'une part (**I**). D'autre part, il est appliqué directement, immédiatement et de façon obligatoire dans les États membres (**II**).

I - L'application du droit communautaire par les institutions et organes communautaires

Le droit communautaire de la CEMAC s'impose aux institutions et organes communautaires. Dans cette perspective, l'application du droit communautaire par les institutions et organes communautaires peut être faite dans le cadre d'une procédure contentieuse comme dans le cadre d'une procédure non contentieuse. Mais, quelle qu'en soit l'hypothèse, l'application simple du droit communautaire par les institutions et organes communautaires favorise le développement de l'ossature institutionnelle de la CEMAC[251].

Dans le cadre d'une procédure contentieuse, l'institution communautaire fortement impliquée dans le principe de l'application du droit communautaire est la Cour de Justice de la CEMAC, compétence fondée sur quelques types de recours ; dont le recours en carence des institutions, organes et institutions spécialisées de leurs obligations communautaires[252]. Rappelons plus simplement que l'application et

---

[249] Cf. MÜNCH (Frédéric), *Prolégomènes à une théorie constitutionnelle des Communautés européennes*, Revue de Droit Européen, 1961, p. 127.

[250] Cf. BORCHARDT (K-D), *L'ABC du droit communautaire*, *op.cit.*, p. 24.

[251] Cf. Dominique CARREAU, *Droit communautaire et droits nationaux, concurrence ou primauté, la contribution de l'Arrêt Simmenthal*, Revue Trimestrielle de Droit Européen, 1978, p. 381.

[252] Cf. Article 23 alinéa 2 de la Convention révisée régissant la Cour de Justice de la CEMAC, et pour plus de développements sur la question, lire BOULOUIS (J), *À propos de la fonction normative de la jurisprudence* CARREAU (D), *Droit communautaire et*

l'interprétation du droit communautaire ne sont pas le monopole de la Cour de Justice de la CEMAC, les juridictions nationales — *juridictions communautaires de droit commun* — doivent aussi en assurer le respect, à l'intérieur des États membres.

Quoi qu'il en soit, la Cour de Justice de la CEMAC est appelée à jouer un rôle important dans l'élaboration et la mise en œuvre du droit communautaire. Si elle n'en est pas la source, elle est appelée à intervenir directement ou indirectement dans son application, soit pour assurer l'interprétation, soit pour en contrôler la conventionalité, soit pour en garantir le respect. Il ne pouvait d'ailleurs en être autrement dans la mesure où « *la pérennité des organisations d'intégration dépend de leur capacité à réaliser une cohérence de leurs politiques communautaires.* (Et) *pour ce faire, il est nécessaire de se doter d'institutions juridiques, mais aussi* (juridictionnelles) *fortes qui peuvent garantir l'effectivité des* (textes communautaires) *et des décisions prises par les organes exécutifs* »[253]. La Cour de Justice répond donc à ce souci.

S'agissant de l'application du droit communautaire dans le cadre d'une procédure non contentieuse, il faut relever qu'il s'agit d'une obligation incombant aux autorités communautaires[254]. Celles-ci ne sont pas dispensées du respect du droit communautaire qu'elles ont elles-mêmes mis en place. Elles ne peuvent ainsi sans commettre un impair conventionnel violer le droit qu'elles ont volontairement édicté, en respect du principe « *(...) Tu patere legem ipse quam fecesti (...)* »[255]. Ainsi, tout autre acte juridique pris en violation des normes communautaires sera déféré au juge communautaire aux fins d'annulation. Mais si un tel acte a causé un dommage à autrui, le juge communautaire dispose de larges pouvoirs de réparation.

Au total, l'application saine et rigoureuse du droit communautaire est une obligation qui pèse sur les institutions et organes communautaires. Il

---

droits nationaux, concurrence ou primauté, la contribution de l'Arrêt Simmenthal, Revue Trimestrielle de Droit Européen, 1978, p. 381.

252 Cf. Article 23 alinéa 2 de la Convention révisée régissant la Cour de Justice de la CEMAC, et pour plus de développements : *remarques sur l'œuvre jurisprudentielle de la Cour de Justice des Communautés*, in Mélanges offerts à WALINE (M). *Le juge et le droit public*, Tome 1, LGDJ, Paris, 1974, p. 149.

253 Cf. MBENGUE (M M), *op.cit.*, p.3.

254 Lire CAVARINI AZZI (Guillaume), *L'application du droit communautaire dans les États membres : une vue d'ensemble*, RFAP, 1985, n° 34, p. 23.

255 *« Tu t'appliqueras, à toi-même, la loi que tu as faite »*.

ne devrait pas en être autrement dès lors qu'on sait que les autorités de la Communauté qui ont édicté le droit communautaire sont appelées à prêcher par l'exemple en ce qui concerne le respect scrupuleux de ces normes qu'elles ont mises en place. Mais l'obligation de respect et l'application du droit communautaire n'incombent pas seulement aux institutions et organes communautaires ; elle pèse également sur les États membres.

II - L'applicabilité du droit communautaire dans les États membres

Le principe de l'applicabilité se situe au centre des rapports entre le droit communautaire et les ordres juridiques nationaux des États membres. Ainsi, les États sont appelés lorsqu'ils font partie d'une Communauté à recevoir le droit édicté par celle-ci (**A**). Une fois reçu, ce droit fait désormais partie intégrante de l'ordre juridique applicable sur le territoire de chacun des États membres. En tant que tel, son respect s'impose à tous (**B**).

A - L'insertion du droit communautaire dans l'ordre juridique interne des États membres

Il apparaît avec évidence que le droit communautaire né de l'ordre juridique CEMAC a vocation à recevoir application dans les États membres. Mais avant, cette application du droit communautaire, on peut légitimement et judicieusement s'interroger sur le principe d'insertion du droit communautaire dans les États membres, c'est-à-dire dans l'ordre juridique interne. Ce principe conduit du point de vue de son applicabilité à évoquer deux questions fondamentales dont la première est relative à l'insertion dans les ordres juridiques nationaux du droit communautaire originaire (**1**) et la seconde à l'insertion dans ces ordres juridiques nationaux du droit communautaire dérivé (**2**).

1 °) L'insertion du droit communautaire originaire dans les ordres juridiques des États membres

Comme démontré précédemment, dans les systèmes adoptés par les États membres, l'introduction du droit conventionnel dans l'ordre interne est subordonnée à l'accomplissement par l'autorité d'un acte juridique spécial. La nature et la forme de cet acte varient selon le système juridique national. Il est de coutume que l'application d'une norme d'origine communautaire et globalement conventionnelle soit subordonnée à sa réception par les organes étatiques compétents. Cette pratique se veut fondée sur l'idée d'une reconnaissance de la règle d'origine internationale par le droit interne.

À la lecture attentive des dispositions constitutionnelles des États membres de la CEMAC, on note que s'appuyant profondément sur les dispositions de la Constitution françaises du 04 octobre 1958 précitée, la quasi-totalité de ces États a dégagé le caractère obligatoire des actes conventionnels dans l'ordre juridique interne des États. Cette introduction des normes internationales dans les ordres nationaux reste subordonnée à trois (03) étapes qui méritent d'être retracées. La première étape tient à la conclusion de la convention. Elle comprend la négociation et la signature du traité, bien qu'il ne s'agisse que d'adhérer à une convention existante. La longueur de cette phase est fonction de l'importance des questions abordées, des divergences d'intérêts pouvant exister entre les parties, du nombre des parties, de leurs droits et obligations, etc. Cette phase se termine par la signature du texte du traité ou de la Convention par les plénipotentiaires des États qui authentifient l'accord.

La deuxième phase est relative à l'approbation et/ou à la ratification du traité. La notion d'approbation, s'il faut emprunter le contexte français, concerne les accords qui, ne devant pas être ratifiés par le Président de la République, sont négociés et conclus par le gouvernement, celui-ci étant en toute occurrence tenu d'informer le Président de la République. Mais dans le cadre du droit camerounais, le gouvernement n'est pas habilité à conclure des traités internationaux, d'où la remise en cause de cette définition[256]. Cette compétence appartient exclusivement au Chef de l'État, mais avant ladite opération, si le traité porte sur une matière relevant du domaine de la loi, la ratification est subordonnée à une approbation parlementaire préalable.

L'approbation, qui est une autorisation parlementaire selon une conception camerounaise, se distingue alors de la ratification qui est l'instrument à travers lequel l'autorité étatique la plus haute, détenant la compétence institutionnelle de conclure les traités internationaux confirme le traité élaboré par ses plénipotentiaires, consent à ce qu'il devienne définitif et obligatoire, et s'engage solennellement au nom de

[256] Lire TCHEUWA (J-C), *Quelques aspects du droit international à travers la nouvelle constitution camerounaise du 18 janvier 1996,* RJPIC n° 24, 2e trimestre 1998, p. 85-102.

l'État à l'exécuter. La ratification qui relève en principe du Président de la République est donc l'acte à travers lequel les organes compétents s'engagent internationalement l'État[257].

La dernière étape est la publication. Celle-ci vise à porter à la connaissance du public la ratification d'un traité ou accord international par l'État concerné, afin que nul n'en ignore. Il ne s'agit donc pas d'une étape facultative surtout quand on sait que ces conventions sont susceptibles de créer des droits et des obligations à l'égard des citoyens. Juridiquement dans ce sens, elle conditionne la force obligatoire desdits traités. On comprend alors que, les règles du droit communautaire ne déploient la plénitude de leurs effets d'une manière uniforme dans les États membres qu'à partir de leur entrée en vigueur et pendant toute la durée de leur validité[258].

En conclusion, le droit primaire issu des textes communautaires est un droit qui n'échappe pas à l'applicabilité immédiate qui est d'usage pour le droit conventionnel classique. Sous cet angle, le droit originaire de la CEMAC obéit au droit international conventionnel classique, c'est-à-dire qu'il est négocié, soumis à l'autorisation d'approbation puis à la ratification effective et enfin à la publication officielle au journal de l'État concerné. Il n'en est pas le cas pour les actes du droit dérivé.

2 °) L'insertion du droit communautaire dérivé dans l'ordre juridique interne des États membres

En application des dispositions du droit originaire, les institutions et organes de la CEMAC sont appelés à prendre des actes pour la réalisation des objectifs à eux assignés. L'ensemble de ces actes forment, comme on l'a vu plus haut, le droit communautaire dérivé. Ce dernier n'est pas conventionnel, bien que pris sur la base de la convention, mais plutôt unilatéral. Il émane des organes principaux, intergouvernementaux ou intégrés de la Communauté. Bien que les États n'interviennent pas directement dans son élaboration, il fait l'objet d'une insertion directe et

---

[257] Cf. BIPELE KEMFOUEDIO (J), *Droit Communautaire en Afrique Centrale*, Cours Polycopié, Master I Droit Public, Université de Dschang, 2011.

[258] Cf. YEHOUESSI D. (Y), « L'application du droit international dans l'ordre juridique des États francophones ouest-africains : le cas du droit communautaire de l'Union Économique et Monétaire Ouest Africaine », Communication de la Cour de Justice de l'UEMOA, les actes du colloque de Ouagadougou 24-26 juin 2003, in *Les Cahiers de l'Association Ouest-Africaine des Hautes Juridictions Francophones*, *op.cit.*, p. 355.

immédiate dans leur ordre juridique (**a**), exception faite des directives qui peuvent nécessiter une transposition (**b**).

a) L'insertion, en principe, directe et immédiate du droit communautaire dérivé dans l'ordre juridique interne des États membres

Il importe de rappeler que le droit communautaire dérivé issu des textes de base de la CEMAC comprend les actes additionnels, les règlements-cadres, les règlements, les directives, les décisions, les recommandations et les avis. Ce droit communautaire dérivé, par sa nature, possède une force spécifique de pénétration dans l'ordre juridique des États membres. En dehors des directives, les actes pris par les institutions et organes communautaires sont intégrés directement et immédiatement dans les droits nationaux des États membres. Ceux-ci n'ont pas la faculté de choisir entre dualisme et monisme juridiques, ce dernier s'impose derechef. Klaus-Dieter BORCHARDT, relativement aux règlements précise d'ailleurs à juste titre que leur applicabilité directe signifie qu'ils « *créent un même droit sans que les États aient à donner un ordre particulier, en conférant des droits directs aux citoyens de la Communauté ou en leur imposant directement des obligations. Les États membres, leurs institutions et leurs autorités sont directement liés par le droit communautaire et sont tenus de le respecter au même titre que le droit national* »[259].

Ce qui démontre que le droit communautaire n'est pas un droit externe aux États membres. Il est le droit propre de chacun d'eux, autant que le droit national[260]. À la suite de son homologue européen qui rappelle constamment que le droit communautaire « *fait partie intégrante (...) de l'ordre juridique applicable sur le territoire de chacun des États membres (...)* »[261], le juge communautaire CEMAC a récemment, à l'occasion d'une espèce fondatrice, consolidé le principe de l'insertion directe et inconditionnelle des normes communautaires dérivées dans les ordres juridiques internes des États membres, lorsqu'il affirme que « *le droit communautaire dérivé n'a besoin d'aucune mesure nationale spéciale de transposition pour être inséré dans les ordres juridiques*

---

[259] Cf. BORCHARDT (K-D), *L'ABC du droit communautaire*, *op.cit.*, p. 67.

[260] Cf. PESCATORE (P), *L'effet direct des directives communautaires, une tentative de démystification*, Dalloz, 1980, p. 171.

[261] CJCE, 27 mars 1984, *Commission c/. Italie*, Aff. 169/82, Rec, p. 1451.

internes des États membres »[262]. En conséquence, il est immédiatement applicable dans les ordres juridiques internes des États autrement dit, il ne nécessite pas de formule spéciale d'introduction. Dans cette perspective, les normes communautaires prennent place dans l'ordre juridique interne en tant que tel. L'entrée en vigueur du traité du fait de sa ratification et de sa publication suffit pour introduire directement le droit communautaire dérivé dans l'ordre juridique interne.

En tant que principe de base de la supranationalité, l'applicabilité directe voudrait que le droit communautaire fasse partie intégrante du droit national. Il suffit de respecter les formalités de publication ou de ratification d'une part, et la date d'entrée en vigueur des actes pris d'autre part. Selon les dispositions de l'article 43 du Traité révisé de la CEMAC, *« les actes additionnels, les règlements-cadres et les règlements sont publiés au Bulletin Officiel de la Communauté ; ils entrent en vigueur à la date qu'il fixe ou à défaut, le 20e jour suivant leur publication ; ils sont publiés au journal officiel des États membres. Les directives et les décisions sont notifiées à leur destinataire et prennent effet le lendemain de cette notification »*.

Comme on le voit, le droit communautaire dérivé, en principe, s'insère dans l'ordre juridique national sans l'aide d'aucune mesure nationale de transposition, c'est-à-dire dès leur publication au Bulletin Officiel de la CEMAC et sous réserve du respect des délais prescrits. Il est dispensé de toute réception dans le droit interne des États membres.

Cette automaticité de l'entrée en vigueur des actes et leur immédiateté d'application font que l'exclusivisme territorial des États membres s'effrite ; car les autorités nationales ou plutôt les souverainetés nationales ne constituent plus un obstacle pour l'intégration des actes communautaires dérivés des institutions et organes communautaires dans les systèmes juridiques des États membres. L'applicabilité immédiate a ainsi pour conséquence d'interdire toute transformation et toute procédure de réception des normes communautaires dérivées dans le droit interne[263].

---

[262] Cf. Arrêt n° 001/CJ/CEMAC/CJ du 1er février 2007, *Société Anonyme des Brasseries du Cameroun (SABC) c/. État du Tchad (ministère des Finances)*.

[263] Cf. YEHOUESSI D. (Y), « L'application du droit international dans l'ordre juridique des États francophones ouest-africains : le cas du droit communautaire de l'Union Économique et Monétaire Ouest Africaine », Communication de la Cour de Justice de

On comprend donc que le droit communautaire dérivé postule en effet un rejet catégorique du transformisme normatif et exclut en quelque sorte par définition toute médiation des instances nationales. Les mécanismes de réception sont par hypothèse neutralisés, l'acceptation initiale et globale résultant de la ratification par les États membres des traités de base valant insertion automatique de l'ensemble du droit communautaire dérivé pris en application du droit originaire[264]. Ainsi, le droit communautaire dérivé directement applicable pénètre dans l'ordre juridique interne sans le recours d'aucune mesure nationale à la condition que la disposition en cause soit suffisamment claire, précise et non conditionnée par l'adoption d'un acte ultérieur. Mais une exception est faite au regard de la directive communautaire qui nécessite au préalable une transposition.

b) L'insertion exceptionnellement indirecte et médiate des directives communautaires

En examinant le droit communautaire dérivé, on peut relever que la directive s'inscrit en marge de l'applicabilité directe et immédiate reconnue aux actes pris par les institutions et organes communautaires. Ceci s'explique par le fait que les États membres, du moins en ce qui concerne la directive communautaire, sont appelés à prendre des mesures internes d'application. La directive au sein de la CEMAC est ainsi d'applicabilité indirecte. En effet, s'inspirant du droit communautaire européen, le législateur CEMAC a consacré que « *les directives lient les États membres destinataires, quant au résultat à atteindre, en laissant aux instances nationales la compétence en ce qui concerne la forme et les* moyens »[265]. Cette disposition réalise un compromis entre la reconnaissance des pouvoirs entre institutions communautaires et le maintien de certaines compétences au niveau des États membres. Ici donc, l'immédiateté qui est l'essence du règlement communautaire est paralysée dans la directive par la nécessaire intervention des États.

Dans ce cas donc, si à travers la directive, une obligation de résultat pèse sur les États membres, un choix leur est offert en ce qui concerne les moyens et formes pour atteindre cet objectif. Il s'agit pour les États

---

l'UEMOA, les actes du Colloque de Ouagadougou, 24-26 juin 2003, in *Les Cahiers de l'Association Ouest-Africaine des Hautes Juridictions Francophones*, p. 352.

[264] Cf. BIPELE KEMFOUEDIO (J), *Essai sur une théorie juridique de l'intégration économique au sein de la CEMAC*, Thèse de Doctorat/Ph.D précitée.

[265] Article 41 alinéa 3 du Traité révisé de la CEMAC.

membres liés par la transposition de recevoir sur le plan interne les directives et leur conférer la forme et les moyens adaptés au droit national et qui permettent à ces directives d'atteindre obligatoirement certains résultats. Cette activité normative étatique complète les directives sans les contredire. Elle est donc indispensable pour leur mise en œuvre.

La doctrine communautaire, à propos, notait que « *la directive renvoie à une méthode législative à double détente combinant l'adoption d'un acte communautaire fixant les objectifs à atteindre et la transposition par un acte national destiné à transformer ces objectifs dans le droit interne* »[266]. Elle cherche par conséquent « *à concilier la recherche de l'indispensable unité du droit communautaire et la préservation de la diversité des particularités nationales (...). Elle ne lie les États membres qu'en ce qui concerne le résultat à atteindre. Elle leur laisse le libre choix de la forme et des moyens qu'ils adopteront pour réaliser les objectifs communautaires dans le cadre de leur ordre juridique interne* »[267]. Cette conception de la directive et ses effets à l'égard des États membres visent à atténuer les interventions de la Communauté, à travers ses organes, ses institutions et ses institutions spécialisées, dans les systèmes juridiques et administratifs des États membres. La possibilité est donc ici offerte aux États membres de prendre en compte leurs spécificités nationales dans le processus de réalisation des objectifs communautaires[268].

Au total, la directive communautaire s'inscrit, comme on l'a vu, en marge du principe de l'applicabilité directe et immédiate. Toutefois, elle peut avoir un effet direct et partiel dans la mesure où certaines de ses dispositions sont assez précises, claires et inconditionnelles. Telle est la solution consacrée par la jurisprudence européenne[269]. On comprend donc que les particuliers peuvent se prévaloir de certaines dispositions des directives à l'encontre d'un État membre qui ne se serait pas conformé à leurs prescriptions[270]. Il suffit que cette directive soit précise, claire et inconditionnelle. Mais le principe général en la matière demeure celui de la transposition dont le non-respect est assimilé à la violation du

---

[266] Cf. PESCATORE (P), *L'effet direct des directives communautaires, une tentative de démystification*, Dalloz, 1980, p. 171.
[267] Cf. BORCHARDT (K-D), *L'ABC du droit communautaire, op.cit.*, p. 69.
[268] *Ibid.*
[269] CJCE, *Commission c/. Belgique*, Aff. C-205/96, Rec. I. p. 795.
[270] CJCE, *Zanetti*, Aff. C-67/98.

droit communautaire. C'est cette transposition qui conditionne en principe l'insertion des directives dans l'ordre juridique national[271]. Ainsi, les dispositions d'une directive ne remplacent pas de manière automatique les règles nationales, elles imposent seulement aux États membres l'obligation d'adapter leur droit national aux dispositions communautaires[272].

En fin de compte, si le droit communautaire primaire ou originaire s'insère dans l'ordre juridique des États membres après conclusion, probable approbation, ratification et publication du traité, le droit communautaire dérivé, à l'exception de la directive qui fait peser sur les États membres une obligation de transposition, s'insère directement, immédiatement et obligatoirement dans les ordres juridiques nationaux des États membres. Cette insertion du droit communautaire dans les ordres juridiques nationaux impose son respect scrupuleux.

B - Le respect du droit communautaire par les États membres

Le droit communautaire ne pourrait être efficace que s'il est scrupuleusement respecté par tous les sujets à qui il est destiné. En effet, les normes du droit communautaire créent des droits au profit et des obligations à la charge de tous ceux qu'elles concernent, qu'il s'agisse des États membres de la Communauté ou des particuliers, personnes physiques ou morales, qui sont partie aux rapports juridiques relevant du droit communautaire CEMAC. C'est dans cette perspective qu'il a été imposé aux États l'application de bonne foi des engagements nés des traités communautaires. Il importe à ce titre de relever que le respect du droit communautaire est une tâche qui incombe non seulement aux États membres (**1**), mais aussi aux personnes privées qu'elles soient physiques ou morales se trouvant dans ces États (**2**).

1 °) L'obligation du respect du droit communautaire par les États membres

Le droit communautaire étant intégré dans l'ordre juridique des États membres, les autorités nationales doivent s'y soumettre et en assurer le

---

[271] Cf. DUTHEIL de la ROCHERE (J), « La jurisprudence de la Cour de justice des Communautés européennes et la souveraineté des États membres », in *La Constitution de l'Europe*, journée d'étude du 25 mars 1992 au Sénat, Montchrestien, Paris, 1992, p. 252.
[272] Cf. BORCHARDT (K-D), *L'ABC du droit communautaire, op.cit.*, p.69.

respect. À défaut de ce respect, leurs actes pourraient soit faire l'objet d'un recours juridictionnel interne, soit être déférés devant la Cour de Justice communautaire, surtout dans l'hypothèse de méconnaissance par l'État membre en question des obligations lui incombant en vertu des textes communautaires. Ainsi, comme le rappelait encore Guy ISAAC, *« le droit issu des sources communautaires n'est pas un droit étranger, ni même un droit extérieur : il est le droit propre de chacun des États membres applicable sur son territoire tout autant que son droit national avec la qualité supplémentaire qu'il couronne la hiérarchie des traités normatifs de chacun d'eux »*[273]. Directement applicables dans l'ordre juridique interne, les normes communautaires dérivées s'imposent aux normes communautaires originaires à toutes les instances étatiques selon leur compétence.

En tout état de cause, l'effectivité du droit communautaire dépend dans une large mesure de l'action normative, administrative et judiciaire des États membres[274]. À cet effet, un devoir de collaboration entre les États membres est nécessaire. D'ailleurs, il est mentionné dans les textes communautaires que les États membres prennent toutes mesures générales ou particulières propres à assurer l'exécution des obligations découlant du traité et des Conventions annexes ou résultant des actes des institutions de la Communauté. Ils facilitent à celle-ci l'accomplissement de sa mission[275]. On comprend dès lors que l'attitude ainsi exigée des États n'est pas une solution passive, mais une obligation de coopération active. À la vérité, le respect du droit communautaire par les États membres est une obligation qui pèse sur les autorités administratives, législatives et administratives nationales.

En somme, le respect du droit communautaire dans son ensemble est une obligation qui incombe aux États membres et dont la violation peut entraîner l'engagement de la responsabilité dudit État, suivi des sanctions éventuelles. Mais le respect scrupuleux du droit communautaire dans l'espace CEMAC n'est pas seulement une obligation qui pèse sur les États ; elle pèse également sur les particuliers.

---

[273] ISAAC (G), *Droit Communautaire Général*, 5e Edition, Armand Colin, Paris, 1997.

[274] SIMON (D), *Le système juridique communautaire*, PUF, Col. Droit Fondamental, 10e Édition, Paris, 2008, p. 58.

[275] Voir Article 4 du Traité révisé de la CEMAC.

2 °) Le respect du droit communautaire par les particuliers

Une fois édicté et incorporé dans les ordres juridiques nationaux, le droit communautaire devient partie intégrante du droit national. À cet effet, il s'impose à tous les ressortissants des États membres et à toute personne y résidant. L'expression « particuliers »[276] employée ici désigne à la fois les personnes physiques et les personnes morales. C'est donc du respect obligatoire des personnes qu'il s'agit ici. Il est établi que le droit communautaire a la capacité de créer des droits et des obligations au bénéfice ou à la charge des particuliers pouvant se prévaloir à toutes fins utiles directement devant les autorités nationales sans recours préalable à une mesure nationale d'exécution notamment pour en tirer des droits ou pour faire annuler ou déclarer non applicables les actes nationaux incompatibles avec le droit communautaire.

On constate dès lors que la finalité ultime de l'effet direct est de permettre au droit communautaire de toucher directement les ressortissants surtout les habitants des États membres. À cet effet, la formule qui la concerne est classique : création chez les particuliers des droits et des obligations qui entrent dans leur patrimoine juridique et dont les juges nationaux, juges communautaires de droit commun, doivent assurer le respect. Les particuliers doivent invoquer devant les juridictions nationales ces droits et obligations issus de ce droit. Aussi, aucune personne physique ou morale ne peut en aucun cas se soustraire de la bonne application de la norme communautaire. Le respect du droit communautaire, désormais considéré comme le droit national est en fin de compte une obligation incombant aussi aux particuliers. C'est ce respect qui permet aux ressortissants ou habitants des pays de la CEMAC de jouir des prérogatives conférées par le droit communautaire. À cet effet, ils ont le droit de demander au juge de leur appliquer tels traité, règlement, directive ou décision communautaires.

Il existe donc un rapport direct entre le droit communautaire et les particuliers. Si le premier crée à l'égard des derniers de nombreuses prérogatives, il leur incombe en revanche une obligation de respect de ces normes. Intégré à l'ordre juridique étatique, sans perdre pour autant son identité, le droit communautaire d'effet direct, immédiat et obligatoire devient une source d'obligation immédiate pour l'ensemble

[276] Pour plus de développements sur la question, voir BASAANE GNEBA (Julie), *Le particulier devant la Cour de Justice de la CEMAC*, Mémoire Master II Droit communautaire et comparé CEMAC, Université de Dschang, 2014.

des pouvoirs publics nationaux et pour les particuliers. Plus précisément, il devient un élément de la légalité du droit objectif dont le non-respect ou la violation peut entraîner des sanctions.

Section II -Les sanctions de la violation ou du non-respect du droit communautaire de la CEMAC

Le droit communautaire trouve son originalité dans sa capacité à se décliner du point de vue institutionnel, du point de vue normatif doublé des sanctions en cas de non-respect de ces instruments normatifs et son architecture juridictionnelle destinée à infliger lesdites sanctions aux contrevenants éventuels[277]. Il est d'ailleurs communément admis que la règle de droit communautaire, pour atteindre son efficacité, peut exiger un complément normatif à savoir une application et un mécanisme de sanction. L'étendue de ces sanctions mérite dès lors d'être précisée, mais toute violation du droit communautaire n'entraîne toujours pas des sanctions. Les circonstances exonératoires de responsabilité en cas de violation ont été mentionnées et méritent, elles aussi, qu'on s'y attarde minutieusement. Pour mieux cerner la quintessence des sanctions dues à la violation ou au non-respect du droit communautaire, il importe de s'attarder sur leurs caractères (**I**) avant de s'appesantir sur leur typologie (**II**).

I - Les caractères des sanctions communautaires

Les sanctions sont nécessairement une composante importante et inévitable de tout système règlementaire. Pas plus que dans tout autre système normatif, elles revêtent une sensibilité particulière en droit communautaire où les États membres de la Communauté sont toujours enclins à s'accrocher sur leur souveraineté respective pour refuser de respecter les prescriptions des textes communautaires. Pour jouer pleinement leur rôle, les sanctions communautaires doivent revêtir un triple caractère d'efficacité (**A**), de proportionnalité et de dissuasion (**B**).

A - Le caractère d'efficacité

L'efficacité est consubstantielle à tout système de sanction. Il s'agit d'une composante de toute sanction qui voudrait que celle-ci puisse avoir

[277] Cf. KAZIZIA MPIANA (Joseph), *La problématique de l'existence du droit communautaire africain. L'option entre mimétisme et spécificité*, Revue Libre de Droit, 2014, p. 60.

une certaine productivité ou un certain rendement à l'image d'une entreprise technologique. Elles sont efficaces lorsqu'elles permettent effectivement d'entraîner le respect de la législation communautaire. Une sanction qui ne revêt pas ce caractère est vouée à l'échec et n'atteindra jamais son objectif. Aussi, est-il important de mettre sur pied des mesures pouvant accompagner les sanctions prises et devant contraindre les contrevenants à respecter les sanctions infligées. C'est-à-dire un véritable pouvoir d'impérium qu'il faut reconnaître aux organes de sanctions pour leur permettre d'imposer le respect des sanctions prises à l'encontre d'un récalcitrant ou d'un éventuel récalcitrant. C'est dans le souci d'efficacité qu'il est prévu à l'article 30 que les décisions de la Cour de Justice communautaire ont autorité de la chose jugée et ont force exécutoire.

L'article 25 va dans la même lancée lorsqu'il prescrit que « *statuant en matière de contrôle de la légalité des actes juridiques de la CEMAC et d'actes s'y rapportant, la Cour prononce la nullité totale ou partielle des actes entachés de vice de forme, d'incompétence, de détournement de pouvoir, de violation du Traité et des textes subséquents de la CEMAC ou des actes pris en application de ceux-ci. L'État membre, l'institution, l'organe ou l'institution spécialisée dont émane l'acte annulé est tenu de prendre des mesures que comporte l'exécution de l'arrêt rendu par la Cour. Celle-ci a la faculté d'indiquer les effets des actes annulés qui doivent être considérés comme définitifs et de prononcer une astreinte* »[278]. Le recours à l'astreinte serait donc une sorte de pouvoir d'impérium nécessaire à l'exécution des sanctions infligées dans le cadre communautaire.

L'article 45 suit la même lancée lorsqu'il prescrit une exécution forcée de certaines décisions communautaires prises à l'égard des personnes autres que les États, décisions comportant une obligation pécuniaire. Cette exécution forcée doit se faire selon les règles de procédure civile en vigueur dans l'État sur le territoire duquel elle a lieu. Au surplus, la formule exécutoire est apposée, sans autre contrôle que celui de la vérification de l'authenticité du titre, par l'autorité nationale que le gouvernement de chacun des États membres désigne à cet effet et dont il donne connaissance à la Commission et à la Cour de Justice communautaire[279].

---

[278] Cf. Article 25 du Traité révisé CEMAC.
[279] Cf. Article 45 du Traité révisé CEMAC.

Toutefois, il est important de noter que l'efficacité des sanctions est parfois relative dans la mesure où les États se réfugient derrière leur souveraineté pour refuser d'exécuter une sanction qu'on leur a infligée.

B - Les caractères proportionnel et dissuasif

Les sanctions communautaires infligées ou à infliger à un contrevenant doivent être proportionnelles à la faute commise. Elles sont proportionnelles lorsqu'elles ne sont pas démesurées et reflètent adéquatement la gravité de l'infraction commise et ne vont pas au-delà de ce qui est nécessaire pour atteindre les objectifs. Il s'agit du souci de justice qui vise à faire de la sanction communautaire une institution occasionnelle dont on ne peut faire recours que lorsqu'il y a violation des textes communautaires. En ce sens, les sanctions infligées ou à infliger ne doivent pas être excessives et doivent correspondre à l'infraction commise. Dans tous les cas, dans le souci du respect de l'État de droit communautaire, ces sanctions doivent être prises conformément aux textes prévus à cet effet.

Les sanctions communautaires comme dans tout système normatif revêtent aussi un caractère dissuasif. Elles sont dissuasives lorsqu'elles sont suffisamment sévères pour décourager les auteurs d'une infraction de récidiver et tout contrevenant potentiel de passer à l'acte. Il devient alors difficile de concilier ce caractère avec celui dit proportionnel. En tout état de cause, par leur effet dissuasif, elles jouent le rôle de catalyseur permettant de favoriser le respect de la législation, catalyseur sans lequel toutes les composantes de l'ordre juridique communautaire auraient beaucoup de réticence à remplir leur devoir et à exécuter les obligations qu'elles ont librement consenties. Le caractère dissuasif se confond à ce titre au but de toute sanction communautaire.

II - La typologie des sanctions communautaires

Le législateur communautaire, animé par le souci d'efficacité, a organisé un certain nombre de sanctions à l'égard des sujets du droit communautaire. Les différentes sanctions font ressortir toute la spécificité du pouvoir de sanction en matière communautaire ; en ce sens que ce pouvoir revêt un caractère large. En effet, si les sanctions infligées jouissent d'une efficacité parfois relative, la spécificité de ce pouvoir réside avant tout dans la pluralité des détenteurs qui disposent de moyens variés[280] et en fonction des détenteurs, on peut distinguer les sanctions politiques et administratives (**A**) des sanctions juridictionnelles (**B**).

A - Les sanctions politiques et administratives

Les sanctions politiques et administratives sont non juridictionnelles. Elles ne découlent pas d'une juridiction communautaire, mais des organes, institutions et institutions spécialisées de la Communauté. Dans le souci d'encourager les États membres à respecter le droit communautaire, le législateur a prévu un certain nombre de sanctions dites positives qui s'aperçoivent comme des mesures d'encouragement. Ici, ne peuvent en bénéficier que les États membres respectant scrupuleusement les textes communautaires (**1**), mais les États récalcitrants ne peuvent nullement bénéficier de cette vertu. Le législateur leur a réservé plutôt une catégorie de sanctions dites négatives (**2**).

1 °) Les sanctions positives

Aux termes de l'article 62 alinéa 3 de la Convention révisée UEAC du 30 janvier 2009, « *la mise en œuvre effective d'un programme reconnu conforme ouvre à l'État membre concerné le bénéfice de mesures positives* ». Ces sanctions positives se caractérisent par leur certitude et leur automaticité. Elles visent à encourager les États membres à abandonner progressivement leur souveraineté afin d'appliquer effectivement le droit communautaire. Ces sanctions comprennent :

- La publication des décisions du Président de la Commission,
- La garantie du soutien de l'UEAC dans la mobilisation des ressources additionnelles nécessaires au financement des mesures d'ajustement préconisées, etc.

Pour mener à bien cette ambitieuse tâche, le président de la Commission met en place un cadre de négociations avec la Communauté financière internationale et use de l'ensemble de moyens dont il dispose pour appuyer l'État membre concerné dans les négociations et consultations qui sont entreprises. À l'épreuve, le Rapport-Bilan de la CEMAC présenté au sujet de ses activités à la Conférence des Chefs

[280] Cf. ABULIUS (Thomas), *Le pouvoir de sanction de l'union européen*, Interactions droit international et européen, 2009, p. 1.

d'État du 17 avril 2015 ne fait pas état des pays ayant bénéficié des sanctions positives.

2 °) Les sanctions négatives

À côté de ces mesures d'encouragement ou sanctions positives, le législateur communautaire a réservé aux États récalcitrants des sanctions négatives.

Du point de vue juridique, la sanction, dans sa conception négative, peut se définir comme une réaction prévue par le droit à la violation d'un devoir. Au stade ultime de l'application du droit communautaire, à l'effet d'éprouver l'exécution des obligations de protection issues du droit communautaire, la part prise par les autorités nationales, véritables bras séculiers de la Communauté, est largement prépondérante. Animé par un souci de voir le droit connaître dans son application un succès retentissant, le législateur communautaire, à côté des sanctions positives ou mesures d'encouragement, a prévu celles négatives tenant leur fondement juridique de l'article 63[281] de la Convention UEAC du 30 janvier 2009. Les sanctions négatives apparaissent comme une correction faite aux États réfractaires dans la mise en œuvre des normes communautaires.

---

[281] Article 63 Convention révisée UEAC : « *Si un État membre n'a pas pu élaborer un programme d'ajustement approprié dans le délai prescrit à l'article 62 ci-dessus, si le Président de la Commission n'a pas reconnu la conformité du programme d'ajustement avec la directive du Conseil des ministres et avec la politique économique de l'Union, si enfin le Président de la Commission constate l'inexécution du programme rectificatif, il transmet au Conseil des ministres, dans un délai maximum de trente (30) jours, un rapport assorti éventuellement de propositions de sanctions.*
L'examen des propositions de sanctions mentionnées ci-après est inscrit de plein droit à l'ordre du jour d'une session du Conseil des ministres par le Président de la Commission.
Le principe et la nature des sanctions font l'objet de délibérations séparées. Les sanctions sont prises et modifiées à la majorité simple des membres du Conseil des ministres.
Les sanctions qui peuvent être adoptées comprennent notamment :
- *la publication par le Conseil des ministres d'un communiqué, éventuellement assorti d'informations sur la situation de l'État membre concerné ;*
- *le retrait annoncé publiquement du soutien dont bénéficiait éventuellement l'État membre.*

Le Conseil des ministres, statuant à la majorité simple sur proposition du Président de la Commission, peut compléter les sanctions positives ou négatives par des dispositions supplémentaires jugées nécessaires au renforcement de l'efficacité du processus de surveillance ».

Ainsi, si un État membre de la CEMAC n'a pas pu établir un programme d'ajustement approprié dans le délai de quarante-cinq (45) jours, si le Président de la Commission n'a pas pu établir la conformité du programme d'ajustement économique avec la directive du Conseil des ministres et avec la politique économique de l'UEAC, et si enfin le président de la Commission constate l'inexécution du programme rectificatif, il transmet dans un délai de trente (30) jours au Conseil des ministres un rapport assorti éventuellement de proposition de sanctions.

L'examen de la proposition de sanction mentionné ci-après est inscrit de plein droit à l'ordre du jour d'une session du Conseil des ministres par le Président de la Commission[282]. Dans tous les cas, le principe et la nature des sanctions négatives font l'objet de délibérations séparées. Les sanctions sont prises et notifiées à la majorité simple des membres du Conseil des ministres UEAC. Entrent dans cette catégorie de sanctions :

- la publication par le Conseil des ministres d'un communiqué d'information sur la situation de l'État concerné,
- le retrait annoncé publiquement du soutien dont bénéficiait l'État membre.

Ces sanctions peuvent être complétées par des sanctions supplémentaires jugées nécessaires au renforcement de l'efficacité du processus de surveillance, ceci à la diligence du Conseil des ministres statuant à la majorité simple sur proposition du Président de la Commission.

Mais à côté de ces sanctions, le législateur communautaire a institué des amendes et des astreintes permettant d'assurer le respect des règles de concurrence applicables aux entreprises[283]. Au total, au caractère administratif et automatique des sanctions positives, s'oppose le caractère politique et hypothétique des sanctions négatives dont l'efficacité est du reste à démontrer. Le législateur de la CEMAC, conscient de la faiblesse

---

[282] Article 63 alinéa 2 de la Convention révisée UEAC.

[283] Pour plus amples développements sur la lutte contre les pratiques anticoncurrentielles des entreprises en droit communautaire CEMAC, lire avec intérêt : GNIMPIEBA TONNANG (E),

- « Le nouvel encadrement communautaire des ententes anticoncurrentielles en Afrique Centrale » in *Revue Penant* n° 862, janvier-février-mars 2008, p. 5-35.
- « La prohibition des pratiques de domination des marchés par les entreprises en Afrique Centrale : ombres et lumières d'une réforme », in *La Revue de Droit et Science Politique Juridis Périodique*, n° 76, octobre-novembre-décembre 2008, p. 102-117.

des sanctions politiques et administratives susmentionnées, a prévu, à côté, des sanctions juridictionnelles.

B -Les sanctions juridictionnelles

En dehors des compétences spécialement attribuées à des institutions à compétence juridictionnelle spéciale[284] et loin des compétences de droit commun du juge national, la Cour de Justice de la CEMAC s'est vue confier de compétences assez larges notamment celles d'assurer le respect des dispositions conventionnelles et institutionnelles pertinentes CEMAC, de réaliser par ses décisions l'harmonisation des jurisprudences nationales et communautaires dans les matières relevant du domaine conventionnel CEMAC et de contribuer par ses avis à celle des législations nationales des États membres de régler les contestations relatives à sa compétence.

La Cour de Justice Communautaire CEMAC est cantonnée dans ses chefs de compétence d'attribution et est appelée à infliger des sanctions en cas de violation ou de non-respect des textes communautaires. Ces sanctions varient selon que le contentieux est spécifique au droit communautaire ou classique. Dans la première hypothèse, l'on est fondé à parler des sanctions spécifiques (**1**) et dans la seconde hypothèse, il s'agit des sanctions classiques ou ordinaires (**2**).

1 °) Les sanctions dans les contentieux spécifiques

La Cour de Justice communautaire dans son rôle de contrôleur et de protecteur du système juridique de la Communauté s'est vue attribuer des compétences spécifiques, lesquelles participent de l'originalité reconnue au droit communautaire. Ce type de contentieux dit spécifique ne pouvait qu'être confié à une juridiction spéciale unique dans la mesure où les juridictions dans les ordres internes des États membres n'en connaissent pas. En droit communautaire CEMAC, ces compétences sont notamment en matière de recours en carence des institutions communautaires de leurs obligations conventionnelles, et de recours en manquement des États des obligations qui leur incombent en vertu du droit communautaire.

[284] Notamment le Conseil des ministres UEAC pour ce qui concerne le Contentieux de la concurrence, la COBAC pour le contentieux bancaire d'instance et la COSUMAF pour ce qui concerne le contentieux financier et boursier.

Le recours en carence des institutions communautaires de leurs obligations conventionnelles est prévu par l'article 23 alinéa 2 de la Convention révisée régissant la Cour de Justice de la CEMAC. Cet article prescrit substantiellement que « *dans son rôle juridictionnel, la Cour connaît notamment recours en carence des institutions, des organes et institutions spécialisées, des obligations qui leur incombent en vertu des actes de la Communauté* »[285]. Ce type de recours est propre au droit communautaire et existe aussi sur d'autres cieux. En effet, comme dans le cadre européen, il complète la protection juridique vis-à-vis des organes, institutions et institutions de la Communauté en ce qu'« *il ouvre une action judiciaire, y compris contre l'omission illégale d'un acte communautaire* »[286]. Il permet de faire constater par la Cour qu'un organe, une institution, une institution spécialisée s'est abstenu, en violation du traité, d'adopter un acte pouvant participer du fonctionnement harmonieux de la Communauté[287]. Il s'agit en quelque sorte d'une responsabilité du fait de l'inaction d'une composante de la Communauté face à une situation spécifique. La Cour saisie se doit de rendre un arrêt à cet effet, même si ce dernier se borne juste à constater l'illégalité de l'omission. Toutefois, la partie qui succombe est tenue de prendre les mesures découlant de la décision au risque d'être tenue pour responsable du mauvais fonctionnement de la Communauté dû à son inaction[288].

S'agissant du recours en manquement des États, il est prévu par les Articles 4 al. 1 du Traité révisé de la CEMAC et Article 23 al. 1 de la Convention révisée régissant la Cour de Justice de la CEMAC. L'article 4 du Traité prescrit substantiellement aux États membres de la Communauté d'apporter leur concours à la réalisation des objectifs de la Communauté en adoptant toutes mesures générales ou particulières propres à assurer l'exécution des obligations découlant du présent Traité. À cet effet, ils s'abstiennent de prendre toute mesure susceptible de faire obstacle à l'application du présent Traité et des Actes pris pour son application. « *En cas de manquement par un État aux obligations qui lui incombent en vertu du droit communautaire, la Cour de Justice peut être saisie en vue de prononcer les sanctions dont le régime sera défini par*

[285] Article et 35 al. 7 du Traité révisé et Article 23 al. 2 de la Convention révisée régissant la Cour de Justice de la CEMAC

[286] Cf. BORCHARDT (K-D), *L'ABC du droit communautaire, op.cit.*, p. 90.

[287] *Ibid.*

[288] *Ibid.*

des textes spécifiques »[289]. Il s'agit de faire obligation aux États d'exécuter les obligations qu'ils ont librement consenties en adhérant à la Communauté et dont le non-respect peut entraîner des sanctions prononcées par la Cour de Justice communautaire. L'article 23 de la Convention révisée lui attribue d'ailleurs cette compétence.

Il est à noter que la Convention révisée de la Cour de Justice communautaire organise un dialogue entre la Cour et les juridictions nationales des États membres de la Communauté sous la forme d'un renvoi dit préjudiciel qui organise une certaine coopération entre les différents juges de la Communauté. Cette coopération avec le juge national, juge communautaire de droit commun existe, notamment en matière d'interprétation des textes communautaires, à travers la technique de renvoi préjudiciel, fier instrument de dialogue des juges consacré et célébré depuis 1996 par le législateur CEMAC. En effet, l'article 26 de la Convention révisée régissant la Cour de Justice CEMAC organise un recours préjudiciel en interprétation et un recours préjudiciel en appréciation de la légalité des actes communautaires.

Il s'agit d'un mécanisme qui permet non seulement d'assurer une véritable coopération entre les juges communautaires ; mais aussi, il apparaît important dans la mesure où il s'agit d'un instrument qui permet le développement de la jurisprudence communautaire et l'harmonisation du droit communautaire. Il « *consiste en une possibilité, parfois une obligation de renvoi préjudiciel d'une juridiction nationale aboutissant à une décision de la Cour qui aura des conséquences sur la solution du litige pendant devant cette juridiction »*[290] nationale. Ainsi, le juge national sursoit à statuer et pose à titre préjudiciel à la Cour de Justice une question d'interprétation des textes communautaires ou une question qui vise à apprécier la validité d'un acte communautaire ou sa conformité aux textes communautaires[291].

2 °) Les sanctions dans les contentieux classiques ou ordinaires

La Cour de Justice communautaire bénéficie des compétences en ce qui concerne certains contentieux classiques notamment le contentieux de l'annulation des actes communautaires (article 23 al. 3 de la

---

[289] Article 4 al. 1 du Traité révisé de la CEMAC et Article 23 al. 1 de la Convention révisée régissant la Cour de Justice de la CEMAC.
[290] Cf. YEHOUESSI D. (Y), *op.cit.*, p. 3.
[291] *Ibid.*

Convention révisée CJC), le contentieux de la réparation des dommages causés par la Communauté ou par ses agents (article 23 al. 3), le contentieux de la fonction publique communautaire (article 23 al.5) et enfin de la connaissance des recours contre les sanctions prononcées par les organismes à fonction juridictionnelle de la Communauté (article 23 al. 6). Il s'agit des pans de compétences qui pouvaient être assumées par les juges ordinaires dans les ordres juridiques internes des États membres de la Communauté, mais la Convention mettant sur pied la Cour, lui a expressément et exclusivement attribué lesdites compétences.

Ainsi organisé, le contentieux communautaire CEMAC va rendre compte plus efficacement à la fois des évolutions procédurales et des exigences de fond sur lesquelles est bâti le phénomène juridictionnel communautaire en Afrique Centrale.

CONCLUSION GÉNÉRALE

La construction d'un espace juridique intégré en Afrique centrale ne ressemble finalement en rien à une histoire d'un long fleuve tranquille. Elle a ainsi alterné entre convictions de départ vite déçues, crises politico-institutionnelles et espoirs d'un renouveau certain.

Après donc que l'organisation sous-régionale ait emprunté les trajectoires de la construction européenne et fait des choix idéologiques inadaptés, elle a, face à la grave crise économique et institutionnelle des décennies quatre-vingts et quatre-vingt-dix, décidé de faire du droit, comme démontré plus haut, l'outil principal devant servir à la construction d'un espace économique intégré à l'intérieur duquel allait définitivement être garantie la libre circulation des facteurs de production, notamment celle des marchandises, des capitaux, des services et des biens. Au chantier de l'union douanière se grevaient ainsi ceux de la construction d'une union économique. En même temps, les pères fondateurs ont voulu dépasser la simple approche économique pour adopter une vision globale, intégrant la prise en compte des aspirations profondes des peuples des États membres.

La construction de ce nouvel ensemble politique appelait à prendre en compte les conditions de la réalisation d'une citoyenneté communautaire CEMAC. L'émergence d'un ordre juridique propre et indépendant des ordres juridiques nationaux, dont l'ambition est de porter les nouvelles aspirations communautaires en Afrique Centrale, finit de convaincre les sceptiques du rêve de parachever l'intégration des peuples de la sous-région. Comme on l'a vu, ce nouvel ordo juridique de nature communautaire se singularise par la spécificité de ses sources, par l'originalité des caractères qui sont siens, et par l'adversité des relations qu'il entretient désormais avec les ordres juridiques internes des États membres.

Pour rendre ce nouvel ordre juridique effectif, les États membres ont décidé en même temps du dépassement de l'approche classique de règlement des différends entre les institutions communautaires et les États membres pour consacrer des mécanismes modernes de résolution des conflits pouvant naître dans l'espace économique. L'émergence de mécanismes alternatifs de résolution des conflits économiques et commerciaux ainsi que la célébration de la juridictionnalisation du phénomène communautaire sont des trouvailles majeures « du nouveau législateur communautaire » CEMAC.

Les mécanismes non juridictionnels de résolution des conflits, découverts et mis en œuvre dans des contentieux spécifiques tels l'arbitrage et la médiation notamment en matière des contentieux douaniers et de la concurrence révèlent le souci du législateur sous-régional d'arrimer les économies des États membres aux exigences nouvelles de la mondialisation et du libéralisme désormais portées par l'Organisation Mondiale du Commerce (OMC).

La création d'une Cour de Justice Communautaire (CJC-CEMAC) participe définitivement à la garantie d'une sécurité juridique des acteurs sous-régionaux en même temps qu'elle permet la facilitation d'une *opinio integrationis*, gage de la construction d'une citoyenneté communautaire CEMAC.

Il reste à souhaiter que les acquis conventionnels des dernières années, qui ont rendu possible cette évolution majeure, prennent désormais en compte l'urgence de l'appropriation par les leaders politiques nationaux des enjeux de la construction communautaire, et de rendre effective la révolution institutionnelle annoncée depuis la mise en place du Programme des Réformes Institutionnelles (PRI-CEMAC), tant il est vrai que, comme nous le signalions à l'épitaphe de cet ouvrage, reprenant Jean MONET dans ses *Mémoires*, si « *rien n'est possible sans les hommes, rien n'est durable sans les institutions* »[292].

[292] MONNET (Jean), *Mémoires*, Fayard, 1976, p. 412.

TABLE DES ANNEXES

1) Traité instituant la Communauté Économique et Monétaire de l'Afrique Centrale (CEMAC) signé le 16 mars 1994 à Ndjamena (Tchad).

2) Traité révisant le Traité instituant la Communauté Économique et Monétaire de l'Afrique Centrale (CEMAC) signé à Libreville le 30 janvier 2009.

3) Convention (révisée) instituant l'Union Économique de l'Afrique Centrale (UEAC) signée le 29 avril 2008 à Yaoundé.

4) Convention (révisée) instituant l'Union Monétaire de l'Afrique Centrale signée le 30 janvier 2009 à Libreville.

5) Convention (révisée) instituant la Cour de Justice de la CEMAC, signée à Yaoundé le 30 janvier 2008.

6) Convention (révisée) instituant le Parlement communautaire de la CEMAC, signée à Libreville le 30 janvier 2009.

TRAITÉ INSTITUANT LA CEMAC
(Version Originale de Ndjamena)

PRÉAMBULE

Le Gouvernement de la République du Cameroun ;
Le Gouvernement de la République Centrafricaine ;
Le Gouvernement de la République du Congo ;
Le Gouvernement de la République Gabonaise ;
Le Gouvernement de la République de Guinée Équatoriale ;
Le Gouvernement de la République du Tchad ;

Conscients de la nécessité de développer ensemble toutes les ressources humaines et naturelles de leurs États et de mettre celles-ci au service du bien-être général de leurs peuples dans tous les domaines ;
Résolus à donner une impulsion nouvelle et décisive au processus d´intégration en Afrique Centrale par une harmonisation accrue des politiques et des législations de leurs États ;
Prenant acte de l'approche intégration proposée en UDEAC telle qu´inspiré par les Chefs d´État de l´OUA lors de la Conférence d´Abuja en juillet 1991 ;
Considérant la nouvelle dynamique en Cours dans la Zone Franc, au demeurant nécessaire au regard des mutations et du recentrage des stratégies de coopération et de développement observés en Afrique et sur d´autres continents dont l'Europe ;
Désireux de renforcer la solidarité entre leurs peuples dans le respect de leurs identités nationales respectives ;
Réaffirmant leur attachement aux principes de liberté, de démocratie et de respect des droits fondamentaux des personnes et de l'État de droit ; Décident de créer une « Communauté Économique et Monétaire de l'Afrique Centrale », CEMAC en abréviation.

Article 1 -La mission essentielle de la Communauté est de promouvoir un développement harmonieux des États membres dans le cadre de l´institution de deux Unions : une Union Économique et une Union Monétaire. Dans chacun de ces deux domaines, les États membres entendent passer d´une situation de coopération, qui existe déjà entre eux, à une situation d´union, susceptible de parachever le processus intégration économique et monétaire.

Article 2 -Les parties signataires décident du principe de création de quatre institutions rattachées à la Communauté et constituant celle-ci :

l'Union Économique de l'Afrique Centrale, l'Union Monétaire de l´Afrique Centrale, le Parlement communautaire, la Cour de Justice communautaire.
La Cour de justice Communautaire, comprenant une Chambre Judiciaire et une Chambre de Comptes.
Les principaux organes de la Communauté sont :
– la Conférence des Chefs d´État.
– le Conseil des ministres,
– le Comité ministériel.
– le Secrétariat Exécutif,
– le Comité Inter-États.
– la Banque des États de l´Afrique Centrale,
– la Commission Bancaire de l´Afrique Centrale.
– l´Institution de Financement du développement

Article 3 -Les quatre Institutions citées à l'article 2 ci-dessus feront l'objet de Conventions séparées, à annexer respectivement au présent Traité et dont elles feront intégralement partie.
Le statut des organes cités ci-dessus et existant déjà feront l'objet, si nécessaire de modifications par conventions séparées en vue de leur harmonisation avec les dispositions des Actes régissant la Communauté

Article 4 -Le Parlement communautaire, qui sera créé ultérieurement par une Convention séparée aura pour rôle essentiel de légiférer par voie de directives.

Article 5 -La Cour de Justice communautaire comporte deux Chambres : une Chambre Judiciaire et une Chambre des Comptes.
La Chambre Judiciaire assure le respect du droit dans l'interprétation et dans l´application du présent Traité et des Conventions subséquentes.
La Chambre des Comptes assure le contrôle des comptes de l´Union.
La composition, le fonctionnement et le champ de compétence de chacune des deux Chambres sont contenus dans la Convention instituant l'Union Économique de l'Afrique Centrale.

Article 6 -Tout autre État africain, partageant les mêmes idéaux que ceux auxquels les États fondateurs se déclarent solennellement attachés, pourra solliciter son adhésion à la Communauté Economique et Monétaire de l'Afrique Centrale.
Cette adhésion ne pourra intervenir qu´après accord unanime des membres fondateurs.
Toute adhésion ultérieure d'un nouvel État sera subordonnée à l'accord unanime des membres de la Communauté.

Article 7 -Le présent Traité rédigé en un exemplaire unique en langues française, espagnole et anglaise, le texte français faisant foi en cas de divergence d´interprétation entrera en vigueur dès sa ratification par tous les États signataires auprès de la République du Tchad, désigné comme État dépositaire de tous les Actes afférents à la Communauté Économique et Monétaire de l'Afrique Centrale.

TRAITÉ REVISÉ DE LA COMMUNAUTÉ ÉCONOMIQUE ET MONÉTAIRE DE L'AFRIQUE CENTRALE (CEMAC)

PRÉAMBULE

Le Gouvernement de la République du Cameroun ;
Le Gouvernement de la République Centrafricaine ;
Le Gouvernement de la République du Congo ;
Le Gouvernement de la République de Guinée Équatoriale ;
Le Gouvernement de la République du Tchad ;

Conscient de la nécessité de développer toutes les ressources humaines et naturelles de leurs États membres et de mettre celles-ci au service du bien-être général de leurs peuples dans tous les domaines ;
Résolus à donner une impulsion nouvelle et décisive au processus d'intégration en Afrique Centrale par une harmonisation accrue des politiques et des législations de leurs États ;
Prenant acte de l'approche d'intégration proposée en UDEAC telle qu'inspirée par les Chefs d'État de l'OUA lors de la Conférence d'Abuja en juillet 1991 ;
Considérant la nouvelle dynamique en cours dans la Zone Franc, au demeurant nécessaire au regard des mutations et du recentrage des stratégies de coopération et de développement observés en Afrique et sur d'autres continents dont l'Europe ;
Réaffirmant leur attachement au respect des principes de démocratie, des droits de l'Homme, de l'État, de la bonne gouvernance, du dialogue social et des questions de genre ;
Soucieux d'assurer le bon fonctionnement des Institutions et Organes prévus dans le présent Traité ;
Désireux d'établir à cet effet une organisation commune dotée de compétences et d'organes propres agissant dans la limite des pouvoirs qui leur sont conférés par le présent Traité ;
Résolus à poursuivre l'œuvre accomplie dans le cadre du Traité du 16 mars 1994 instituant la CEMAC, en assurant la continuité de l'acquis communautaire ;

Sont convenus des dispositions ci-après :

TITRE I : DES DISPOSITIONS GÉNÉRALES

Article 1 : Aux fins du présent Traité, les termes suivants sont définis comme suit :
BDEAC : Banque de Développement des États de l'Afrique Centrale ;

BEAC : Banque des États de l'Afrique Centrale ;
CEMAC ou Communauté Economique et Monétaire de l'Afrique Centrale ;
COBAC : Commission Bancaire de l'Afrique Centrale ;
Commission : Commission de la CEMAC ;
Commission Interparlementaire : Commission Interparlementaire de la CEMAC ;
Comité ministériel : Comité ministériel de l'Union Monétaire de l'Afrique Centrale ;
Conférence : Conférence des Chefs d'État de la CEMAC ;
Conseil des ministres : Conseil des ministres de l'Union Économique de l'Afrique Centrale ;
Cour de Justice : Cour de Justice de la CEMAC ;
Cour des comptes : Cour des comptes de la CEMAC ;
Parlement communautaire : Parlement de la CEMAC ;
Président de la Commission : Président de la Commission de la CEMAC ;
UDEAC : Union Douanière et Économique de l'Afrique Centrale ;
UEAC : Union Économique de l'Afrique Centrale ;
UMAC : Union Monétaire de l'Afrique Centrale.

Article 2 : La mission essentielle de la Communauté est de promouvoir la paix et le développement harmonieux des États membres, dans le cadre de l'institution de deux unions : une Union Économique et une Union Monétaire. Dans chacun de ces deux domaines, les États membres entendent passer d'une situation de coopération, qui existe déjà entre eux, à une situation d'Union susceptible de parachever le processus d'intégration économique et monétaire.

Article 3 : La Communauté a la Personnalité Juridique. Elle possède dans chaque État membre la capacité juridique la plus large reconnue aux personnes morales par la législation nationale. Elle est représentée, à l'égard des tiers et en justice par le Président de la Commission, sans préjudice des dispositions des Conventions et Statuts particuliers. Sa responsabilité contractuelle est régie par la loi applicable au contrat en cause et mise en œuvre devant les juridictions nationales compétentes.

Article 4 : Les États membres apportent leur concours à la réalisation des objectifs de la Communauté en adoptant toutes mesures générales ou particulières propres à assurer l'exécution des obligations découlant du présent Traité. À cet effet, ils s'abstiennent de prendre toute mesure susceptible de faire obstacle à l'application du présent Traité et des Actes pris pour son application.

En cas de manquement par un État aux obligations qui lui incombent en vertu du droit communautaire, la Cour de Justice peut être saisie en vue de prononcer les sanctions dont le régime sera défini par des textes spécifiques.

Article 5 : Les États membres se consultent en vue de prendre en commun les dispositions nécessaires afin d'éviter que le fonctionnement de la Communauté ne soit affecté par les mesures que l'un deux pourrait être amené à prendre en cas de troubles à l'ordre public, de guerre ou de tension internationale constituant une menace de guerre.

Article 6 : La Conférence des Chefs d'État arrête, par voie d'acte additionnel, le régime des droits, immunités et privilèges accordés à la Communauté, aux membres de ses institutions et à son personnel.

Article 7 : Le statut du personnel de la Communauté est adopté par le Conseil des ministres, statuant à la majorité qualifiée de ses membres, sur proposition du Président de la Commission.

Les fonctionnaires de la Communauté sont recrutés parmi les ressortissants des États membres sur la base des critères de compétence et d'intégrité morale et en tenant compte d'une répartition juste et équitable.
Le personnel au service de la Communauté est tenu au secret professionnel même après la cessation de ses fonctions sous peine de sanctions prévues dans le statut du personnel ou de poursuites judiciaires.
Article 8 : La Communauté établit toutes coopérations utiles avec les organisations régionales ou sous-régionales existantes.
Elle peut faire appel à l'aide technique ou financière de tout État qui l'accepte ou des organisations internationales dans la mesure où cette aide est compatible avec les objectifs définis par le présent Traité et les textes subséquents.
Des accords de coopération et d'assistance peuvent être signés avec les États tiers ou les organisations internationales.
Les accords ci-dessous mentionnés sont conclus, selon les modalités prévues par la Conférence des Chefs d'État.
Article 9 : La Communauté participe aux efforts d'intégration dans le cadre de l'Union Africaine et, en particulier, à ceux relatifs à la création d'organisations communes dotées de compétences propres en vue d'actions coordonnées dans des domaines spécifiques.
Elle établit des consultations périodiques, notamment avec les institutions régionales africaines.

TITRE 11 : DU SYSTÈME INSTITUTIONNEL ET JURIDIQUE DE LA COMMUNAUTÉ

CHAPITRE I : DU SYSTÈME INSTITUTIONNEL

Article 10 : La Communauté est constituée de cinq (5) Institutions :
- L'union Économique de l'Afrique Centrale ;
- L'Union Monétaire de l'Afrique Centrale ;
- La Parlement communautaire ;
- La Cour de Justice ;
- La Cour des comptes.

Les Organes de la Communauté sont :
- La Conférence des Chefs d'État ;
- Le Conseil des ministres ;
- Le Comité ministériel ;
- La Commission de la CEMAC ;
- La Banque des États de l'Afrique Centrale (BEAC) ;
- La Banque de Développement des États de l'Afrique Centrale (BDEAC) ;
- La Commission Bancaire de l'Afrique Centrale (COBAC).

Chacune des deux Unions dispose d'Institutions Spécialisées concourant à la réalisation des objectifs de la Communauté.
Article 11 : Les Institutions, les Organes et les Institutions Spécialisées de la Communauté agissent dans la limite des attributions et selon les modalités prévues par le présent Traité, les Conventions de l'UEAC et de l'UMAC et par les statuts et autres textes respectifs de ceux-ci.
Les statuts des Institutions, Organes et Institutions Spécialisées qui existent déjà feront l'objet, si nécessaire de modification par conventions séparées en vue de leur harmonisation avec les dispositions des textes communautaires.

CHAPITRE II : DES ORGANES DE DÉCISION

Section 1 —De la Conférence des Chefs d'État

Article 12 : La Conférence des Chefs d'État détermine la politique de la Communauté et oriente l'action du Conseil des ministres de l'UEAC et du Comité ministériel de l'UMAC.

Elle fixe le siège des Institutions, des Organes et des Institutions Spécialisées de la Communauté. Elle nomme et révoque leurs dirigeants conformément aux dispositions prévues par leurs textes constitutifs respectifs.

Article 13 : La Conférence des Chefs d'État se réunit en session ordinaire au moins une fois par an sur convocation de son Président. Toutefois, elle peut se réunir en session extraordinaire à l'initiative de son Président ou à la demande d'au moins deux de ses membres.

Article 14 : La présidence de la Conférence est assurée par chaque État membre, successivement et selon l'ordre alphabétique des États, pour une année civile.

Article 15 : Le Président de la Commission rapporte les affaires inscrites à l'ordre du jour des réunions de la Conférence des Chefs d'État dont il assure le secrétariat.

Les premiers responsables des Institutions, Organes et Institutions spécialisées de la Communauté assistent à ces réunions.

Article 16 : La Conférence des Chefs d'État adopte ses décisions par consensus.

Section 2 -Du Conseil des ministres de l'UEAC

Article 17 : Le Conseil des ministres assure la direction de l'Union Économique par l'exercice des pouvoirs que la Convention de l'UEAC lui accorde.

Article 18 : Le Conseil est composé des représentants des États membres, comprenant les ministres en charge des finances, de l'intégration et des affaires économiques.

Chaque délégation nationale ne peut comporter plus de trois ministres et ne dispose que d'une voix.

Les membres du Comité inter-États assistent aux travaux du Conseil.

Article 19 : Pour les questions ne portant pas principalement sur la politique économique et financière, et par dérogation à l'article 18 du présent Traité, le Conseil peut réunir en formation ad hoc les ministres compétents.

Dans ce cas, les délibérations adoptées deviennent définitives après que le Conseil en a constaté la compatibilité avec la politique économique et financière de l'Union Économique.

Article 20 : Le Conseil se réunit au moins deux fois par an et aussi souvent que les circonstances l'exigent.

La présidence du Conseil est assurée, pour une année civile, par l'État membre exerçant la présidence de la Conférence des Chefs d'État.

Le Conseil est convoqué par son Président, soit à son initiative, soit à la demande d'au moins deux États membres, soit enfin à la demande du Président de la Commission.

Le Président de la Commission rapporte les affaires inscrites à l'ordre du jour. Le Gouverneur de la BEAC ainsi que les premiers responsables des Institutions, des autres Organes et des Institutions Spécialisées de la Communauté assistent aux réunions du Conseil.

Section 3 -Du Comité ministériel de l'UMAC

Article 21 : Le Comité ministériel examine les grandes orientations des politiques économiques respectives des États membres de la Communauté et en assure la cohérence avec la politique monétaire commune. Les attributions du Comité ministériel sont précisées dans la Convention régissant l'UMAC.

Article 22 : Chaque État membre est représenté au Comité ministériel par deux ministres, dont le ministre chargé des Finances et ne dispose que d'une voix exprimée par ce dernier.
La présidence du Comité ministériel est tournante. Elle est assurée, pour une année civile et par ordre alphabétique des États membres par le ministre des Finances.
Le Comité ministériel se réunit sur convocation de son Président au moins deux fois par an dont une pour la ratification des comptes de la BEAC. Il se réunit également à la demande de la moitié de ses membres ou encore à la demande d'un Organe ou d'une Institution Spécialisée de l'UMAC.
Article 23 : Le Gouverneur de la BEAC et les premiers responsables des Institutions Spécialisées de l'UMAC rapportent, chacun en ce qui le concerne, les affaires inscrites à l'ordre du jour des réunions du Comité ministériel. Le Président de la Commission assiste à ces réunions.
Article 24 : Les dispositions relatives à l'organisation, au fonctionnement et aux modalités de prise de décisions sont prévues dans la Convention régissant l'UMAC.

Section 4 - De la Commission

Article 25 : La Communauté, afin de réaliser ses objectifs, dispose d'une Commission.
Article 26 : La Commission est composée de Commissaires désignés à raison d'un Commissaire par État membre dont un Président et un Vice-Président.
Article 27 : Le Président, le Vice-Président de la Commission et les Commissaires sont nommés par la Conférence des Chefs d'État pour un mandat de quatre ans renouvelable une fois. Ils sont choisis sur la base des critères de compétence, d'objectivité et d'indépendance.
Article 28 : La Commission est régie par le principe de la collégialité. Les modalités d'application de la collégialité sont fixées par le Règlement Intérieur de la Commission. Ses décisions sont prises à la majorité de ses membres. En cas d'égalité, la voix du Président est prépondérante.
Article 29 : Durant leur mandat, les membres de la Commission sont irrévocables sauf en cas de faute lourde ou d'incapacité constatée par la Cour de Justice sur saisine du Conseil des ministres.
Article 30 : Le mandat des membres de la Commission peut être interrompu par décès, démission ou révocation.
La révocation est prononcée par la Conférence des Chefs d'État pour sanctionner les manquements aux devoirs liés à l'exercice des fonctions de membre de la Commission, après avis de la Cour de justice.

En cas d'interruption du mandat d'un membre de la Commission, l'intéressé est remplacé pour la durée du mandat restant à courir.

Sauf décès, révocation ou démission, les membres de la Commission demeurent en fonction jusqu'à leur remplacement.

Article 31 : Les membres de la Commission exercent leurs fonctions en toute indépendance, dans l'intérêt général de la Communauté. Ils ne sollicitent ni n'acceptent d'instructions d'aucun gouvernement ni d'aucune autre personne physique ou morale. Les États membres sont tenus de respecter leur indépendance.

Pendant la durée de leur mandat, ils n'exercent aucune autre activité professionnelle rémunérée ou non. Toutefois, ils peuvent mener des activités littéraires, artistiques et scientifiques.

Article 32 : Lors de leur entrée en fonction, les membres de la Commission s'engagent, devant la Cour de Justice communautaire, à observer les devoirs d'indépendance, d'impartialité, de réserve, d'honnêteté et de délicatesse nécessaires à l'accomplissement de leur mission, par le serment qui suit : « ***Je jure de remplir fidèlement et loyalement les charges de ma fonction. Je m'engage, dans l'intérêt supérieur de la Communauté, à observer les devoirs d'indépendance, d'impartialité, de réserve et d'honnêteté nécessaires à l'accomplissement de ma mission*** ».

Article 33 : Les droits et avantages des membres de la Commission sont fixés par la Conférence des Chefs d'État sur proposition du Conseil des ministres.

Article 34 : La Commission dispose du droit d'initiative en matière normative, ainsi que des pouvoirs d'exécution et de mise en œuvre des politiques et programmes communautaires relevant de l'UEAC. À cet effet, et sauf dispositions contraires, le conseil ne peut amender les propositions de la Commission qu'à l'unanimité de ses membres.

La commission assure la mission de gardienne des Traités de la CEMAC. Elle représente la Communauté dans les négociations internationales dans les domaines relevant des objectifs poursuivis par celle-ci.

Article 35 : La Commission sous l'autorité de son Président, exerce en vue du bon fonctionnement et de l'intérêt général de la Communauté les pouvoirs propres que lui confère le présent Traité. À cet effet, elle :

Recueille toutes les informations utiles à l'exécution de sa mission ;

Établit un rapport général annuel sur le fonctionnement et l'évolution de la Communauté qui est communiqué par son Président au Parlement communautaire et aux parlements nationaux ;

Fait à la Conférence des Chefs d'État et au Conseil des ministres des propositions qui leur permettent de se prononcer sur les grandes orientations des politiques économiques des États membres de la Communauté ;

Œuvre à la promotion de l'intégration et du développement socio-économique des États membres ;

Renforce la coopération entre les États membres et la coordination de leurs activités dans les domaines d'intérêt commun. Elle est le moteur de la politique communautaire ;

Veille au respect et à l'application, par les États membres ou leurs ressortissants, des dispositions du présent Traité et des Actes pris par les Institutions, Organes et Institutions Spécialisées de la Communauté ;

Attire l'attention des États membres, des Institutions, Organes et Institutions Spécialisées de la Communauté sur les conséquences du non-respect des politiques communautaires. Elle établit dans ce sens un rapport au Conseil des ministres. En cas de silence du Conseil, le Président de la Commission saisit la Cour de justice aux fins de faire constater le manquement et de prononcer les sanctions ;

Exécute le budget de la Communauté et mobilise les ressources ;

Élabore des stratégies d'autofinancement ;

Recrute et nomme aux différents emplois relevant de sa compétence, dans la limite des postes budgétaires ouverts, sur la base des critères de compétence et d'intégrité morale et en tenant compte du principe de la répartition équilibrée des postes entre les États membres

Veille à la mise en œuvre du présent Traité, des conventions et des décisions de la Communauté. Elle veille également à la réalisation des objectifs en matière d'intégration. Elle conclut, au nom de la Communauté, les accords de coopération avec d'autres organisations ou États ;

Veille à la mise en œuvre du présent Traité, des conventions et des décisions de la Communauté. Elle veille également à la réalisation des objectifs en matière d'intégration. Elle conclut, au nom de la Communauté, les accords de coopération avec d'autres organisations ou États ;

Adopte son Règlement intérieur, après avis conforme du Conseil des ministres.

Article 36 : Le Président et les autres Membres de la Commission peuvent être auditionnés par le Parlement communautaire à la demande de celui-ci.

Article 37 : Le Président exerce ses fonctions dans l'intérêt général de la Communauté. À cet effet, sans préjudice des statuts particuliers :

Il est le représentant légal de la Commission ;

Il est le Chef de l'Exécutif ;

Il organise les services de la Commission ;

Il est l'Ordonnateur du budget de la Communauté ;

Il transmet à la Conférence des Chefs d'État les recommandations et les avis nécessaires ou utiles à l'application du présent Traité et au fonctionnement de la Communauté ;

Il assiste aux réunions du Comité ministériel de l'UMAC.

Article 38 : Le Vice-président seconde le Président de la Commission. Il le supplée en cas d'absence ou d'empêchement.

Article 39 : L'organisation, le fonctionnement et les attributions de la Commission ainsi que le statut et les attributions du Président et des autres membres de la Commission sont précisés par le Règlement intérieur de la Commission et par les autres textes communautaires spécifiques.

Chapitre III : Des actes juridiques et du contrôle des activités de la Communauté

Section 1 —Des actes juridiques de la communauté

Article 40 : Pour l'application du présent Traité et sauf dérogations prévues par celui-ci ou par des dispositions particulières contenues dans les Conventions de l'UEAC et de l'UMAC :

La Conférence des Chefs d'État adopte des actes additionnels au Traité et prend des décisions ;

Le Conseil des ministres et le Comité ministériel adoptent des règlements, règlements-cadres, des directives, prennent des décisions et formulent des recommandations ou des avis ;

Les premiers responsables des Institutions, Organes et Institutions Spécialisées de la Communauté arrêtent des règlements d'application, prennent des décisions et formulent des recommandations ou des avis.

Article 41 : Les additionnels sont annexés au Traité de la CEMAC et complètent celui-ci sans le modifier. Leur respect s'impose aux Institutions, aux Organes et aux Institutions Spécialisées de la Communauté ainsi qu'aux autorités des États membres.

Les règlements et les règlements-cadres ont une portée générale. Les règlements sont obligatoires dans tous leurs éléments et directement applicables dans tout État membre. Les règlements-cadres ne sont directement applicables que pour certains de leurs éléments.

Les directives lient tout État membre destinataire quant au résultat à atteindre tout en laissant aux instances nationales leur compétence en ce qui concerne la forme et les moyens.

Les décisions sont obligatoires dans tous leurs éléments pour les destinataires qu'elles désignent.

Les recommandations et les avis ne lient pas.

Article 42 : Les règlements, les règlements-cadres, les directives et les décisions du Conseil des ministres, du Comité ministériel, de la Commission et des autres Institutions, Organes et Institutions Spécialisées de la Communauté sont motivés.

Article 43 : Les actes additionnels, les règlements et les règlements-cadres sont publiés au Bulletin Officiel de la Communauté. Ils entrent en vigueur à la date qu'ils fixent ou, à défaut, le vingtième jour suivant leur publication ils sont également publiés aux journaux Officiels des États membres.

Les directives et les décisions sont notifiées à leurs destinataires et prennent effet le lendemain de cette notification.

Article 44 : Sous réserve des dispositions de l'article 43 du présent Traité, les actes adoptés par les Institutions, organes et Institutions Spécialisées de la Communauté pour la réalisation des objectifs du présent Traité sont appliqués dans chaque État membre nonobstant toute législation nationale contraire, antérieure ou postérieure.

Article 45 : Les décisions qui comportent, à la charge des personnes autres que les États, une obligation pécuniaire, forment titre exécutoire.

L'exécution forcée est régie par les règles de la procédure civile en vigueur dans l'État sur le territoire duquel elle a lieu. La formule exécutoire est apposée, sans autre contrôle que celui de la vérification de l'authenticité du titre, par l'autorité nationale que le gouvernement de chacun des États membres désigne à cet effet et dont il donne connaissance à la Commission et à la Cour de Justice communautaire.

Après l'accomplissement de ces formalités, le Président de la Commission peut poursuivre l'exécution forcée en saisissant directement l'organe compétent, suivant la législation nationale.

L'exécution forcée ne peut être suspendue qu'en vertu d'une décision de la Cour de Justice communautaire. Toutefois, le contrôle de la régularité des mesures d'exécution relève de la compétence des juridictions nationales.

Section 2 -Du contrôle des activités de la Communauté

Article 46 : Le contrôle des activités de la Communauté est assuré respectivement par le Parlement communautaire, la Cour de Justice et la Cour des comptes.

Article 47 : Le Parlement communautaire est institué par une convention séparée. Il légifère par voie de directives.

Il est chargé du contrôle démocratique des Institutions, Organes et Institutions Spécialisées participant au processus décisionnel de la Communauté. Ses prérogatives et son fonctionnement sont définis par la Convention qui la régit et par son Règlement intérieur.

Article 48 : La Cour de Justice assure le respect du droit dans l'interprétation et dans l'application du présent Traité et des conventions subséquentes.

La Cour des comptes est chargée du contrôle des finances publiques de la Communauté, notamment du contrôle juridictionnel des comptes comptables de celle-ci, à l'exception de ceux dont les conventions spécifiques ou les statuts en disposent autrement.

Elle sanctionne les fautes de gestion commises par les ordonnateurs à l'égard des Institutions, Organes et Institutions Spécialisées de la Communauté.

L'organisation, le fonctionnement et les compétences de la Cour de Justice et de la Cour des comptes sont définis par les conventions qui les régissent, par leurs statuts propres et par d'autres textes communautaires spécifiques.

Titre III : Des dispositions financières

Article 49 : Le conseil des ministres adopte, à la majorité qualifiée, le budget de la Communauté sur proposition du Président de la Commission avant l'ouverture de l'exercice budgétaire.

Le budget de la Communauté comprend, sauf dispositions particulières des Conventions ou statuts spécifiques, toutes les dépenses des Institutions, Organes et Institutions Spécialisées institués par le présent Traité, ainsi que celles afférentes à la mise en œuvre des politiques communes.

Le budget de la Communauté est équilibré en recettes et en dépenses.

Article 50 : Les ressources de la Communauté proviennent essentiellement du produit de la Taxe Communauté d'Intégration (TCI). Elles sont collectées conformément aux dispositions en vigueur.

Les contributions des États membres au budget de fonctionnement de la CEMAC sont calculées sur la base égalitaire. Ces contributions proviennent des produits de la TCI. En cas d'insuffisance du produit de la TCI d'un État membre pour couvrir sa contribution au budget de fonctionnement de la Communauté, le Trésor public de cet État effectue des paiements directs complémentaires.

Les contributions des États membres afférentes à la mise en œuvre des politiques communes sont constituées des produits de la TCI, déduction faite des sommes affectées au budget de fonctionnement de la Communauté.

Outre la TCI et les éventuelles contributions complémentaires des Trésors nationaux, les ressources budgétaires de la Communauté peuvent également provenir :

- Des revenus de certaines prestations des Institutions, Organes et Institutions Spécialisées de la Communauté ;
- Du prélèvement sur la part revenant à chaque État sur les bénéfices distribués par la BEAC ;
- Des concours financiers versés par tout État tiers et toute organisation nationale ou internationale, ainsi que les dons et legs.

Article 51 : Les contributions financières des États membres font l'objet, en dernier recours, d'un prélèvement automatique sur le compte ordinaire ouvert par chaque Trésor national auprès de la BEAC. Notification en est faite au ministre des Finances de l'État concerné.

Le prélèvement est effectué de plein droit par la BEAC à l'initiative du Président de la Commission dès lors qu'un État membre n'a pas effectué, dans le délai mentionné par les règlements financiers prévus à l'article 52 ci-après, les versements auxquels il est astreint.

Article 52 : Si un État ne s'est pas acquitté de ses contributions un an après l'expiration du délai fixé par les règlements financiers, sauf cas de force majeure dûment constatée par le Conseil des ministres, le Gouvernement de cet État est privé du droit de prendre part aux votes lors des assises des Institutions, Organes et Institutions spécialisées de la Communauté.

Six (06) mois après la suspension du droit de vote, ledit gouvernement est privé de prendre part aux activités de la Communauté et cesse de bénéficier des avantages prévus au titre du présent Traité et des Conventions de l'UEAC et de l'UMAC.

Ces diverses sanctions prennent fin de plein droit dès la régularisation totale de la situation de cet État.

Article 53 : Le Conseil des ministres adopte, à l'unanimité et sur proposition du Président de la Commission, après consultation de la Cour des comptes, les règlements financiers spécifiant notamment les modalités d'élaboration et d'exécution du budget ainsi que les conditions de reddition et de vérification des comptes.

Les règlements financiers respectent le principe de la séparation des ordonnateurs et des comptables et instituent un contrôle financier interne.

Article 54 : L'exercice budgétaire de la Communauté débute le 1er janvier et s'achève le 31 décembre de chaque année. Si le budget n'a pas été adopté au début d'un exercice budgétaire, les dépenses peuvent être effectuées mensuellement dans la limite du douzième des crédits ouverts au budget de l'exercice précédent.

La Commission Interparlementaire se réunit au moins une fois par an sur convocation de son Président.

La Commission Interparlementaire adopte son Règlement Intérieur.

Article 62 : Après adoption du présent Traité, il est procédé à la nomination des membres de la Commission. Ceux-ci prêtent serment devant la Cour de Justice communautaire.

Section 3 -Dispositions finales

Article 63 : Les dispositions du présent Traité abrogent et remplacent celles du Traité du 16 mars 1994 instituant la CEMAC et celles de l'Additif au Traité relatif au système institutionnel et juridique de la Communauté du 5 juillet 1996 ainsi que de tout autre texte contraire.

Article 64 : Le présent traité est rédigé en exemplaire unique en langue française, espagnole, arabe et anglaise ; le texte en français faisant foi en cas de divergence d'interprétation.

Article 65 : Le présent Traité est rédigé en exemplaire unique en langues française, espagnole, arabe et anglaise ; le texte en français faisant foi en cas de divergence d'interprétation.

Article 66 : Le présent traité sera ratifié à l'initiative des Hautes Parties Contractantes, en conformité avec leurs règles constitutionnelles respectives. Les instruments de ratification seront déposés auprès du gouvernement de la République du Tchad, qui en informera les autres États membres et leur en délivrera copies certifiées conformes.

Article 67 : Le présent Traité sera enregistré, après ratification, auprès de l'Organisation des Nations unies et de l'Union Africaine.

En foi de quoi ont apposé leurs signatures au bas du présent Traité.

Fait à Libreville, le 30 avril 2009

Pour la République du Cameroun
S.E. Paul BIYA
Président de la République

Pour la République Centrafricaine
S.E. François BOZIZE YANGOUVONDA
Président de la République

Pour la République du Congo
S.E. Denis SASSOU NGUESSO
Président de la République

Pour la République Gabonaise
S.E. OMAR BONGO ONDIMBA
Président de la République

Pour la République de Guinée Equatoriale
S.E. OBIANG NGUEMA MBASOGO
Président de la République

Pour la République du Tchad
S.E. Youssouf Saleh ABBAS
Premier ministre

CONVENTION RÉGISSANT L'UNION ÉCONOMIQUE DE L'AFRIQUE CENTRALE (UEAC)

PRÉAMBULE

Le Gouvernement de la République du Cameroun ;

Le Gouvernement de la République Centrafricaine ;

Le Gouvernement de la République du Congo ;

Le Gouvernement de la République Gabonaise ;

Le Gouvernement de la République de Guinée Equatoriale ;

Le Gouvernement de la République du Tchad ;

Vu le Traité de la Communauté Economique et Monétaire de l'Afrique Centrale,

Conscients des avantages que les États membres tirent de leur appartenance à la même Communauté monétaire et de la nécessité de la compléter par une Union Économique ;

Conscients des défis résultant de l'enclavement et de l'insularité de certains États membres et de la nécessité d'appuyer, dans un esprit de solidarité, les efforts de ces États visant à réduire les entraves au développement harmonieux de la Communauté ;

Convaincus que l'intégration des États membres en une Communauté Économique et Monétaire exige la mise en commun partielle et progressive de leur souveraineté nationale au profit de la Communauté, dans le cadre d'une volonté politique collective ;

Affirmant la nécessité de favoriser le développement économique des États membres grâce à l'harmonisation de leurs législations, à l'unification de leurs marchés intérieurs et à la mise en œuvre de politiques communes dans les secteurs essentiels de leur économie ;

Affirmant leur volonté de se conformer aux principes d'une économie de marché ouverte, concurrentielle et favorisant l'allocation optimale des ressources ;

Prenant en compte les acquis des organisations régionales africaines auxquelles participent les États membres ;

Considérant la nécessité pour l'Union Économique de modifier ses stratégies en vue d'accélérer le processus d'intégration économique en Afrique Centrale, en assurant notamment :

L'amélioration de la cogestion et de la gouvernance des institutions de la CEMAC ;

Le renforcement du poids et de la cohérence des institutions communautaires ;

L'accélération du processus d'intégration avec, sur la base d'une vision partagée, un Programme Economique Régional (PER) structurant, une libre circulation effective et des institutions spécialisées en phase avec la vision et les priorités ;

La sécurisation du financement de la CEMAC ;

Le renforcement de l'appropriation du projet d'intégration par les États membres.

Sont convenus des dispositions ci-après :

Titre I -Les fondements de l'Union Économique

Chapitre I : Les objectifs

Article 1.- Par la présente Convention, adoptée en application des dispositions du Traité de la CEMAC, les Hautes Parties Contractantes créent entre elles l'Union Économique de l'Afrique Centrale, ci-après dénommée l'Union Économique, afin d'établir en commun les conditions d'un développement économique et social harmonieux dans le cadre d'un marché ouvert et d'un environnement juridique approprié.

Article 2.- Aux fins énoncées à l'article premier et dans les conditions prévues par la présente Convention, l'Union Économique entend réaliser les objectifs suivants :

a) renforcer la compétitivité des activités économiques et financières en harmonisant les règles qui contribuent à l'amélioration de l'environnement des affaires et qui régissent leur fonctionnement ;

b) assurer la convergence vers des performances soutenables par la coordination des politiques économiques et la mise en cohérence des politiques budgétaires nationales avec la politique monétaire commune ;

c) créer un marché commun fondé sur la libre circulation des biens, des services, des capitaux et des personnes ;

d) instituer une coordination des politiques sectorielles nationales, mettre en œuvre des actions communes et adopter des politiques communes, notamment dans les domaines suivants : l'agriculture, l'élevage, la pêche, l'industrie, le commerce, le tourisme, les transports, l'aménagement du territoire communautaire et les grands projets d'infrastructures, les télécommunications, les technologies de l'information et de la communication, le dialogue social, les questions de genre, la bonne gouvernance et les droits de l'homme, l'énergie, l'environnement et les ressources naturelles, la recherche, l'enseignement et la formation professionnelle.

Article 3.- La réalisation des objectifs de l'Union Économique prendra en compte les acquis de la Communauté Economique et Monétaire de l'Afrique Centrale (CEMAC) et sera entreprise en deux (2) étapes.

Article 4.- Au Cours de la première étape, d'une durée de trois (3) ans à compter de l'entrée en vigueur de la présente Convention et dans les conditions prévues par celui-ci, l'Union Économique :

a) harmonise, dans la mesure nécessaire au fonctionnement du marché commun, les règles qui régissent les activités économiques et financières et élabore à cet effet des règlementations communes ;

b) poursuit le processus de mise en place des instruments de libre circulation des biens, des services, des capitaux et des personnes, notamment par une harmonisation de la fiscalité des activités productives et de la fiscalité de l'épargne ;

c) établit, entre ses États membres, la libre circulation des biens, des services, des capitaux et des personnes ;

d) développe la coordination des politiques commerciales et des relations économiques avec les autres régions ;

e) prépare des actions communes dans les domaines de l'enseignement, de la formation professionnelle, de la recherche, du dialogue social, des questions de genre, de la bonne gouvernance et des droits de l'Homme.

Article 5.- Avant le début de la seconde étape, la Conférence des Chefs d'État constate, au vu du rapport du Président de la Commission, et sur proposition du Conseil des ministres prévu au Titre IV de la présente Convention, l'état d'avancement du processus d'intégration économique et décide, le cas échéant, des actions à mener en vue de l'achèvement du programme de la première étape. Les mesures correspondantes sont mises en œuvre en tant que de besoin par voie d'actes additionnels.

Article 6.- Au Cours de la seconde étape, d'une durée de trois (3) ans à compter de la fin de la première étape et dans les conditions prévues par la présente Convention, l'Union Économique :

a) met en œuvre un processus de coordination des politiques nationales, dans les secteurs suivants : l'agriculture, l'élevage, la pêche, l'industrie, le commerce, le tourisme, les transports, l'aménagement du territoire communautaire et les grands projets d'infrastructures, les télécommunications, les technologies de l'information et de la communication ;

b) engage un processus de coordination des politiques sectorielles nationales en matière d'environnement et d'énergie ;

c) renforce et améliore, en vue de leur interconnexion, les infrastructures de transport et de télécommunications des États membres.

Au Cours de la seconde étape, la Conférence des Chefs d'État décide par ailleurs, au vu du rapport du Président de la Commission, et sur proposition du Conseil des ministres, de l'adoption des politiques communes dans les domaines énumérés à l'article 2 d) de la présente Convention. Dans ce cas, la Conférence des Chefs d'État fixe, par voie d'actes d'additionnels à la présente Convention, les objectifs et les lignes directrices de ces politiques ainsi que les pouvoirs d'action conférés au Conseil et à la Commission pour leur mise en œuvre.

Article 7.- La Conférence des Chefs d'État établit, à intervalles réguliers et en toute hypothèse au début de chacune des étapes de la construction de l'Union Économique, le programme de travail des institutions, en tenant compte des priorités et des modalités de l'action de l'Union Économique. Au Cours de la 1re étape, elle peut fixer, le cas échéant, au vu d'un rapport d'exécution présenté par le Président de la Commission, la date du passage anticipé à la seconde étape.

Chapitre II : Les principes

Article 8.- L'Union Économique agit dans la limite des objectifs que le Traité de la CEMAC et la présente Convention lui assignent. Elle respecte l'identité nationale de ses États membres.

Les organes de l'Union Économique et les institutions spécialisées de celle-ci édictent, dans l'exercice des pouvoirs normatifs que la présente Convention leur attribue, des prescriptions minimales et des règlementations-cadres, qu'il appartient aux États membres de compléter en tant que de besoin, conformément à leurs règles constitutionnelles respectives.

Article 9.- Les actes juridiques pris par les organes de l'Union Économique et les institutions spécialisées de celle-ci pour la réalisation des objectifs de la présente Convention, conformément aux règles et procédures instituées par cette même Convention, sont appliqués dans chaque État membre.

Article 10.- Les États membres apportent leur concours à la réalisation des objectifs de l'Union Économique. Ils s'abstiennent de toute mesure susceptible de faire obstacle à l'application de la présente Convention et des actes juridiques pris pour sa mise en œuvre.

Titre II -Les actions de l'Union Économique

Chapitre I : Les politiques communes

Section 1 -La politique économique générale

Article 11.- Les États membres considèrent leurs politiques économiques comme une question d'intérêt commun et veillent à leur coordination au sein du Conseil des ministres en vue de la réalisation des objectifs définis à l'article 2, paragraphe b de la présente Convention.

La coordination des politiques économiques est assurée conformément aux dispositions prévues au Titre III de la présente Convention.

Section 2 -La fiscalité

Article 12.- En vue de la réalisation des objectifs définis à l'article 4 b) de la présente Convention, l'Union Économique harmonise les législations fiscales qui régissent les activités économiques et financières.

Les règlementations nécessaires à l'élaboration de la législation fiscale commune sont adoptées, sur proposition du Président de la Commission, par le Conseil des ministres statuant à l'unanimité.

Section 3 -Le marché commun

Article 13.- Le marché commun de l'Union Économique, prévu à l'article 2, paragraphe c de la présente Convention comporte, selon le programme mentionné à l'article 7 de ladite Convention, et sous réserve des exceptions énoncées à l'article 16 ci-après :

a) l'élimination des droits de douane intérieurs, des restrictions quantitatives à l'entrée et à la sortie des marchandises, des taxes d'effet équivalent, de toute autre mesure d'effet équivalent susceptible d'affecter les transactions entre les États membres ;

b) l'établissement d'une politique commerciale commune envers les États tiers ;

c) l'adoption des règles communes de concurrence applicables aux entreprises et aux aides d'État ;

d) la mise en œuvre du principe de liberté de circulation des travailleurs, de liberté d'établissement, de liberté de prestations de services, de liberté d'investissement et de mouvements des capitaux ;

e) l'harmonisation et la reconnaissance mutuelle des normes techniques ainsi que des procédures d'homologation et de certification.

f) La réalisation du marché commun sera parachevée au plus tard au terme de la période de trois (3) ans correspondant à la seconde étape de la construction de l'Union Économique.

Article 14.- En vue de la réalisation de l'objectif défini à l'article 13, paragraphe a, et tenant compte des acquis en la matière, les États membres s'abstiennent, dès l'entrée en vigueur de la présente Convention :

a) d'introduire entre eux tout nouveau droit de douane à l'importation et à l'exportation, toute taxe d'effet équivalent, et d'augmenter ceux qu'ils appliquent dans leurs relations commerciales mutuelles ;

b) d'introduire entre eux de nouvelles restrictions quantitatives à l'exportation ou à l'importation ou mesure d'effet équivalent, non justifiées par une exception prévue à l'article 16, ainsi que de rendre plus restrictifs les contingentements et normes d'effet équivalent existants ;

c) d'introduire toute disposition en faveur d'une entreprise établie sur leur territoire visant à des dérogations ou des exonérations susceptibles d'affecter la concurrence entre les entreprises de l'Union Économique.

Article 15.- Le Conseil des ministres, statuant à la majorité qualifiée, détermine, au vu du programme mentionné à l'article 7 de la présente Convention et sur proposition du Président de la Commission, les modalités d'élimination des droits de douane et arrête les règlements nécessaires à cet effet.

Le Conseil des ministres tient compte des effets que le démantèlement des protections douanières peut avoir sur l'économie des États membres, et prend en tant que de besoin les mesures appropriées.

Article 16.- Sous réserve des mesures de rapprochement des législations mises en œuvre par l'Union Économique, les États membres peuvent interdire ou restreindre l'importation, l'exportation, ou le transit des biens, lorsque ces interdictions ou restrictions sont justifiées par des raisons de moralité publique, d'ordre public, de sécurité publique, de protection de la santé ou de la vie des personnes et des animaux, de préservation des végétaux, de protection des patrimoines culturel, historique ou archéologique, de protection de la propriété intellectuelle.

Les interdictions ou restrictions appliquées sur le fondement de l'alinéa précédent ne doivent constituer ni un moyen de discrimination arbitraire ni une restriction déguisée au commerce entre les États membres.

Article 17.- Au Cours de la première étape de la construction de l'Union Économique, le Conseil des ministres, sur proposition du Président de la Commission, statue à la majorité simple sur l'harmonisation et la reconnaissance mutuelle des normes techniques et sanitaires ainsi que sur les procédures d'homologation et de certification à l'échelle de l'Union Économique.

Article 18.- En vue de la réalisation des objectifs définis à l'article 13, paragraphe b de la présente Convention, le Conseil des ministres adopte, à la majorité qualifiée, sur proposition du Président de la Commission, les règlements fixant le régime des relations commerciales avec les États tiers.

Article 19.- La réalisation des objectifs définis à l'article 13, paragraphe b de la présente Convention tient compte de la nécessité de contribuer au développement harmonieux du commerce régional et mondial, de favoriser le développement des capacités productives à l'intérieur de l'Union Économique, de défendre les productions de l'Union Économique contre les politiques de dumping et/ou de subvention pratiquées dans les pays tiers.

Article 20.- Si des accords avec des pays tiers doivent être conclus dans le cadre de la politique commerciale commune, le Président de la Commission présente des recommandations au Conseil des ministres qui l'autorise, à la majorité qualifiée, à ouvrir les négociations nécessaires.

Le Président de la Commission conduit les négociations en consultation avec un comité désigné par le Conseil des ministres et dans le cadre des directives élaborées par celui-ci.

Les accords mentionnés à l'alinéa premier sont conclus par la Commission, après avis conforme du Conseil des ministres statuant à la majorité qualifiée de ses membres.

Article 21.- Les États membres harmonisent leur position sur toutes les questions ayant une incidence sur le fonctionnement du marché commun traitées dans le cadre d'organisations internationales à caractère économique.

Si les questions mentionnées à l'alinéa précédent intéressent le fonctionnement de la politique commerciale commune, les États membres rendent conforme leur position avec les orientations définies par le Conseil des ministres à la majorité qualifiée de ses membres, sur proposition du Président de la Commission.

Article 22.- À la demande d'un État membre, le Conseil des ministres, statuant à la majorité qualifiée, peut autoriser cet État, sur proposition du Président de la Commission, à prendre, pour une durée limitée et par dérogation aux règles générales de l'Union Économique et de la politique commerciale commune, des mesures de protection destinées à faire face à des difficultés graves dans un ou plusieurs secteurs économiques.

En cas de crise économique soudaine affectant notamment la balance des paiements, l'État membre peut prendre à titre conservatoire les mesures de sauvegardes indispensables. Les mesures de sauvegarde ainsi adoptées ne doivent provoquer qu'un minimum de perturbation sur le fonctionnement du marché commun. Elles ne peuvent excéder une durée de six mois, éventuellement renouvelables. Elles doivent être entérinées, tant dans la durée que dans leur contenu, par le Conseil des ministres statuant à la majorité qualifiée.

Le Conseil des ministres, statuant dans les mêmes conditions, peut décider que l'État concerné doit modifier, suspendre ou supprimer lesdites mesures de sauvegarde et/ou de protection.

Article 23.- En vue de la réalisation des objectifs définis à l'article 13, paragraphe c de la présente Convention, le Conseil des ministres arrête, à la majorité qualifiée de ses membres et sur proposition du Président de la Commission, les règlements relatifs à :

a) l'interdiction des accords, associations et pratiques concertées entre entreprises, ayant pour objet ou pour effet de restreindre ou de fausser le jeu de la concurrence à l'intérieur de l'Union Économique ;

b) l'interdiction de toute pratique d'une ou de plusieurs entreprises constituant un abus de position dominante sur le marché commun ou dans une partie significative de celui-ci ;

c) l'interdiction des aides publiques susceptibles de fausser la concurrence en favorisant certaines entreprises ou certaines productions.

Ces règlements précisent les interdictions et peuvent prévoir des exceptions limitées afin de tenir compte des situations spécifiques.

Article 24.- Les règlements mentionnés à l'article 23 ci-dessus instituent la procédure à suivre par le Président de la Commission et fixent le régime des amendes et astreintes destinées à sanctionner les violations et les interdictions contenues dans le même article.

Article 25.-Le Président de la Commission est chargé de l'application des règles de concurrence définies sur le fondement des articles 23 et 24 de la présente Convention.

Article 26.- Le Conseil des ministres arrête à l'unanimité, sur proposition du Président de la Commission, les règlements relatifs à la mise en œuvre des objectifs définis à l'article 13, paragraphe d de la présente Convention.

Article 27.- Dans l'exercice des pouvoirs définis à l'article 26 ci-dessus, le Conseil des ministres veille au respect des règles suivantes :

a) la libre circulation des travailleurs ou de la main-d'œuvre implique :

- l'harmonisation préalable dans un délai maximum de trois (3) ans :

o des règles relatives à l'immigration dans chaque État membre ;

o des dispositions pertinentes des codes de travail nationaux ;

o des dispositions législatives et règlementaires applicables aux régimes et organismes de protection sociale ;

- l'abolition dans un délai maximum de trois (3) ans, de toute discrimination fondée sur la nationalité, entre les travailleurs des États membres, en ce qui concerne la recherche et l'exercice d'un emploi, à l'exception des emplois dans les secteurs publics, parapublics et stratégiques ;

- le droit d'entrée, de se déplacer et de séjourner sur le territoire des États membres sous réserve des limitations pour des raisons d'ordre public et de santé publique ;
- le droit de s'établir sur le territoire d'un État membre, à la condition soit d'y avoir exercé un ou plusieurs emplois pendant une période d'au moins cinq (5) ans, soit de pouvoir justifier de moyens de subsistance dont la nature et la consistance seront déterminées par un règlement du Conseil des ministres ;

b) le droit d'établissement comporte :

- l'accès pour les investisseurs de la sous-région, aux activités non salariées et à leur exercice ainsi que l'acquisition, la constitution et la gestion d'entreprises, dans les conditions définies par la législation du pays d'établissement ;
- l'harmonisation progressive des dispositions nationales règlementant l'accès aux activités non salariées et l'exercice de celles-ci ;
- la liberté de prestations de services :
- est appliquée par priorité aux services qui interviennent de façon directe dans les coûts de production ou dont la libération contribue à faciliter les échanges de marchandises ;
- bénéficie aux personnes physiques et morales visées au paragraphe b ci-dessus.

Article 28.- La liberté de circulation des capitaux est régie par les dispositions de la Convention régissant l'Union Monétaire de l'Afrique Centrale et par les textes subséquents.

Chapitre II : Les politiques sectorielles

Section 1 -L'Enseignement, la Recherche, la Formation Professionnelle et la Santé Publique

Article 29.- Les actions communes à entreprendre en application de l'article 4, paragraphe e de la présente Convention, ont pour but la rationalisation et l'amélioration des performances de l'enseignement scientifique et technique, notamment supérieur, de la recherche, de la formation professionnelle ainsi que de la santé publique. Ces actions peuvent comporter :

- la création et le développement d'institutions communes d'enseignement supérieur, de recherche et de formation professionnelle permettant dans certains domaines le rassemblement des moyens mis en œuvre par les États membres ;
- l'ouverture aux mêmes conditions d'accès que les nationaux, des établissements d'enseignement à tous les ressortissants de la CEMAC ;
- la coordination des programmes d'enseignement, de recherche et de formation professionnelle ;
- l'évaluation des résultats de l'enseignement supérieur et de la formation professionnelle dispensés par les États membres ;
- la reconnaissance mutuelle des diplômes sanctionnant les formations dispensées dans les États membres par les établissements publics et privés reconnus par ces États ;

- l'harmonisation des conditions et des normes d'équivalences des diplômes obtenus dans les pays tiers ;
- l'instauration d'un dialogue permanent entre les États membres et le secteur privé en vue d'une adéquation formation-emploi au niveau communautaire ;
- la coordination des programmes, la rationalisation et la mise en commun des moyens communautaires pour la protection de la santé publique et l'amélioration du niveau sanitaire des populations.

Article 30.- Le Conseil des ministres, sur proposition du Président de la Commission, arrête, à la majorité qualifiée, les règlements, directives et recommandations nécessaires à la mise en œuvre de l'article 29 ci-dessus.

Section 2 -Les Transports, l'Aménagement du territoire communautaire et les grands projets d'infrastructures, les Télécommunications, les Technologies de l'Information et de la Communication et la Société de l'Information

Article 31.- Dans le cadre du programme de travail mentionné à l'article 7 de la présente Convention, le Conseil des ministres définit les orientations générales et arrête, à la majorité qualifiée et sur proposition du Président de la Commission, des mesures destinées à :

a) améliorer les infrastructures de transport et renforcer leur interconnexion ;

b) promouvoir l'aménagement du territoire et des grandes infrastructures communautaires ;

c) faciliter l'accès des populations des États membres aux Technologies de l'Information et de la Communication, en prenant notamment les dispositions relatives :

- à l'harmonisation des plans nationaux d'aménagement, avec comme priorité le désenclavement des zones difficilement accessibles et la réalisation de grands pôles de développement économique ;
- au développement et au déploiement de réseaux plus étendus de communication sans fil à faible coût ;
- à l'harmonisation des systèmes de communication au niveau national, communautaire et international, et les adapter aux nouvelles technologies.

Article 32.- Les dispositions relatives à la libéralisation des prestations de services dans les domaines des Transports, des Télécommunications, des Technologies de l'Information et de la Communication, ainsi que de la Société de l'Information sont prises en conformité avec les principes et les procédures définis aux articles 13 d, 25 et 26 de la présente Convention, et en tenant compte des acquis en la matière.

Section 3 -L'Agriculture, l'Élevage et la Pêche

Article 33.- Dans le cadre du programme de travail mentionné à l'article 7 de la présente Convention, le Conseil des ministres :

a) définit par voie de règlements les systèmes d'information mutuelle auxquelles participent les États membres en vue de la coordination de leurs politiques agricoles, pastorales et piscicoles ;

b) définit par voie de recommandations les orientations que les États membres sont invités à mettre en œuvre simultanément en vue de l'amélioration de l'efficacité économique et sociale des secteurs de l'agriculture, de l'élevage et de la pêche ;

c) engage, par voie de règlements ou de directives, des actions portant notamment sur l'organisation commune de la recherche.

Article 34.- Le Conseil des ministres arrête, à la majorité simple et sur proposition du Président de la Commission, les règlements et les recommandations mentionnés à l'article 33 ci-dessus. Il délègue à la Commission, dans les mêmes conditions de majorité, tout pouvoir d'exécution nécessaire à la coordination des politiques agricoles, pastorales ou piscicoles des États membres.

Article 35.- Dans l'exercice du pouvoir défini à l'article 6, alinéa 2 de la présente Convention, la Conférence des Chefs d'État veille, dans le respect des équilibres financiers de la Communauté et de ses États membres, à la prise en compte des objectifs suivants :

a) accroître la productivité de l'agriculture, de l'élevage et de la pêche, en développant le progrès technique, en assurant le développement rationnel de la production et un emploi optimum des facteurs de production, notamment de la main-d'œuvre, en vue de l'amélioration du niveau de vie des populations ;

b) assurer la rentabilité des filières ;

c) stabiliser les marchés ;

d) garantir la sécurité des approvisionnements ;

e) assurer des prix raisonnables dans les livraisons des produits aux consommateurs.

1) Dans l'élaboration des orientations de la politique agricole, pastorale et piscicole commune, la Conférence des Chefs d'État tient compte :

a) de l'importance de ces secteurs dans l'économie des États membres ;

b) des disparités structurelles et naturelles entre les diverses régions ;

c) de la nécessité d'opérer graduellement les ajustements opportuns.

Section 4 -L'Énergie

Article 36.- Dans le cadre du programme de travail mentionné à l'article 7 de la présente Convention, le Conseil des ministres définit :

a) par voie de règlements les systèmes d'information mutuels auxquels participent les États membres en vue de la coordination de leurs politiques énergétiques ;

b) par voie de recommandations les orientations que les États membres sont invités à mettre en œuvre simultanément en vue notamment de la sauvegarde et du développement des ressources énergétiques ;

c) par voie de recommandations les politiques de promotion, de développement et de vulgarisation des énergies renouvelables que les États membres sont invités à appliquer.

d) Par voie de recommandations, l'élaboration et la mise en œuvre d'une politique énergétique commune.

Article 37.- Le Conseil des ministres arrête, à la majorité simple et sur proposition du Président de la Commission, les règlements et les recommandations mentionnés à l'article 36 ci-dessus. Il délègue à la Commission, dans les mêmes conditions de majorité, tout pouvoir d'exécution nécessaire à la coordination des politiques énergétiques des États membres.

Article 38.- Dans l'exercice du pouvoir défini à l'article 6, alinéa 2 de la présente Convention, la Conférence des Chefs d'État veille à la gestion optimale et au développement des ressources énergétiques des États membres, ainsi qu'à la sécurité des approvisionnements énergétiques.

Section 5 -La Protection de l'Environnement et des Ressources Naturelles

Article 39.- Dans le cadre du programme de travail mentionné à l'article 7 de la présente Convention, le Conseil des ministres :

a) définit par voie de règlements les systèmes d'information mutuels auxquels participent les États membres en vue de la coordination de leurs politiques en matière de protection de l'environnement et des ressources naturelles ;

b) définit par voie de recommandations les orientations que les États membres sont invités à mettre en œuvre en vue de la protection, de la restauration et de l'amélioration de la qualité de l'environnement et des ressources naturelles ;

c) engage, par voie de règlements ou de directives, des actions pilotes communes en la matière.

Article 40.- Le Conseil des ministres arrête, à la majorité simple et sur proposition du Président de la Commission, les règlements et les recommandations mentionnés à l'article 39 ci-dessus. Il délègue à la Commission, dans les mêmes conditions de majorité, tout pouvoir d'exécution nécessaire à la coordination des politiques des États membres en matière de protection de l'environnement et des ressources naturelles.

Article 41.- Dans l'exercice du pouvoir défini à l'article 6 alinéa 2 de la présente Convention, la Conférence des Chefs d'État, dans le respect des missions imparties dans ce domaine aux institutions spécialisées de l'Union Économique, veille à la prise en compte des objectifs suivants :

a) la lutte contre la désertification, la sècheresse et le déboisement ;

b) l'exploitation des sources d'énergie abordables et renouvelables, notamment l'énergie solaire ;

c) l'exploitation rationnelle des forêts tropicales, des ressources en eau, des ressources côtières, marines et halieutiques, de la faune, de la flore et des sols, ainsi que la protection de la biodiversité ;

d) la protection des écosystèmes fragiles, notamment les récifs coralliens ;

e) la mise au point de solutions novatrices pour les problèmes écologiques urbains et ruraux ;

f) la gestion rationnelle des déchets dangereux et l'interdiction de leur importation.

Section 6 -L'Industrie

Article 42.- Dans le cadre du programme de travail mentionné à l'article 7 de la présente Convention, le Conseil des ministres définit, à la majorité de ses membres, par voie de règlements et sur proposition du Président de la Commission :

a) les systèmes d'information mutuels auxquels participent les États membres en vue de la coordination de leurs politiques industrielles ;

b) les conditions dans lesquelles il pourra être dérogé, dans certains secteurs de l'économie, au droit à la concurrence de l'Union Économique.

Le Conseil des ministres, sur proposition du Président de la Commission, fixe la durée des dispositions dérogatoires prises en application du paragraphe b du présent article. Les États membres sont tenus d'informer le Président de la Commission des mesures d'exécution prises sur le plan national, en vue de faciliter l'exercice de sa mission de veiller à l'application de la présente Convention.

Article 43.- Dans l'exercice du pouvoir défini aux articles 6, alinéa 2 et 42 de la présente Convention, la Conférence des Chefs d'État et le Conseil des ministres veillent à la compatibilité des objectifs et des méthodes de la politique industrielle commune avec la construction progressive d'un marché ouvert et concurrentiel. En particulier, les objectifs suivants seront pris en compte :

a) le renforcement du partenariat secteur public secteur privé ;

b) le renforcement des infrastructures de soutien à la compétitivité, notamment les organismes de normalisation, de certification de la qualité ;

c) l'accroissement de la valeur ajoutée intérieure et la promotion de l'utilisation et de la valorisation des ressources locales ;

d) la recherche de la spécialisation et de la complémentarité par le renforcement des relations inter et intrasectorielles, la réhabilitation, la restructuration de certains secteurs industriels ;

e) le soutien des industries exportatrices et des sous-secteurs jugés prioritaires ou stratégiques ;

f) le développement et l'acquisition des technologies ;

g) l'harmonisation des cadres règlementaires des activités industrielles et minières, notamment l'élaboration d'un code communautaire des investissements.

Section 7 -Le Tourisme

Article 44.- Dans le cadre du programme de travail mentionné à l'article 7 de la présente Convention, le Conseil des ministres :

a) définit par voie de règlements les systèmes d'information mutuels auxquels participent les États membres en vue de la coordination de leurs politiques touristiques ;

b) définit par voie de recommandations les orientations que les États membres sont invités à mettre en œuvre en vue du développement du tourisme ;

c) engage, par voie de règlements ou de directives, des actions communes comportant notamment la promotion de circuits touristiques inter-États et l'allègement des contrôles aux frontières.

Article 45.- Le Conseil des ministres arrête, à la majorité simple et sur proposition du Président de la Commission, les règlements et les recommandations mentionnés à l'article précédent. Il délègue à la Commission, dans les mêmes conditions de majorité, tout pouvoir d'exécution nécessaire à la coordination des politiques des États membres en matière de tourisme.

Article 46.- La Commission, dans le respect des missions imparties dans ce domaine aux organisations régionales spécialisées, veille à la prise en compte des objectifs suivants :

a) la promotion et la protection des valeurs culturelles nationales et du patrimoine artistique des États ;

b) la promotion des valeurs culturelles communes ;

c) la protection de la qualité de l'environnement dans les sites touristiques ;

d) la promotion du tourisme durable ;

e) la protection des populations contre la délinquance internationale.

Section 8 -La Bonne Gouvernance, les Droits de l'Homme, le Dialogue Social et les Questions de Genre

Article 47.-

Dans le cadre du programme de travail mentionné à l'article 7 de la présente Convention, le Conseil des ministres définit, par voie de règlements, sur proposition du Président de la Commission et à la majorité de ses membres, les actions en vue de :

a) promouvoir la démocratie, la dignité humaine, la justice sociale et le pluralisme, dans le respect de la diversité au sein des sociétés des États membres ;

b) promouvoir le respect universel et la protection des droits de l'Homme et des libertés fondamentales ;

c) développer et renforcer l'État de droit et améliorer l'accès à la justice, tout en garantissant le professionnalisme et l'indépendance des systèmes judiciaires ;

d) promouvoir une gestion transparente des affaires publiques et une administration efficace et responsable dans toutes les institutions nationales et communautaires ;

e) réformer et moderniser les fonctions publiques nationale et communautaire,

f) assurer une décentralisation politique, administrative et financière ;

g) promouvoir le dialogue social et le dialogue public-privé au sein de la Communauté ;

h) intégrer les questions de genre dans toute politique nationale et communautaire et adopter des mesures positives spécifiques en faveur des femmes.

Article 48.- Le Conseil des ministres arrête, à la majorité simple et sur proposition du Président de la Commission, les règlements et les recommandations mentionnés à l'article précédent. Il délègue à la Commission, dans les mêmes conditions de majorité, tout pouvoir d'exécution nécessaire à la coordination des politiques des États membres en matière de bonne gouvernance, de droits de l'homme, de dialogue social et de questions de genre.

Chapitre III : Les règles communes

Article 49.- Dans le cadre du programme de travail mentionné à l'article 7 de la présente Convention, et sans préjudice des attributions de compétence spécifiques prévues dans la présente Convention ou celle instituant l'Union Monétaire de l'Afrique Centrale (UMAC), le Conseil des ministres adopte, à l'unanimité, et sur proposition du Président de la Commission, les règlementations communes mentionnées à l'article 4, paragraphe a de la présente Convention.

Ces règlementations peuvent prendre la forme de règlements, de règlements-cadres ou de directives. Dans ces deux derniers cas, les États membres complètent leurs dispositions et prennent les actes d'application nécessaires, conformément à leurs règles constitutionnelles respectives.

Article 50.- En tant que de besoin, le Conseil des ministres, sur proposition du Président de la Commission, adopte à la majorité qualifiée, par voie de règlements ou de directives, les dispositions d'application nécessaires.

Titre III -Le dispositif de surveillance multilatérale

Article 51.- L'Union Économique assure la convergence des performances et des politiques économiques en vue de la réalisation des objectifs définis à l'article 2, alinéa b de la présente Convention au moyen du dispositif de Surveillance multilatérale dont les modalités sont fixées aux articles 57 et 63 ci-dessous.

Les États membres s'accordent, au sein du Conseil des ministres, sur les grandes orientations de politiques économiques qu'ils s'engagent à respecter en harmonisant et en coordonnant leurs politiques nationales.

L'exercice de surveillance par le Conseil des ministres consiste à vérifier d'une part, la conformité des politiques économiques à ces grandes orientations et, d'autre part, la cohérence des politiques nationales avec la politique monétaire commune.

Le dispositif de Surveillance multilatérale s'articule autour :

a) d'une Cellule nationale par État membre ;

b) d'une Cellule communautaire ;

c) d'un Collège de surveillance ;

d) du Conseil des ministres de l'UEAC.

Article 52.- Le Président de la Commission veille à la mise en œuvre et au respect de la procédure de Surveillance multilatérale mentionnée à l'article 51 de la présente Convention. Il effectue cette tâche en concertation avec le Gouverneur de la BEAC.

La documentation et les analyses destinées à l'exercice de la Surveillance multilatérale par le Conseil des ministres sont préparées par les Cellules nationales et la Cellule communautaire.

Chaque Cellule nationale comprend au minimum un représentant de l'administration en charge de la formulation de la politique macro-économique, un représentant de l'administration chargée de la statistique et un représentant local de la BEAC. Les membres des Cellules nationales sont désignés par les États membres et par la BEAC pour ce qui concerne leurs représentants. Leur mandat est de trois ans renouvelable.

Dans le cadre exclusif de leur mandat, ils sont autorisés à communiquer entre eux, avec les membres des autres Cellules nationales et de la Cellule communautaire. Les États membres s'engagent à leur assurer la stabilité et l'indépendance nécessaires au bon exercice de leur mission.

La Cellule communautaire est présidée par le Président de la Commission et comprend au minimum un représentant de la BEAC nommé par le Gouverneur et un macro-économiste de la Commission nommé par le Président de la Commission.

Article 53.- Les Cellules nationales sont chargées de rassembler et de mettre en cohérence les données statistiques nationales à partir desquelles s'exerce la surveillance, de les transmettre à la Cellule communautaire dans les formes et les fréquences fixées par le Collège de Surveillance, de vérifier leur couverture et leur pertinence. Elles suivent l'évolution de l'économie et des politiques économiques. Elles informent la Cellule communautaire de toute décision ou évènement relatifs à la politique économique de leur État. Elles rédigent des rapports périodiques d'analyses pour leurs autorités et la Cellule communautaire. Elles examinent pour leurs autorités le rapport périodique de la Cellule communautaire.

La Cellule communautaire est chargée de rassembler les données de l'environnement international et d'intérêt communautaire pertinent pour l'exercice de la surveillance, de les transmettre aux Cellules nationales dans les formes et les fréquences fixées par le Collège de Surveillance. Elle rédige périodiquement le rapport d'exécution de la surveillance sur l'état de la convergence dans l'Union Economique du point de vue de la convergence et de leur conformité aux grandes orientations et à la discipline communautaire.

Le rapport de la Cellule communautaire tient compte des programmes d'ajustement éventuellement en vigueur au niveau de l'Union Économique et des États membres. Il est communiqué aux Cellules nationales pour examen en Collège de Surveillance et transmis au Conseil des ministres.

Article 54.- Le Collège de Surveillance se réunit au moins deux fois par an sur convocation du Président de la Commission en vue de préparer les réunions du Conseil des ministres relatives à l'exercice de la Surveillance multilatérale. Le Collège de Surveillance veille au bon fonctionnement de la Cellule communautaire et des Cellules nationales.

Il est composé de deux (2) représentants par Cellule nationale désignés à titre personnel et de deux (2) représentants de la Cellule communautaire, dont un de la BEAC et un autre de la Commission. Il est présidé par le Président de la Commission.

Article 55.- Sur rapport du Président de la Commission, le Conseil des ministres, après un avis du Collège de Surveillance, se prononce au moins une fois par an sur les grandes orientations des politiques économiques des États membres et de l'Union Économique. À cet effet, il adresse, sur proposition du Président de la Commission, des recommandations aux États membres.

Ces recommandations visent en particulier à assurer la compatibilité de ces politiques au niveau de l'Union Économique avec les objectifs de croissance et d'emploi, de stabilité des prix et de viabilité des balances des paiements des États membres.

Les gouvernements des États membres de la CEMAC informent le Président de la Commission de toute décision nationale susceptible de modifier les données fondamentales de leurs économies ou de celles de l'Union Économique.

Article 56.- Dans le cadre de l'Union Économique, et pour les besoins de la Surveillance multilatérale, les législations budgétaires des États membres sont harmonisées au Cours de la première étape de la construction de l'Union Économique.

Sont également harmonisées, les comptabilités nationales et les données macroéconomiques nécessaires à l'exercice de la Surveillance multilatérale. À cet effet, une priorité particulière est assignée à l'uniformisation du champ statistique du secteur public selon les méthodologies internationalement acceptées dans ce domaine.

Le Conseil des ministres, statuant à la majorité qualifiée et sur proposition du Président de la Commission, adopte les règlements et les directives nécessaires à la mise en œuvre des dispositions des alinéas précédents. Il détermine un calendrier d'application.

Article 57.- Pour assurer la coordination des politiques économiques des États membres, la procédure de Surveillance multilatérale s'appuie sur des indicateurs de surveillance et sur un ensemble de variables reprises dans un tableau de bord macro-économique pour suivre et interpréter les évolutions économiques des États membres et de l'Union Économique.

Les États membres s'interdisent tout déficit public excessif. Ils s'astreignent dans ce domaine à respecter une discipline budgétaire.

Un déficit budgétaire est qualifié d'excessif notamment lorsqu'il n'est pas compatible avec les objectifs de la politique monétaire, en particulier en ce qui concerne son financement et le taux de couverture extérieure de l'émission monétaire.

Le Conseil des ministres adopte, sur proposition du Président de la Commission et après consultation du Collège de Surveillance, les critères qui traduisent le caractère excessif du déficit budgétaire. Il peut également adopter d'autres critères de surveillance pour renforcer la discipline budgétaire.

En vue de préciser la discipline communautaire et la convergence des politiques, le Conseil des ministres, sur proposition du Collège de Surveillance, peut assigner à certains indicateurs de surveillance une valeur critique servant à déclencher les procédures spécifiques définies à l'article 60 de la présente Convention.

Le choix des indicateurs de surveillance et celui des variables qui constituent le tableau de bord macroéconomique, sont opérés collégialement par les Cellules nationales et la Cellule communautaire, sous la présidence du Président de la Commission.

Article 58.- Les États membres limitent les disparités dans la structure de leurs prélèvements fiscaux.

Le Conseil des ministres, statuant à la majorité simple, sur proposition du Président de la Commission, adopte des recommandations à cet effet.

Les États membres veillent à la maîtrise de leur dette publique et notifient à la BEAC et à la Commission les informations relatives à leur dette publique. La BEAC apporte son concours aux États membres, qui le souhaitent, dans la négociation ou dans la gestion de leur dette.

Les États membres procèdent à l'examen de leurs politiques des prix et des revenus en vue de les coordonner, de les harmoniser et d'éviter qu'elles ne nuisent au développement de l'offre et à l'environnement économique. Sur proposition du Président de la Commission, le Conseil des ministres examine notamment dans quelle mesure, à l'intérieur d'un ou plusieurs États membres, les actions des groupes économiques, sociaux ou professionnels sont susceptibles de contrarier la réalisation des objectifs de politique économique de l'Union. À cet effet, il adopte, statuant à la majorité simple, et sur proposition du Président de la Commission, des recommandations et émet des avis.

Article 59.- Afin d'accomplir leurs tâches, les Cellules nationales sont dotées, sur les ressources budgétaires de l'Union Économique, de moyens de communication leur permettant d'échanger librement, entre elles et avec la Cellule communautaire, leurs informations et analyses respectives.

Les données statistiques faisant foi, pour l'exercice de Surveillance multilatérale de l'Union Économique, sont celles retenues par le Collège de Surveillance.

Article 60.- Lorsqu'un État membre connaît des difficultés ou une menace sérieuse de graves difficultés en raison d'évènements exceptionnels, le Conseil des ministres, statuant à l'unanimité, sur proposition du Président de la Commission, peut exempter, pour une durée maximum de six (6) mois, cet État membre du respect de tout ou partie des prescriptions énoncées dans le cadre de la procédure de Surveillance multilatérale.

Le Conseil des ministres peut adresser à l'État membre intéressé des directives portant sur les mesures à mettre en œuvre.

Avant l'issue de la période de six (6) mois mentionnés à l'alinéa premier du présent article, le Président de la Commission fait rapport au Conseil des ministres sur l'évolution de la situation dans l'État membre et sur la mise en œuvre des directives qui lui sont adressées.

Au vu de ce rapport, le Conseil des ministres peut décider à l'unanimité, sur proposition du Président de la Commission, de proroger la période d'exemption en fixant une nouvelle échéance.

Article 61.- Lorsqu'un État membre mène des politiques économiques qui ne respectent pas les grandes orientations visées à l'article 51 ci-dessus, ou qui se traduisent par un dépassement des valeurs critiques des indicateurs de surveillance normés, ou par un non-respect des engagements pris au titre des programmes d'ajustement, le Conseil des ministres, sur proposition du Président de la Commission, adopte à la majorité qualifiée de ses membres une directive à l'adresse de cet État membre.

Si le Conseil des ministres n'a pas été en mesure de réunir les conditions de majorité nécessaires à l'adoption d'une directive, le Président de la Commission rend sa proposition publique.

Article 62.- L'État membre destinataire d'une directive du Conseil des ministres élabore, en concertation avec le Président de la Commission et dans un délai de quarante-cinq (45) jours, un programme d'ajustement approprié.

Le Président de la Commission vérifie la conformité de ce programme avec la directive du Conseil des ministres, ainsi qu'avec la politique économique de l'Union Économique et s'assure qu'il tient compte d'autres programmes d'ajustement éventuellement en vigueur.

La mise en œuvre effective d'un programme reconnu conforme ouvre à l'État membre concerné le bénéfice de mesures positives. Celles-ci comprennent notamment :

– la publication d'un communiqué du Président de la Commission ;

– le soutien de l'Union Économique dans la mobilisation des ressources additionnelles nécessaires au financement des mesures d'ajustement préconisées.

Pour mener à bien cette dernière tâche, le Président de la Commission met en place un cadre de négociation avec la Communauté financière internationale et utilise l'ensemble des moyens dont il dispose pour appuyer l'État membre concerné dans les consultations et négociations qui sont entreprises.

Article 63.- Si un État membre n'a pas pu élaborer un programme d'ajustement approprié dans le délai prescrit à l'article 62 ci-dessus, si le Président de la Commission n'a pas reconnu la conformité du programme d'ajustement avec la directive du Conseil des ministres et avec la politique économique de l'Union, si enfin le Président de la Commission constate l'inexécution du programme rectificatif, il transmet au Conseil des ministres, dans un délai maximum de trente (30) jours, un rapport assorti éventuellement de propositions de sanctions.

L'examen des propositions de sanctions mentionnées ci-après est inscrit de plein droit à l'ordre du jour d'une session du Conseil des ministres par le Président de la Commission.

Le principe et la nature des sanctions font l'objet de délibérations séparées. Les sanctions sont prises et modifiées à la majorité simple des membres du Conseil des ministres.

Les sanctions qui peuvent être adoptées comprennent notamment :

- la publication par le Conseil des ministres d'un communiqué, éventuellement assorti d'informations sur la situation de l'État membre concerné ;
- le retrait annoncé publiquement du soutien dont bénéficiait éventuellement l'État membre.

Le Conseil des ministres, statuant à la majorité simple sur proposition du Président de la Commission, peut compléter les sanctions positives ou négatives par des dispositions supplémentaires jugées nécessaires au renforcement de l'efficacité du processus de surveillance.

Titre IV - Cadre institutionnel de l'Union Économique

Chapitre I : Les organes de l'UEAC

Section 1 -La Conférence des Chefs d'État

Article 64.- La Conférence des Chefs d'État, régie par les articles 12 et suivants du Traité de la CEMAC, adopte les actes dont la présente Convention lui confie la compétence.

Section 2 -Le Conseil des ministres de l'UEAC

Article 65.- Le Conseil des ministres de l'UEAC, régi par les articles 17 et suivants du Traité de la CEMAC, assure la direction de l'UEAC par l'exercice des pouvoirs que la présente Convention lui confère.

Article 66.- À leur demande, à celle du Président de la Commission ou à l'initiative du Président du Conseil des ministres, les représentants dûment accrédités des organisations internationales et des États avec lesquels les États membres ont passé des accords de coopération ou des accords intéressant la gestion de leur politique économique et financière, peuvent être entendus par le Conseil lors de l'examen des questions relatives aux missions dévolues à l'Union Économique.

Article 67.- Lors de chaque réunion du Conseil des ministres, son Président s'efforce d'aboutir à un consensus sur les décisions que le Conseil des ministres est appelé à prendre.

Lorsque le Président constate qu'un consensus n'est pas réalisable, il décide de procéder à un vote selon les règles applicables pour le sujet sur lequel porte la délibération. Dans ce cas, chaque État membre peut demander que le vote soit reporté à la prochaine réunion du Conseil des ministres. Lors de cette deuxième réunion, le vote ne peut être reporté qu'à la majorité simple des États membres.

Article 68.- Lorsque la Convention prévoit que le Conseil des ministres statue à la majorité simple, ses délibérations sont acquises à la majorité des membres qui le composent, dans le respect des dispositions de l'article 67 ci-dessus. Chaque État membre dispose d'une voix.

Lorsque la Convention prévoit que le Conseil des ministres statue à la majorité qualifiée, ses délibérations sont acquises à la majorité des cinq sixièmes de ses membres, dans le respect des dispositions de l'article 67 ci-dessus. Chaque État membre dispose d'une voix.

Lorsque la Convention prévoit que le Conseil des ministres statue à l'unanimité, les abstentions des membres du Conseil présents ne sont pas prises en compte.

Article 69.- Dans l'intervalle des réunions du Conseil des ministres et en cas d'urgence, une procédure écrite de consultation à domicile peut être mise en œuvre par son Président.

Article 70.- Pour les questions ne portant pas principalement sur la politique économique et financière, et en conformité avec l'article 19 du Traité de la CEMAC, le Conseil des ministres peut réunir en formation ad hoc les ministres compétents.

Dans ce cas, les délibérations acquises deviennent définitives après que le Conseil des ministres en ait constaté la compatibilité avec la politique économique et financière de l'Union Économique.

Article 71.- Le Conseil des ministres peut déléguer une partie de ses pouvoirs à la Commission.

Article 72.- Les délibérations du Conseil des ministres sont préparées par le Comité Inter-Etats.

Le Comité Inter-États examine et donne des avis sur les propositions inscrites à l'ordre du jour du Conseil des ministres.

Le Comité Inter-Etats est composé d'un membre titulaire et d'un membre suppléant désignés par chaque État membre pour un mandat de trois (3) ans renouvelables.

Les représentants des Institutions, de la Commission, de la Banque des États de l'Afrique Centrale et des Institutions Spécialisées peuvent assister aux réunions du Comité avec voix consultative.

Le Comité Inter-États peut, en tant que de besoin, faire appel à des experts choisis en raison de leur compétence.

Le Comité Inter-États est présidé par le représentant de l'État membre assurant la présidence du Conseil des ministres. Il ne peut délibérer valablement que si quatre États membres au moins sont représentés. Le Président de la Commission et les représentants des Institutions Spécialisées ne prennent pas part au vote.

Section 3 -La Commission

Article 73.- La Communauté, afin de réaliser ses objectifs, dispose d'une Commission.

Article 74.- La Commission est composée de Commissaires désignés à raison d'un Commissaire par État membre dont un Président et un Vice-Président.

Article 75.- Le Président, le Vice-Président de la Commission et les autres Commissaires sont nommés par la Conférence des Chefs d'État pour un mandat de quatre ans renouvelable une fois. Ils sont choisis sur la base des critères de compétence, d'objectivité et d'indépendance.

Article 76.- La Commission est régie par le principe de la collégialité. Les modalités d'application de la collégialité sont fixées par le Règlement intérieur de la Commission.

Ses décisions sont prises à la majorité de ses membres. En cas d'égalité, la voix du Président est prépondérante.

Article 77.- Durant leur mandat, les membres de la Commission sont irrévocables sauf en cas de faute lourde ou d'incapacité constatée par la Cour de Justice sur saisine du Conseil des ministres.

Article 78.- Le mandat des membres de la Commission peut être interrompu par décès, démission ou révocation.

La révocation est prononcée par la Conférence des Chefs d'État pour sanctionner la méconnaissance des devoirs liés à l'exercice des fonctions de membre de la Commission, après avis de la Cour de Justice.

En cas d'interruption du mandat d'un membre de la Commission, l'intéressé est remplacé pour la durée de ce mandat restant à Courir.

Sauf décès, révocation ou démission, les membres de la Commission demeurent en fonction jusqu'à leur remplacement.

Article 79.- Les membres de la Commission exercent leurs fonctions en toute indépendance, dans l'intérêt général de la Communauté. Ils ne sollicitent ni n'acceptent d'instructions d'aucun gouvernement ni d'aucune autre personne physique ou morale. Les États membres sont tenus de respecter leur indépendance.

Pendant la durée de leur mandat, ils n'exercent aucune autre activité professionnelle rémunérée ou non. Toutefois, ils peuvent mener des activités littéraires, artistiques et scientifiques.

Article 80.- Lors de leur entrée en fonction, les membres de la Commission s'engagent, devant la Cour de Justice communautaire, à observer les devoirs d'indépendance, d'impartialité, de réserve, d'honnêteté et de délicatesse nécessaires à l'accomplissement de leur mission, par le serment qui suit : « ***Je jure de remplir fidèlement et loyalement les charges de ma fonction. Je m'engage, dans l'intérêt supérieur de la Communauté, à observer les devoirs d'indépendance, d'impartialité, de réserve et d'honnêteté nécessaires à l'accomplissement de ma mission »***.

Article 81.- Les droits et avantages des membres de la Commission sont fixés par la Conférence des Chefs d'État, sur proposition du Conseil des ministres.

Article 82.- La Commission dispose du droit d'initiative en matière normative ainsi que des pouvoirs d'exécution et de mise en œuvre des politiques et programmes communautaires relevant de l'UEAC. À cet effet et sauf dispositions contraires, le Conseil des ministres ne peut amender les propositions de la Commission qu'à l'unanimité de ses membres.

La Commission assure la mission de gardienne des Traités de la CEMAC. Elle représente la Communauté dans les négociations internationales dans les domaines relevant des objectifs poursuivis par celle-ci.

Article 83.- La Commission, sous l'autorité de son Président, exerce, en vue du bon fonctionnement et de l'intérêt général de la Communauté, les pouvoirs propres que lui confère le Traité de la CEMAC. À cet effet, elle :

- recueille toutes les informations utiles à l'exécution de sa mission ;
- établit un rapport général annuel sur le fonctionnement et l'évolution de la
- Communauté qui est communiqué par son Président au Parlement communautaire et aux Parlements nationaux ;

- fait à la Conférence des Chefs d'État et au Conseil des ministres des propositions qui leur permettent de se prononcer sur les grandes orientations des politiques économiques des États membres de la Communauté ;

- œuvre à la promotion de l'intégration et du développement socio-économique des États membres ;

- renforce la coopération entre les États membres et la coordination de leurs activités dans les domaines d'intérêt commun. Elle est le moteur de la politique communautaire ;

- veille au respect et à l'application, par les États membres ou leurs ressortissants, des dispositions de la présente Convention et des Actes pris par les organes de la Communauté ;

- attire l'attention des États membres, des Institutions, Organes et Institutions Spécialisées, sur les conséquences du non-respect des politiques communautaires.

  Elle établit dans ce sens un rapport au Conseil des ministres. En cas de silence du Conseil, le Président de la Commission saisit la Cour aux fins de faire constater le manquement et de prononcer les sanctions ;

- exécute le budget de la Communauté et mobilise les ressources ;

- élabore des stratégies d'autofinancement ;

- recrute et nomme aux différents emplois dans la limite des postes budgétaires ouverts, sur la base des critères de compétence et d'intégrité morale et en tenant compte de l'approche genre dans une répartition juste et équilibrée des postes entre les États membres ;

- veille à la mise en œuvre du Traité de la CEMAC, des conventions, et autres textes subséquents de la Communauté. Elle veille également à la réalisation des objectifs en matière d'intégration. Elle conclut, au nom de la Communauté, les accords de coopération avec d'autres organisations ou États ;

- adopte son Règlement intérieur, après avis conforme du Conseil des ministres.

Article 84.- Le Président et les autres membres de la Commission peuvent être auditionnés par le Parlement communautaire à la demande de celui-ci.

Article 85.- Le Président exerce ses fonctions dans l'intérêt général de la Communauté. À cet effet, sans préjudice des statuts particuliers :

- Il est le représentant de la Communauté ;

- Il est le Chef de l'Exécutif ;

- Il organise les services de la Commission ;

- Il est l'Ordonnateur du budget de la Communauté ;

- Il transmet à la Conférence des Chefs d'État les recommandations et les avis nécessaires ou utiles à l'application du Traité révisé de la CEMAC, de la présente Convention et des décisions de la Communauté, ainsi qu'au fonctionnement de la Communauté ;

- Il assiste aux réunions du Comité ministériel de l'UMAC avec voix consultative.

Article 86.- Le Vice-Président seconde le Président de la Commission. Il le supplée en cas d'absence ou d'empêchement.

Article 87.- L'organisation, le fonctionnement et les attributions de la Commission, ainsi que le statut et les attributions du Président et des autres membres de la Commission sont précisés par le Règlement intérieur de la Commission et les autres textes communautaires spécifiques.

Chapitre II – Les institutions spécialisées de l'UEAC

Article 88.- Pour la réalisation des objectifs de l'Union Économique, et plus particulièrement dans un souci d'exécution du programme de travail cité à l'article 7 de la présente Convention, la Conférence des Chefs d'État peut créer, sur proposition du Conseil des ministres, des Institutions Spécialisées par voie d'acte additionnel.

La Communauté contribue avec les ressources nécessaires au fonctionnement des institutions spécialisées par l'octroi des ressources leur permettant une autonomie de gestion et une autonomie financière.

Les modalités de fonctionnement des Institutions Spécialisées de l'UEAC sont arrêtées par règlement du Conseil des ministres, sur proposition du Président de la Commission.

Lorsque les missions d'une Institution Spécialisée de l'UEAC concernent également des attributions propres de l'Union Monétaire, les modalités de fonctionnement de ladite Institution Spécialisée sont arrêtées par le Conseil des ministres de l'UEAC en concertation avec le Comité ministériel de l'UMAC.

Chapitre III : Le contrôle des activités de l'Union Économique

Article 89.- Le contrôle du fonctionnement et des activités de l'Union Économique comprend un contrôle parlementaire assuré par le Parlement communautaire, un contrôle juridictionnel assuré par la Cour de Justice de la Communauté et un contrôle budgétaire assuré par la Cour des comptes de la Communauté.

Article 90.- Le Parlement communautaire est chargé du contrôle démocratique des Organes et Institutions Spécialisées de la Communauté.

Une Convention spécifique régit les attributions et le fonctionnement du Parlement communautaire.

Article 91.- Le contrôle juridictionnel et budgétaire des activités relevant de l'Union Économique est assuré respectivement par la Cour de Justice et par la Cour des Comptes Communautaires.

Des Conventions spécifiques régissent les attributions et le fonctionnement de la Cour de Justice et de la Cour des comptes de la Communauté.

Article 92.- La Cour des comptes de la Communauté examine les comptes de la Communauté, selon les modalités prévues par son statut.

Article 93.- Afin d'assurer la fiabilité des données budgétaires nécessaires à l'organisation de la surveillance multilatérale des politiques budgétaires, chaque État membre prend, au besoin, les dispositions nécessaires pour qu'au plus tard un (1) an après l'entrée en vigueur de la présente Convention, l'ensemble de ses comptes puisse être contrôlé selon des procédures offrant les garanties de transparence et d'indépendance requises. Ces procédures doivent notamment permettre de vérifier la fiabilité des données figurant dans les Lois de finances initiales et rectificatives, ainsi que dans les Lois de règlement.

Les procédures ouvertes à cet effet, au choix de chaque État membre, sont les suivantes :

- recourir au contrôle de la Cour des comptes de la Communauté ;
- instituer une Cour des comptes nationale qui pourra, le cas échéant, faire appel à un système d'audit externe. Cette Cour transmettra ses observations à la Cour des comptes de la Communauté.

Les États membres tiennent le Conseil des ministres et la Commission informés des dispositions qu'ils ont prises pour se conformer sans délai à cette obligation. La Commission vérifie que les garanties d'efficacité des procédures choisies sont réunies.

Le Conseil des ministres adopte, à la majorité qualifiée, sur proposition du Président de la Commission et après avis de la Cour des comptes, les règlements et directives nécessaires à la mise en œuvre de ces dispositions.

Titre V - Dispositions spéciales et finales

Section 1 - Dispositions spéciales

Article 94.- En vue de promouvoir le développement harmonieux de tous les États membres, dans le cadre des acquis de la CEMAC, et pour surmonter les défis de l'intégration économique et sociale régionale que constituent l'enclavement ou l'insularité, les États membres s'engagent à mettre en place un Fonds de Développement avec pour objectifs : le financement des projets intégrateurs et la compensation des pertes de recettes.

Les ressources principales du Fonds de Développement sont constituées des produits de la taxe communautaire d'intégration.

L'utilisation et l'affectation des ressources du Fonds de Développement sont déterminées par le Conseil des ministres, sur proposition du Président de la Commission.

Article 95.- Pour l'application de la présente Convention, le régime des actes juridiques est celui prévu par le Traité de la CEMAC.

Article 96.- Le budget de l'Union Économique est intégré dans le budget de la Communauté ; il est élaboré, adopté et exécuté conformément aux dispositions du Traité de la CEMAC.

Article 97.- Le statut des fonctionnaires de l'Union Économique et le régime applicable à ses autres agents sont adoptés conformément aux dispositions de l'article 7 du Traité de la CEMAC.

Article 98.- Les dispositions de la présente Convention ne font pas obstacle aux mesures qu'un Etat peut être amené à prendre en cas de troubles intérieurs graves affectant l'ordre public, ainsi qu'en cas de guerre ou de tension internationale grave constituant une menace de guerre.

Dans ce cas, les États membres se consultent d'urgence en vue de prendre en commun les dispositions nécessaires pour éviter que le fonctionnement de l'Union Économique ne soit affecté par de telles mesures.

Section 2 - Dispositions finales

Article 99.- Les dispositions de la présente Convention abrogent et remplacent celles de la Convention du 16 juillet 1996 régissant l'Union Économique de l'Afrique Centrale ainsi que de tout autre texte contraire.

Article 100.- La présente Convention entre en vigueur après sa signature par les États membres et sa ratification.

Article 101.- La présente Convention sera ratifiée à l'initiative des Hautes Parties Contractantes, en conformité avec leurs règles constitutionnelles respectives. Les instruments de ratification seront déposés auprès de la République du Tchad, qui en informera les autres États membres et leur en délivrera copies certifiées conformes.

Article 102.- La présente Convention sera enregistrée, après ratification, auprès de l'Organisation des Nations Unies et de l'Union Africaine.

En foi de quoi, ont apposé leur signature au bas de la présente Convention.

Fait à Yaoundé, le 30 janvier 2009

Pour la République du Cameroun

S. E. Paul BIYA

Pour la République Centrafricaine

S. E. François BOZIZE

Président de la République du Congo

S. E Denis SASSOU NGUESSO

Président de la République Gabonaise

S. E. El Hadj OMAR BONGO ONDIMBA

Pour la République de Guinée Équatoriale

S. E. Obiang NGUEMEA MBASOG

Pour la République du Tchad

S. E. Youssouf Saleh ABBAS

Premier ministre

CONVENTION RÉGISSANT L'UNION MONÉTAIRE DE L'AFRIQUE CENTRALE (UMAC)

PRÉAMBULE

Le Gouvernement de la République du Cameroun ;

Le Gouvernement de la République Centrafricaine ;

Le Gouvernement de la République du Congo ;

Le Gouvernement de la République Gabonaise ;

Le Gouvernement de la République de Guinée Equatoriale ;

Le Gouvernement de la République du Tchad ;

Vu le Traité de la Communauté Economique et Monétaire de l'Afrique Centrale (CEMAC) ;

Fidèles aux objectifs de l'Union Africaine ;

Conscients des avantages que les États membres tirent de leur appartenance à la même Communauté monétaire, et désireux de la renforcer ;

la nécessité de consolider les acquis de la coopération monétaire existante entre les États membres par l'effet des Conventions des 22 et 23 novembre 1972 entre les États membres de la Banque des États de l'Afrique Centrale d'une part, et entre ceux-ci et la République française d'autre part, ainsi que du Protocole Additionnel du 24 août 1984 relatif à l'adhésion de la Guinée Equatoriale à la Convention de coopération monétaire ;

Convaincus qu'il est de l'intérêt propre de leurs pays et de leur intérêt commun d'intégrer leur coopération monétaire au sein d'une Union monétaire articulée autour d'un Institut d'Émission commun ;

Estimant que seul le respect des droits et obligations incombant aux participants à une union peut permettre son fonctionnement harmonieux dans l'intérêt commun, comme dans l'intérêt propre de chacun de ses membres.

Soucieux de la nécessité de consolider la Communauté de monnaie et les interdépendances qu'elle entraîne par une mise en cohérence de leurs politiques économiques et un développement harmonisé de leurs économies nationales ;

Sont convenus des dispositions ci-après :

TITRE I - DES DISPOSITIONS COMMUNES

CHAPITRE I : DES PRINCIPES DE LA COMMUNAUTÉ

Article 1.- Par la présente Convention, les Hautes Parties Contractantes instituent entre elles l'Union Monétaire de l'Afrique Centrale (UMAC), ci-après dénommée l'Union Monétaire, afin de créer en commun les conditions d'un développement économique et social harmonieux, dans le cadre d'un marché ouvert et d'un environnement juridique approprié.

Article 2.- L'Union Monétaire agit dans les limites des objectifs que le Traité de la CEMAC et la présente Convention lui assignent. Elle respecte l'identité nationale de ses États membres.

Article 3.- L'Union Monétaire se caractérise par l'adoption d'une même unité monétaire dont l'émission est confiée à un Institut d'Émission commun, la Banque des États de l'Afrique Centrale (ci-après dénommée la Banque ou la BEAC) régi par des statuts propres qui font partie intégrante de la présente Convention.

Article 4.- L'Union Monétaire participe à l'exercice de la surveillance multilatérale dans les conditions prévues par la Convention de l'Union Économique de l'Afrique Centrale (UEAC), par la coordination des politiques économiques et la mise en cohérence des politiques budgétaires nationales avec la politique monétaire commune. Elle s'assure en outre de la stabilité financière dans la Communauté.

Article 5.- Les États membres s'engagent à apporter leur concours à l'UMAC afin d'assurer le plein respect des dispositions de la présente Convention et des textes pris pour son application, notamment en ce qui concerne :

a) les règles génératrices de l'émission monétaire ;

b) la mise en commun des réserves de change ;

c) la libre circulation des signes monétaires et la liberté des transferts entre les États membres de l'Union Monétaire ;

d) les mesures d'harmonisation des législations monétaire, bancaire et financière et du régime de change ;

e) les procédures de mise en cohérence des politiques économiques.

Article 6.- L'unité monétaire légale des États membres de l'Union est le Franc de la Coopération Financière en Afrique Centrale (F. CFA).

La définition du Franc de la Coopération Financière en Afrique Centrale est celle en vigueur à la signature de la présente Convention.

La dénomination et la définition de l'unité monétaire de l'Union pourront être modifiées après concertation entre les États membres et la France, qui garantit la convertibilité du Franc CFA, conformément à la Convention de Coopération Monétaire entre les États membres et la France annexée à la présente Convention.

Article 7.- Les actes juridiques pris par les Organes et les Institutions Spécialisées de l'Union Monétaire, pour la réalisation des objectifs de la présente Convention et conformément aux procédures instituées par elle, sont applicables dans chaque État membre.

Article 8.- Les États membres apportent leur concours à la réalisation des objectifs de l'Union Monétaire, en adoptant toutes mesures internes propres à assurer l'exécution des obligations découlant de la présente Convention. Ils s'abstiennent de toute mesure susceptible de faire obstacle à l'application de la présente Convention et des actes juridiques adoptés pour sa mise en œuvre.

Article 9.- En vue de faciliter l'exécution des missions qui leur sont confiées, les immunités et privilèges généralement reconnus aux Organisations Internationales sont accordés aux Organes de l'UMAC sur le territoire des États membres de l'Union Monétaire dans les conditions précisées par leurs conventions ou textes spécifiques.

Il ne peut être imposé aux Organes et aux Institutions Spécialisées de l'UMAC des obligations ou des contrôles autres que ceux définis par la présente Convention ou par leurs textes spécifiques.

CHAPITRE II : DES DISPOSITIONS INSTITUTIONNELLES

Article 10.- Les Organes de l'Union Monétaire sont :

- la Conférence des Chefs d'État ;
- le Comité ministériel ;
- l'Institut d'Émission dénommé « Banque des États de l'Afrique Centrale » (BEAC) ;
- la Commission Bancaire de l'Afrique Centrale (COBAC) ;
- tout autre Organe approprié créé par la Conférence des Chefs d'État dans le cadre de l'UMAC.
- Les Institutions Spécialisées de l'Union Monétaire sont :
- la Commission de Surveillance du Marché Financier de l'Afrique Centrale (COSUMAF) ;
- le Groupe d'Action contre le Blanchiment d'Argent en Afrique Centrale (GABAC) ;
- toute autre institution spécialisée créée par la Conférence des Chefs d'État dans le cadre de l'UMAC.

Section 1 - De la Conférence des Chefs d'État

Article 11.- La Conférence des Chefs d'État, instituée par le Traité de la Communauté Economique et Monétaire de l'Afrique Centrale (CEMAC), est l'autorité suprême de l'Union Monétaire. A ce titre, elle :

a) décide de l'adhésion de tout nouveau membre ;

b) prend acte du retrait d'un membre de l'Union Monétaire ;

c) fixe le siège des Organes et des Institutions Spécialisées de l'Union

Monétaire ;

d) nomme et révoque les responsables des Organes et des Institutions Spécialisées de l'UMAC sur proposition du Comité ministériel, dans les conditions prévues par les Conventions, Statuts et textes spécifiques qui les régissent.

Section 2 - Du Comité ministériel

Article 12.- Le Comité ministériel, institué par le Traité de la CEMAC, examine les grandes orientations des politiques économiques respectives des États membres de l'Union Monétaire et en assure la cohérence avec la politique monétaire commune, conformément aux dispositions du Titre III de la Convention de l'Union Economique de l'Afrique Centrale (UEAC).

Article 13.- Le Comité ministériel :

a) veille à l'application des dispositions de la présente convention et fait toute recommandation utile à la Conférence des Chefs d'État tendant à l'adapter à l'évolution économique et monétaire de l'Union ;

b) décide, sur proposition du Conseil d'Administration, de toute augmentation ou réduction du Capital de la BEAC ;

c) donne un avis conforme sur les propositions de modification des Statuts de la BEAC soumises par le Conseil d'Administration ;

d) ratifie les comptes annuels de la BEAC, approuvés par le Conseil d'Administration et décide, sur proposition de celui-ci, de l'affectation des résultats ;

e) propose à la Conférence des Chefs d'État, dans les conditions prévues par leurs textes spécifiques respectifs, la nomination et la révocation des principaux responsables des Organes et des Institutions Spécialisées de l'UMAC ;

f) nomme et révoque les responsables des autres Organes et des Institutions Spécialisées de l'UMAC dont la compétence lui est reconnue par leurs textes organiques respectifs ;

g) fixe, après avis de leurs instances de décision respectives, la rémunération, les indemnités et les avantages accordés aux principaux responsables des Organes et Institutions Spécialisées de l'UMAC nommés par la Conférence des Chefs d'État,

h) approuve le budget des autres Organes et des Institutions Spécialisées de l'UMAC ;

i) examine le rapport annuel de chaque Organe et Institution Spécialisée de l'UMAC avant sa présentation à la Conférence des Chefs d'État.

Article 14.- Le Comité ministériel statue, sur proposition du Conseil d'Administration de la BEAC, sur :

a) la création et l'émission des billets de banque et des monnaies métalliques ainsi que leur retrait et leur annulation ;

b) la valeur faciale et la forme des coupures, les signatures dont elles doivent être revêtues ainsi que les modalités de leur identification par État ;

c) les caractéristiques des monnaies métalliques ;

d) le délai pendant lequel les billets et monnaies retirés de la circulation doivent impérativement être présentés à la BEAC sous peine de perdre leur pouvoir libératoire ;

e) l'affectation de la contre-valeur du solde des billets et monnaies retirés de la circulation non présentés aux guichets de la BEAC.

Article 15.- Chaque État membre est représenté au Comité ministériel par deux (2) ministres, dont le ministre chargé des Finances, et n'y dispose que d'une voix exprimée par ce dernier.

La Présidence du Comité ministériel est tournante. Elle est assurée, pour une année civile et par ordre alphabétique des États membres, par le ministre chargé des Finances.

Le Comité ministériel se réunit au moins deux fois par an, dont une fois pour la ratification des comptes de la BEAC.

Les réunions du Comité ministériel ont lieu sur convocation de son Président en exercice, agissant sur sa propre initiative ou à la demande de la moitié de ses membres ou encore, à la demande motivée de l'un des responsables des Organes ou Institutions Spécialisées de l'Union Monétaire.

Article 16.- Les ministres représentant chacun des États membres au Comité ministériel de l'Union Monétaire sont membres de droit du Comité Monétaire et Financier national de leur État d'origine.

Article 17.- Les responsables des Organes et des Institutions Spécialisées de l'Union Monétaire assistent aux réunions du Comité ministériel avec voix consultative.

Le Président de la Commission de la CEMAC assiste aux réunions avec voix consultative.

Lors des réunions du Comité ministériel, chaque responsable des Organes ou Institutions Spécialisées de l'Union Monétaire rapporte les affaires inscrites à l'ordre du jour concernant son Organe ou son Institution.

Les frais de fonctionnement du Comité ministériel de l'UMAC sont à la charge des Organes et/ou des Institutions Spécialisées de l'Union, dans les conditions définies par le Règlement intérieur du Comité ministériel.

Article 18.- Le Comité ministériel délibère valablement lorsque chaque État membre est représenté.

Article 19.- Les décisions du Comité ministériel sont prises à l'unanimité ou, à défaut, à la majorité des cinq sixièmes.

En ce qui concerne les décisions prises en application des dispositions des articles 13, 14 et 20 de la présente Convention, l'unanimité est impérative.

Article 20.- Le Comité ministériel peut déléguer une partie de ses pouvoirs à son Président.

TITRE II - DE LA POLITIQUE MONÉTAIRE

Article 21.- Le privilège exclusif de l'émission monétaire sur le territoire de chaque État membre de l'Union Monétaire est confié à la Banque des Etats de l'Afrique Centrale (BEAC).

Article 22.- L'objectif de la BEAC est de garantir la stabilité de la monnaie. Sans préjudice de cet objectif, la BEAC apporte son soutien aux politiques économiques générales élaborées par les États membres de l'Union Monétaire.

Article 23.- Les missions fondamentales relevant de la BEAC consistent à :

– définir et conduire la politique monétaire de l'Union ;

– émettre les billets de banque et les monnaies métalliques qui ont Cours légal et pouvoir libératoire dans l'Union Monétaire ;

– conduire la politique de change de l'Union ;

– détenir et gérer les réserves officielles de change des États membres ;

– promouvoir le bon fonctionnement des systèmes de paiement et de règlement.

La BEAC assiste également les États membres dans leurs relations avec les institutions financières internationales.

Article 24.- Les signes monétaires mis en circulation par la BEAC dans chaque État membre de l'Union Monétaire ont également Cours légal et pouvoir libératoire dans les autres États membres.

Article 25.- La BEAC établit pour chaque État membre une situation distincte de l'émission monétaire et de ses contreparties.

Article 26.- La BEAC centralise les avoirs extérieurs des États membres dans un fonds commun de réserves de change.

Les réserves de change font l'objet d'un dépôt auprès du Trésor Français, dans un compte courant dénommé « Compte d'Opérations », dont les conditions d'approvisionnement et de fonctionnement sont précisées dans une convention spéciale signée entre le Président du Conseil d'Administration de la BEAC et le Représentant de l'État français, après avis conforme du Comité ministériel.

Toutefois, dans le cadre de la Convention de Coopération monétaire conclue avec la France et en fonction de l'évolution économique et des Courants commerciaux des États membres, une partie de ces réserves peut être détenue hors du compte d'opérations, conformément aux Statuts de la BEAC.

Article 27.- Les États membres s'obligent à prendre toutes dispositions nécessaires d'ordre national ou international en vue d'assurer une position créditrice du fonds commun de réserves de change, selon des modalités précisées dans les Statuts de la BEAC.

Article 28.- La BEAC tient informé le Comité ministériel de la situation de chaque État membre dans ses écritures et de la position de celui-ci au fonds commun de réserves de change. Elle assure la centralisation des risques bancaires dans les États membres, participe à la confection des balances des paiements et élabore les statistiques monétaires.

À cette fin, la BEAC peut requérir, soit directement, soit par l'intermédiaire des banques, des établissements financiers, des institutions de microfinance, de l'administration des postes et des notaires, toutes informations sur les transactions extérieures des administrations publiques, des personnes physiques ou morales, publiques ou privées ayant leur résidence ou leur siège dans l'Union Monétaire, ainsi que les personnes ayant leur résidence ou leur siège à l'étranger pour leurs transactions relatives à leur séjour ou activité dans l'Union Monétaire.

TITRE III - DE L'HARMONISATION ET DU CONTRÔLE DES RÈGLEMENTATIONS BANCAIRE, MONÉTAIRE ET FINANCIÈRE

Article 29.- L'Union Monétaire a, entre autres, pour objectifs d'adopter une règlementation bancaire et de la microfinance harmonisée, de renforcer la règlementation commune existante en matière bancaire, monétaire et financière et d'en assurer le contrôle. Cette règlementation et ce contrôle concernent notamment :

- les règles d'exercice de la profession bancaire et des activités s'y rattachant ainsi que le contrôle de l'application desdites règles ;
- la répression de la falsification des signes monétaires et de l'usage des signes falsifiés ;
- les règles concernant la collecte et l'affectation de l'épargne financière ;
- le régime de change et les systèmes de paiement ;
- les règles relatives aux activités des institutions de microfinance ;
- les règles relatives à la lutte contre le blanchiment des capitaux et le financement du terrorisme ;
- les règles relatives aux mécanismes de garantie des dépôts bancaires.

Le Comité ministériel peut prendre toutes autres dispositions qu'il juge utiles en vue de renforcer la règlementation commune en matière de législation monétaire, bancaire et financière.

Article 30.- Le Comité ministériel adopte, à l'unanimité, les règlements et, à la majorité qualifiée de cinq sixièmes, les directives nécessaires à la mise en œuvre de l'article précédent, après avis conforme du Conseil d'Administration de la BEAC.

Article 31.- L'harmonisation des règlementations et le contrôle de l'activité bancaire et de la microfinance relèvent de la compétence de la Commission Bancaire de l'Afrique Centrale, conformément aux dispositions de la Convention qui la régit.

La régulation et le contrôle des opérations d'appel public à l'épargne relèvent de la compétence de la Commission de Surveillance du Marché Financier de l'Afrique Centrale, conformément aux dispositions des textes qui la régissent.

La coordination des politiques de lutte contre le blanchiment des capitaux et le financement du terrorisme relève du GABAC.

TITRE IV - DES DISPOSITIONS DIVERSES ET FINALES

Article 32.- Les Organes et les Institutions Spécialisées de l'Union Monétaire établissent chacun un rapport annuel d'activité qui est adressé au Comité ministériel, à la Conférence des Chefs d'État, au Parlement communautaire et aux autres Institutions, Organes et Institutions Spécialisées de la Communauté. Ce rapport est rendu public.

Les responsables des Organes et des Institutions Spécialisées de l'Union Monétaire présentent chacun une communication annuelle à la Conférence des Chefs d'État et au Parlement communautaire sur l'activité de l'exercice précédent et les perspectives.

Article 33.-Pour l'application de la présente Convention, le régime des actes juridiques est celui prévu par le Traité de la CEMAC.

Article 34.- Tout État membre peut soumettre à la Conférence des Chefs d'État des projets tendant à la révision de la présente Convention. Toute modification est adoptée à l'unanimité des États membres.

Article 35.- En cas de non-respect des engagements prévus à l'article 5 de la présente Convention par un État membre, la Conférence des Chefs d'État peut constater, à l'unanimité des autres Chefs d'État de l'Union Monétaire, le retrait de celui-ci.

Article 36.- Dès l'entrée en vigueur de la présente Convention, les dispositions de celle-ci se substituent à celles de la Convention régissant l'UMAC signée le 5 juillet 1996.

Les droits et obligations de la Banque des Etats de l'Afrique Centrale et des Institutions Spécialisées existantes ne seront pas, à l'égard des tiers, affectés par cette substitution.

Article 37.- La présente Convention entre en vigueur après sa signature par les États membres et sa ratification.

Article 38.- La présente Convention sera ratifiée par les Hautes Parties Contractantes en conformité avec leurs règles constitutionnelles respectives. Les instruments de ratification seront déposés auprès du Gouvernement de la République du Tchad qui en informera les autres États membres et leur en délivrera copies certifiées conformes.

Article 39.- La présente Convention sera enregistrée, après ratification, auprès de l'Organisation des Nations Unies et de l'Union Africaine.

En foi de quoi, ont apposé leur signature au bas de la présente Convention,

Fait à YAOUNDÉ, le 25 juin 208

Pour la République du Cameroun

S. E. Paul BIYA

Président de la République

Pour la République Centrafricaine

S. E. François BOZIZE

Président de la République

Pour la République du Congo

S. E Denis SASSOU NGUESSO

Président de la République

Pour la République Gabonaise

S. E. El Hadj OMAR BONGO ONDIMBA

Président de la République

Pour la République de Guinée Equatoriale

S. E. OBIANG NGUEMEA MBASOG

Président de la République

Pour la République du Tchad

S. E. Youssouf Saleh ABBAS

Premier ministre

CONVENTION RÉGISSANT LA COUR DE JUSTICE COMMUNAUTAIRE CEMAC

PRÉAMBULE

Le Gouvernement de la République du Cameroun,

Le Gouvernement de la République Centrafricaine,

Le Gouvernement de la République du Congo,

Le Gouvernement de la République Gabonaise,

Le Gouvernement de la République de Guinée Equatoriale,

Le Gouvernement de la République du Tchad ;

Vu le Traité de la Communauté Economique et Monétaire de l'Afrique Centrale (CEMAC) et les textes subséquents ;

Convaincus que la bonne marche de la Communauté exige la mise en place d'une Cour de Justice capable d'assurer le respect du droit communautaire ;

Conscients que seul le respect du droit et des obligations incombant aux États membres de la CEMAC peut permettre son fonctionnement dans l'intérêt de celle-ci, comme dans l'intérêt de chacun des États membres, conscients qu'il est essentiel que le droit communautaire découlant du Traité et textes subséquents soit appliqué dans les conditions propres à garantir la mise en place d'une jurisprudence harmonisée ;

Sont convenus des dispositions ci-après :

TITRE 1 : DISPOSITIONS GÉNÉRALES

Article 1er : La présente Convention, adoptée en application des dispositions du traité de la CEMAC, détermine le statut, l'organisation, le fonctionnement et les compétences de la Cour de Justice communautaire instituée à l'article 10 dudit traité. Aux fins de la présente Convention, il faut entendre par :

Avocat Général : L'Avocat Général de la Cour de Justice communautaire ;

Comité ministériel : Le Comité ministériel de l'UMAC

Commission : La Commission de la CEMAC

Communauté ou CEMAC : La Communauté Economique et Monétaire de l'Afrique Centrale

Conférence : La Conférence des Chefs d'État prévue à l'article 10 de Traité de la CEMAC.

Conseil des ministres : Le Conseil des ministres UEAC ;

Cour de justice ou la Cour : La Cour de justice de la CEMAC ou Cour de Justice communautaire

État membre : État partie au Traité de la CEMAC

Greffier : Le greffier de la Cour de justice de la CEMAC

Institutions : Les différentes institutions de la CEMAC visées à l'article 10 du Traité de la CEMAC

Institutions spécialisées : Les différentes institutions spécialisées de la CEMAC visées à l'article 10 du Traité de la CEMAC

Juge : Le juge de la Cour de Justice communautaire

Membre de la Cour : Juge ou Avocat Général de la Cour

Organes : Les différents organes de la CEMAC visés à l'article 10 du Traité de la CEMAC

Président : Le président de la Cour de Justice de la CEMAC

Référendaire : Personnalité chargée d'assister les membres de la Cour dans l'instruction des dossiers

Union Economique ou UEAC : L'Union Economique de l'Afrique Centrale

Union Monétaire ou UMAC : L'Union Monétaire de l'Afrique Centrale

Article 2 : La Cour de Justice veille au respect du droit quant à l'interprétation et à l'application du Traité de la CEMAC et des textes subséquents.

Article 3 : Le siège de la Cour de Justice est fixé à Ndjamena au Tchad. La Cour de Justice de la CEMAC peut, toutefois, en cas de nécessité impérieuse, siéger et exercer ses fonctions en tout autre lieu du territoire abritant le siège ou dans celui de tout État membre de la CEMAC.

Les membres de la Cour sont tenus de résider au siège de la Cour.

TITRE II : DU STATUT DES MEMBRES DE LA COUR

Article 4 : La Cour de Justice communautaire est composée de six (06) membres en raison d'un membre par Etat, dont cinq (05) juges et un (01) Avocat Général.

Toutefois, la Conférence des Chefs d'État peut, sur proposition du Conseil des ministres et suite au rapport du Président de la Cour, décider de l'augmentation du nombre des membres de la Cour.

Les membres de la Cour sont nommés par la Conférence des Chefs d'État pour un mandat de six (06) ans renouvelables une (01) fois.

Ils sont choisis parmi plusieurs candidats présentés par chaque État membre, et remplissant les conditions suivantes :

- Être de bonne moralité,

- Présenter des garanties d'indépendance et d'intégrité,
- Réunir, en ce qui concerne les magistrats, les conditions requises pour l'exercice dans leurs pays respectifs les plus hautes fonctions judiciaires ou avoir exercé, avec compétence et pendant au moins quinze (15) ans, les fonctions d'avocat, de professeur d'université de droit et d'économie, de notaire ou de conseil juridique.

Article 5 : Les membres de la Cour de Justice de la CEMAC élisent, en leur sein, pour un mandat de trois (03) ans renouvelables une (01) fois, le Président de la Cour et pour une durée d'un (01) an renouvelable une (01) fois, l'Avocat Général.

Les postes de Président et d'Avocat Général sont rotatifs entre les États membres.

Article 6 : Un renouvellement de la moitié des membres de la Cour a lieu tous les trois (03) ans.

En vue du premier renouvellement partiel, il est procédé, avant l'entrée en fonction des juges, à un tirage au sort, par le Conseil des ministres, destiné à en désigner trois (03) qui reçoivent un mandat limité de trois (03) ans.

À la fin de ce premier mandat de trois (03) ans, les titulaires peuvent bénéficier d'un nouveau mandat de six (06) ans.

Article 7 : En vue de la nomination des membres de la Cour de justice communautaire, le Président de la Commission invite chaque État membre, dans un délai de six (06) mois avant la tenue de la Conférence des Chefs d'État, à présenter des candidatures multiples au poste de membre de la Cour dans le strict respect des dispositions de l'article 4 de la présente Convention.

Le président de la Commission, garanti de la légalité communautaire, dresse la liste des candidats présentés par ordre alphabétique et la communique simultanément aux États membres de la CEMAC, au moins trente (30) jours avant la session suivante de la Conférence des Chefs d'État.

Avant de procéder aux nominations, la Conférence des Chefs d'État s'assure de la représentation équitable des deux (02) sexes.

Les membres de la Cour sont nommés par la Conférence des Chefs d'État sur la base de la liste visée au deuxième alinéa du présent article.

Article 8 : Avant leur entrée en fonction, les nouveaux membres prêtent serment, individuellement, en audience publique devant la Cour de Justice de la CEMAC, en ces termes : « ***Je jure de bien et fidèlement remplir mes fonctions de membre de la Cour de Justice de la Communauté Economique et Monétaire de l'Afrique Centrale, en toute impartialité, en toute indépendance, et de garder le secret des délibérations »***.

Il en est fait procès-verbal.

Les membres de la Cour nouvellement nommés, le Président et l'Avocat Général de la Cour élus, sont installés en audience solennelle.

Article 9 : Les privilèges et immunités accordés au personnel de la Communauté sont applicables aux membres de la Cour et aux Greffiers.

La Cour, siégeant en séance plénière, peut prononcer la levée de l'immunité.

En cas de la levée de l'immunité, si une action pénale est engagée contre un membre de la Cour, celui-ci n'est justiciable dans chacun des États membres que de l'instance compétente pour juger les magistrats appartenant à la plus haute juridiction nationale.

Article 10 : Les membres de la Cour ne peuvent exercer aucune autre fonction politique, administrative ou juridictionnelle.

Ils ne peuvent, sauf dérogation accordée par le Président de la Cour, exercer une autre activité professionnelle rémunérée au non.

Article 11 : En dehors des renouvellements réguliers et des décès, les fonctions de membre de la Cour de Justice communautaire prennent fin individuellement par démission.

Le membre de la Cour qui démissionne adresse sa lettre de démission à la Conférence par voie hiérarchique.

La transmission de cette lettre au Président en exercice de la Conférence vaut vacance de siège.

Toutefois, le membre démissionnaire continue à siéger jusqu'à l'entrée en fonction de son successeur, si sa présence ne nuit pas au bon fonctionnement de la Cour.

Article 12 : Un membre de la Cour ne peut être relevé de ses fonctions que par la Conférence après que l'Assemblée Générale de la Cour, sur requête de son Président ou de la moitié des membres de la Cour, ait jugé qu'il ne répond plus aux conditions requises ou ne satisfait plus aux obligations découlant de sa charge. L'intéressé est entendu en ses explications, orales ou écrites.

Il peut être assisté par un conseil.

Les délibérations ont lieu hors la présence du membre mis en cause et du Greffier. Le secrétariat est assuré par un juge désigné par le Président de la Cour.

La décision de relève est notifiée à l'intéressé et cette notification emporte vacance du siège et cessation immédiate des fonctions.

Article 13 : Le membre dont la fonction prend fin avant l'expiration de son mandat est remplacé pour la durée du mandat restant à courir. La désignation du remplaçant est effectuée selon la procédure décrite à l'article 11 ci-dessus.

TITRE 2 : DE L'ORGANISATION DE LA COUR DE JUSTICE COMMUNAUTAIRE

Article 14 : La Cour dispose d'un greffe dirigé par un Greffier assisté d'un ou de plusieurs Greffiers.

Les greffiers assistent les juges dans leurs fonctions juridictionnelles.

Article 15 : La Cour de Justice nomme un greffier en chef parmi les ressortissants des États membres de la CEMAC, pour une période de six (06) ans, renouvelable une (01) fois.

Avant son entrée en fonction, le Greffier en Chef prête serment devant la Cour d'exercer ses fonctions en toute impartialité, en toute conscience et de ne rien divulguer des délibérations.

Il est dressé procès-verbal de la prestation de serment.

Sous l'autorité du Président, le Greffier en chef est chargé de la réception, de la transmission, des significations ainsi que de la conservation des documents.

Il a la responsabilité des archives et prend soin des publications de la Cour. Il assure la garde des Sceaux de la Cour.

Le Greffier en chef assure l'administration de la Cour sous l'autorité du Président.

Article 16 : Les fonctionnaires et autres agents de la Cour sont recrutés conformément aux dispositions du statut du personnel de la Communauté.

Toutefois, pour le bon fonctionnement de la Cour, des fonctionnaires et agents contractuels de la Communauté peuvent être détachés auprès de la Cour et placés sous l'autorité du Président.

Article 17 : Sur proposition de la Cour, des référendaires peuvent y être recrutés par le Président du Conseil des ministres, conformément aux dispositions du statut du personnel de la Communauté, pour assister les membres de la Cour dans l'instruction des dossiers.

Les référendaires prêtent serment devant la Cour d'exercer leurs fonctions en toute impartialité, en toute conscience et de ne rien divulguer du secret des délibérations. Il en est dressé procès-verbal.

Article 18 : La Cour demeure en fonction d'une manière permanente. La durée des vacances judiciaires est fixée par son Président, compte tenu des nécessités de service.

Article 19 : La Cour de Justice de la CEMAC exerce ses fonctions en formation plénière. Elle peut également siéger en formation de trois (03) membres.

Les audiences de la Cour sont publiques.

Article 20 : La Cour de Justice est une institution indépendante des États, des institutions, des organes et des institutions spécialisées. Ses décisions sont prises au nom de la Communauté.

Les membres de la Cour de Justice exercent leurs fonctions en toute indépendance, dans l'intérêt général de la Communauté.

Article 21 : Le français est la langue officielle de travail de la Cour de Justice de la CEMAC. Toutefois, il est admis, au sein de la Cour, l'usage de l'anglais, de l'arabe et de l'espagnol.

TITRE III - DES COMPÉTENCES DE LA COUR DE JUSTICE COMMUNAUTAIRE

Article 22 : La Cour de Justice communautaire a une triple fonction : juridictionnelle, consultative et d'administration de l'arbitrage dans les matières relevant du droit communautaire de la CEMAC.

Article 23 : Dans son rôle juridictionnel, la Cour connaît notamment :

- Des recours en manquement des États membres, des obligations qui leur incombent en vertu du Traité de la CEMAC et des textes subséquents ;
- Des recours en carence des institutions, des organes et institutions spécialisées, des obligations qui leur incombent en vertu des actes de la Communauté ;
- Des recours en annulation des règlements, directives et décisions des institutions, organes et institutions spécialisées de la CEMAC ;
- Des litiges relatifs à la réparation des dommages causés par les institutions, les organes ou institutions spécialisées de la CEMAC ou par les fonctionnaires ou agents contractuels de celle-ci, dans l'exercice de leurs fonctions, sans préjudice des dispositions prévues dans le traité de la CEMAC ;
- Des litiges entre la CEMAC et ses fonctionnaires et/ou agents contractuels ;
- Des recours contre les sanctions prononcées par les organismes à fonction juridictionnelle de la Communauté.

Article 24 : La Cour connaît, sur recours de tout État, de toute institution, organe ou institution spécialisée de la CEMAC ou de toute personne physique ou morale qui justifie d'un intérêt certain et légitime, de tous les cas de violation des dispositions du Traité de la CEMAC et des textes subséquents.

Toute partie peut, à l'occasion d'un litige, soulever l'exception d'illégalité d'un acte juridique d'un État membre, d'une institution, d'un organe ou d'une institution spécialisée.

La Cour rend, en premier et dernier ressort, des arrêts sur les cas de violation du Traité de la CEMAC et des textes subséquents dont elle est saisie conformément à ses règles de procédure.

La Cour de justice, saisie conformément aux alinéas précédents, contrôle la légalité des actes juridiques déférés à sa censure.

Article 25 : Statuant en matière de contrôle de la légalité des actes juridiques de la CEMAC et d'actes s'y rapportant, la Cour prononce la nullité totale ou partielle des actes entachés de vice de forme, d'incompétence, de détournement de pouvoir, de violation du Traité et des textes subséquents de la CEMAC ou des actes pris en application de ceux-ci.

L'État membre, l'institution, l'organe ou l'institution spécialisée dont émane l'acte annulé est tenu de prendre des mesures que comporte l'exécution de l'arrêt rendu par la Cour. Celle-ci a la faculté d'indiquer les effets des actes annulés qui doivent être considérés comme définitifs et de prononcer une astreinte.

Article 26 : La Cour statue à titre préjudiciel sur l'interprétation du Traité de la CEMAC et des textes subséquents, sur la légalité et l'interprétation des actes des institutions, organes et institutions spécialisées de la CEMAC, quand une juridiction nationale ou un organisme à fonction juridictionnelle est appelé à en connaître à l'occasion d'un litige.

En outre, chaque fois qu'une juridiction nationale ou un organisme à fonction juridictionnelle saisis des questions de droit ci-dessus doit statuer en dernier ressort, il est tenu de saisir préalablement la Cour de Justice. Cette saisine devient facultative lorsque la juridiction nationale ou l'organisme à fonction juridictionnelle doit statuer à charge d'appel.

Les interprétations données par la Cour en cas de recours préjudiciel s'imposent à toutes les autorités administratives et juridictionnelles dans l'ensemble des États membres. L'inobservation de ces interprétations donne lieu à un recours en manquement.

Article 27 : Si, à la requête du Président de la Commission, du premier responsable de toute institution, de tout organe ou institution spécialisée de la CEMAC ou de toute personne physique ou morale, la Cour constate que dans un État membre, l'inobservation des règles de procédure du recours préjudiciel donne lieu à des interprétations erronées du Traité de la CEMAC et des Conventions subséquentes, des statuts des institutions, organes ou organes spécialisées de la Communauté ou d'autres textes pertinents, elle rend un arrêt donnant les interprétations exactes. Ces interprétations s'imposent à toutes les autorités administratives et juridictionnelles de l'État concerné.

Article 28 : La Cour connaît des litiges relatifs à la réparation des dommages causés par les institutions, organes ou institutions spécialisées de la CEMAC ou par les fonctionnaires ou agents contractuels de celle-ci dans l'exercice de leurs fonctions, sans préjudice des dispositions prévues dans le Traité de la CEMAC. Elle statue en tenant compte du droit positif communautaire et des principes généraux de droit communs aux États membres.

Article 29 : La Cour juge, en premier et dernier ressort, des litiges nés entre la CEMAC, ses institutions, organes ou institutions spécialisées, et leurs fonctionnaires et/ou agents contractuels, à l'exception de ceux régis par les contrats de droit local.

Article 30 : Dans son rôle juridictionnel, la Cour rend des arrêts en premier et dernier ressort.

Ses décisions ont l'autorité de la chose jugée et force exécutoire.

Article 31 : La Cour juge en appel et en dernier ressort des recours formés contre les décisions rendues par les organismes à compétence juridictionnelle.

Article 32 : Les recours formés devant la Cour n'ont pas d'effet suspensif. Toutefois, le Président de la Cour ou le juge qu'il délègue à cet effet peut ordonner le sursis à exécution des actes contestés devant la Cour.

Article 33 : Dans les affaires dont elle est saisie, la Cour peut prescrire des mesures provisoires ou conservatoires nécessaires.

Article 34 : Dans son rôle consultatif et à la demande d'un État membre, d'une institution, d'un organe ou d'une institution spécialisée de la CEMAC, la Cour peut émettre des avis sur toute question juridique concernant le Traité de la CEMAC et ses textes subséquents.

Dans ce cas, elle émet des avis sur la conformité aux normes juridiques de la CEMAC, des actes juridiques ou des projets d'actes initiés par un État membre, une institution, un organe ou une institution spécialisée dans les matières relevant du Traité.

Tout État membre, institution, organe ou institution spécialisée de la CEMAC peut recueillir l'avis de la Cour sur la compatibilité d'un accord international, existant ou en voie de négociation, avec les dispositions du Traité de la CEMAC.

Saisie par la Conférence des Chefs d'État, le Conseil des ministres, le Comité ministériel, la Commission ou un État membre, la Cour peut émettre un avis sur toute difficulté rencontrée dans l'application ou l'interprétation des actes relevant du droit communautaire.

Article 35 : Dans son rôle d'administration des arbitrages, la Cour connaît, en application de son règlement d'arbitrage, des différends qui lui sont soumis par les États membres, les institutions, organes ou institutions spécialisées, en vertu d'une clause compromissoire ou d'un compromis d'arbitrage.

La Cour connaît également de tout litige qui lui est soumis en vertu d'une clause compromissoire ou d'un compromis.

Dans son rôle d'administration des arbitrages, la Cour ne tranche pas elle-même les différends. Elle nomme ou confirme les arbitres, est informée du déroulement de l'instance et examine les projets de sentence conformément à son Règlement d'Arbitrage.

Article 36 : La Conférence des Chefs d'État adopte par Actes Additionnels les Règlements de procédure et d'Arbitrage élaborés par la Cour.

Article 37 : Les États membres, les institutions, les organes et les institutions spécialisées de la CEMAC sont représentés devant la Cour pour chaque affaire les concernant par un agent. Ils peuvent constituer un avocat inscrit à un barreau de l'un des États membres pour les représenter.

Les autres parties doivent être représentées par un avocat inscrit à un barreau de l'un des États membres.

Devant la Cour, les avocats et les représentants des États membres, des institutions, organes et organes spécialisés de la CEMAC jouissent des droits et garanties nécessaires à l'exercice indépendant de leurs fonctions, dans les conditions déterminées par le Règlement des procédures.

Article 38 : Les actions contre la Communauté en matière de responsabilité non contractuelle se prescrivent dans cinq (05) ans à compter de la survenance du fait qui y donne lieu. La prescription est interrompue soit par la requête formée devant la Cour, soit par la demande préalable que la victime peut adresser à l'institution, l'organe ou l'institution spécialisée compétents de la CEMAC. Dans ce dernier cas, la requête doit être formée dans un délai de deux (02) mois, sous peine d'irrecevabilité.

Article 39 : Le budget de la Cour de Justice de la CEMAC est incorporé au budget de la Communauté. La Cour jouit d'une autonomie de gestion.

Le Président de la Cour est ordonnateur délégué, avec faculté de subdélégation.

Article 40 : Le régime des droits, immunités et privilèges accordés à la Cour de Justice de la CEMAC et à ses membres et personnels est arrêté par Acte additionnel de la Conférence des Chefs d'État.

Article 41 : Tout État membre ou le Conseil des ministres, sur proposition du Président de la Commission, ou encore de la Cour de Justice, à la majorité simple des membres, peut soumettre à la Conférence des Chefs d'État des projets de révision de la présente Convention.

La modification est adoptée à l'unanimité des États membres et entre en vigueur après dépôt du dernier instrument de ratification.

Article 42 : La présente Convention entre en vigueur après sa signature par les États membres et sa ratification.

Article 43 : La présente Convention sera ratifiée à l'initiative des Hautes Parties Contractantes, en conformité avec leurs règles constitutionnelles respectives.

Les instruments de ratification seront déposés auprès du Gouvernement de la République du Tchad, qui en informera les autres États membres et leur délivrera copies certifiées conformes.

Article 44 : La présente Convention sera enregistrée, après ratification, auprès de l'Organisation des Nations Unies et de l'Union Africaine.

Article 45 : La présente Convention sera publiée au Bulletin Officiel de la CEMAC et à la diligence des autorités nationales, au Journal Officiel de chaque État membre.

En foi de quoi, ont apposé leur signature au bas de la présente Convention,

Fait à Libreville, le 30 janvier 2009.

CONVENTION RÉGISSANT LE PARLEMENT COMMUNAUTAIRE DE LA CEMAC

PRÉAMBULE

Le Chef de l'État de la République du Cameroun,

Le Chef de l'État de la République Centrafricaine,

Le Chef de l'État de la République du Congo,

Le Chef de l'État de la République Gabonaise,

Le Chef de l'État de la République de Guinée Equatoriale,

Le Chef de l'État de la République du Tchad,

Vu le Traité du 16 mars 1994 instituant la Communauté Economique et Monétaire de l'Afrique Centrale ;

Fidèle aux objectifs de la Communauté Economique et Monétaire de l'Afrique Centrale, de l'Union Africaine et de la Communauté Economique Africaine ;

Convaincus que le Parlement communautaire, représentant de l'ensemble des populations des États membres de la Communauté, constitue un instrument d'intégration, de promotion de la démocratie, de l'État de droit, des libertés et des droits fondamentaux ;

Convaincus par conséquent que la mise en place du Parlement communautaire contribuera à renforcer la solidarité entre les peuples des États membres de la CEMAC par une plus large participation des populations de la Communauté au dit processus ;

Sont convaincus des dispositions ci-après :

TITRE I - DISPOSITIONS GÉNÉRALES

Article 1 : Au sens de la présente Convention, on entend :

Communauté ou CEMAC : La Communauté Economique et Monétaire de l'Afrique Centrale ;

Conférence ou Conférence des Chefs d'État : La Conférence des Chefs d'État de la CEMAC ;

Comité ministériel : Le Comité ministériel de l'Union Monétaire de l'Afrique Centrale ;

Conseil des ministres : Le Conseil des ministres de l'Union Économique de l'Afrique Centrale ;

Commission : La Commission de la CEMAC

Député : Le député au Parlement de la CEMAC

Parlement : Le Parlement de la CEMAC

Article 2 : Le Parlement de la CEMAC est l'Assemblée élue conformément aux dispositions de la présente Convention.

Article 3 : Le siège du Parlement est fixé à Malabo, en Guinée Équatoriale. Le Parlement peut toutefois, en cas de nécessité impérieuse, siéger et exercer ses fonctions en tout autre lieu du territoire abritant le siège ou dans celui de tout État membre de la CEMAC.

Les langues officielles de travail du Parlement sont celles prévues à l'article 59 du Traité de la CEMAC.

Article 4 : Les membres du Parlement portent le titre de Députés au Parlement de la CEMAC.

Article 5 : Les députés sont élus au suffrage universel direct, pour une durée de cinq (05) ans, selon les procédures électorales qui sont déterminées par un Acte Additionnel des Chefs d'État, après consultation du Parlement. Cet Acte Additionnel fixe également le nombre des députés par État membre, leurs indemnités, le régime d'éligibilité ainsi que celui des incompatibilités.

Tout mandat impératif est nul.

Article 6 : La législature coïncide avec le mandat des Députés. Tout Député au Parlement de la CEMAC demeure en fonction jusqu'à l'ouverture de la première séance plénière de la législature suivante.

Outre le terme normal de la législature, le mandat de Député au Parlement de la CEMAC prend fin en cas de démission, de décès ou de déchéance.

Il prend également fin en cas de dissolution du Parlement prononcée en application des dispositions de l'article 20 de la présente Convention.

Article 7 : Le Parlement élit, parmi ses membres, son Président et les autres membres du Bureau pour une durée d'un an.

Le Parlement constitue des commissions permanentes et des commissions ad hoc.

Article 8 : Le Parlement est doté d'un Secrétariat Général, placé sous l'autorité d'un Secrétaire Général nommé par la Conférence des Chefs d'État.

Le Secrétaire Général est nommé pour un mandat de quatre (04) ans non renouvelables.

Article 9 : Le Parlement se réunit en deux (02) sessions ordinaires par an sur convocation de son Président.

La première session s'ouvre le premier lundi du mois de février.

La deuxième session, dite budgétaire, s'ouvre le deuxième lundi du mois d'octobre.

Le Parlement peut se réunir en session extraordinaire, sur un ordre du jour précis, sur convocation de son Président, soit à la demande du Président du Conseil des ministres ou de celui du Comité ministériel, soit à la demande de deux tiers (2/3) des Députés au moins, après information du Président du Conseil des ministres ou du Comité ministériel.

La durée des sessions ordinaires et la durée maximale des sessions extraordinaires sont fixées par Acte Additionnel de la Conférence des Chefs d'État.

Les sessions extraordinaires sont closes sitôt l'ordre du jour épuisé.

Article 10 : Les membres du Conseil des ministres, du Comité ministériel et de la Commission peuvent être invités aux séances plénières du Parlement et aux réunions des commissions.

Ils peuvent se faire assister de leurs collaborateurs.

Article 11 : Les Députés jouissent de l'immunité parlementaire sur le territoire de chaque État membre.

Aucun Député ne peut être recherché, poursuivi, arrêté, détenu ou jugé du fait des opinions ou votes émis par lui dans l'exercice de ses fonctions.

Aucun Député ne peut, pendant la durée des sessions, être poursuivi ou arrêté en matière criminelle ou correctionnelle sans l'autorisation du Parlement, sauf cas de flagrant délit.

Aucun Député ne peut, hors session, être arrêté sans l'autorisation du Bureau du Parlement, sauf cas de flagrant délit ou de condamnation définitive.

En outre, les Députés jouissent des privilèges et immunités accordés à la CEMAC.

Article 12 : L'immunité d'un Député de la CEMAC peut être levée à la demande d'un État membre adressé au Président du Parlement.

Le Président se conforme alors à la procédure prévue au Règlement intérieur du Parlement.

Article 13 : La fonction de député est incompatible avec celles de :

- Membre de gouvernement, membre des Cours et tribunaux des États membres,
- Juge et Greffier de la Cour de Justice de la CEMAC
- Juge et Greffier de la Cour des comptes de la CEMAC
- Membre d'une institution ou d'un Organe de la CEMAC
- Fonctionnaire ou agent en activité des institutions ou organes de la CEMAC ou toute autre fonction auprès d'un organisme international ;
- Fonctionnaire ou agent en activité des États membres ;
- Députés des Parlements nationaux.

L'accession à l'une des fonctions susvisées entraîne la vacance du poste de député au sens de l'article 6 alinéa 2 de la présente Convention.

TITRE II - DES POUVOIRS ET DES COMPÉTENCES DU PARLEMENT

Article 14 : Le Parlement est chargé du contrôle démocratique des organes et institutions spécialisées de la CEMAC. Il participe au processus décisionnel de la Communauté dans les conditions fixées par la présente Convention.

CHAPITRE I - DU CONTRÔLE DÉMOCRATIQUE

Article 15 : À la session ordinaire qui suit sa nomination, le Président de la Commission présente au Parlement, réuni en séance plénière, le programme d'actions de la Commission.

La présentation du programme d'actions est suivie de débats. À l'issue des débats, le Parlement peut émettre des recommandations par voie de résolution.

Article 16 : Chaque année, le Président de la Commission soumet au Parlement, pour examen, un rapport général sur le fonctionnement et l'évolution de la Communauté.

Article 17 : Les députés peuvent poser des questions écrites ou orales au Conseil des ministres, au Comité ministériel et à la Commission.

Article 18 : Lorsque le Parlement relève des dysfonctionnements dans l'accomplissement des missions dévolues à la Commission par le Traité de la CEMAC, il peut, de façon graduelle :

- saisir le Conseil des ministres,
- interpeller la Commission,
- voter une motion de censure contre la Commission ou saisir la Conférence des Chefs d'État.

Article 19 : La motion de censure n'est recevable que si elle est déposée par au moins un tiers (1/3) des Députés composant le Parlement.

Le Parlement ne peut délibérer valablement sur une motion de censure que si les deux tiers (2/3) des Députés composant le Parlement sont présents.

La motion de censure est transmise à la Conférence des Chefs d'État qui peut inviter la Commission à lui présenter sa démission.

Article 20 : La Conférence des Chefs d'État peut, après consultation du Bureau du Parlement et du Conseil des ministres, dissoudre le Parlement.

Un nouveau parlement est élu dans les quatre-vingt-dix (90) jours suivant la dissolution.

Article 21 : Le Parlement est saisi du rapport annuel de la Cour des comptes de la Communauté et des Cours ou Chambres des Comptes des États membres sur évaluation des systèmes de contrôle des comptes en vigueur dans la CEMAC.

Le rapport de la Cour des comptes de la CEMAC sur l'exécution du budget de la Communauté est communiqué au Parlement pour information.

Article 22 : Le Parlement peut constituer des commissions temporaires d'enquête, à la demande du quart (1/4) des Députés.

La décision est prise à la majorité absolue des Députés composant le Parlement.

Article 23 : Le Parlement peut, à l'initiative ou à la demande, entendre :

- le Président du Conseil des ministres ou du Comité ministériel ;
- le Président et les membres de la Commission ;
- les responsables des Organes et des Institutions Spécialisées de la CEMAC.

Article 24 : Dans le cadre du contrôle démocratique, le Parlement exprime ses vues sous forme de résolutions ou de rapports.

CHAPITRE II - DE LA PARTICIPATION AU PROCESSUS DÉCISIONNEL

Article 25 : Le Parlement pet être consulté sur les projets d'Actes Additionnels, de règlement et de directive.

Cette consultation est obligatoire dans les domaines suivants :

- l'adhésion de nouveaux États membres ;
- les accords d'association avec les États tiers ;
- le budget de la Communauté ;
- les politiques sectorielles communes ;
- le droit d'établissement et la libre circulation des personnes, des biens et des services ;
- la procédure d'élection des membres du Parlement de la CEMAC ;
- les impôts, taxes et tous prélèvements communautaires.

L'avis conforme du Parlement est requis pour l'adhésion de nouveaux membres, les accords d'association avec les États tiers, le droit d'établissement et la libre circulation des personnes, des biens et des services.

Article 26 : Dans le cadre de la participation au processus décisionnel, le Parlement exprime ses vues sous la forme de recommandations, d'avis simples ou conformes ou de propositions d'amendements.

Article 27 : Le Parlement peut inviter la Commission à développer ou à infléchir les politiques existantes ou à initier de nouvelles.

Article 28 : Chaque année, la Commission transmet le projet de budget de la Communauté arrêté par le Conseil des ministres au Parlement, trente (30) jours avant le début de la deuxième session ordinaire visée à l'article 9 de la présente Convention.

Article 29 : Le Parlement peut proposer des amendements au projet de budget.

Il renvoie alors le projet de budget à la Commission, dans un délai de dix (10) jours à compter de la fin de la deuxième session.

Le projet de budget accompagné des éventuels amendements du Parlement est transmis au Conseil des ministres par la Commission pour adoption.

Lorsque le Conseil des ministres rejette un amendement du Parlement, le Comité Permanent de Concertation est saisi.

TITRE III - DU COMITÉ PERMANENT DE CONCERTATION

Article 30 : Il est créé un Comité Permanent de Concertation chargé de faciliter le dialogue entre le Parlement, le Conseil des ministres, le Comité ministériel et la Commission.

La composition, l'organisation et le fonctionnement dudit Comité font l'objet d'un règlement conjoint du Parlement, du Conseil des ministres et du Comité ministériel.

TITRE IV - DU RÈGLEMENT INTÉRIEUR DU PARLEMENT

Article 31 : Le Règlement intérieur du Parlement de la CEMAC contient toutes les dispositions nécessaires en vue d'appliquer et de compléter la présente Convention, en tant que de besoin.

Dès la session inaugurale, le Parlement procède à l'adoption de son Règlement intérieur et à la mise en place de ses structures.

Le Règlement intérieur, les résolutions, les recommandations et les avis simples ou conformes du Parlement sont publiés au Bulletin Officiel de la Communauté.

Il en est de même des rapports que le Parlement décide de publier.

TITRE V - DES DISPOSITIONS TRANSITOIRES, FINANCIÈRES ET FINALES

Article 32 : Dans l'attente de l'élection des Députés de la CEMAC au suffrage universel direct et par dérogation aux articles 5 et 13 de la présente Convention :

- les Députés au Parlement sont désignés par l'Assemblée nationale de chaque État membre ;
- le nombre de Députés est fixé à cinq (05) par État membre ;
- la présidence du Parlement est exercée par un Député ressortissant de l'État qui assure la présidence de la Conférence des Chefs d'État.

Article 33 : Le budget du Parlement est incorporé au budget de la Communauté. Le Parlement jouit d'une autonomie de gestion.

Article 34 : La présente Convention peut être amendée à l'initiative d'un État membre qui adresse à cet effet une demande écrite au Président de la Commission. La Conférence peut approuver le projet d'amendement lorsque tous les États membres en auront été dûment avisés, et après avis de la Cour de Justice de la CEMAC.

Le Parlement peut également, s'il le juge nécessaire, par l'intermédiaire du Président de la Commission, proposer des amendements à la présente Convention.

L'amendement entre en vigueur pour chaque État qui l'aura accepté trente (30) jours après la notification de cette acceptation au Président de la Commission.

Article 35 : La présente Convention sera ratifiée par les États membres en conformité avec leurs règles constitutionnelles respectives.

Article 36 : La présente Convention entre en vigueur après sa signature par les États membres et soixante (60) jours après le dépôt de l'instrument de ratification auprès de la

République du Tchad qui en informera les États membres signataires et leur en délivrera copies certifiées conformes.

Article 37 : La présente Convention sera enregistrée, après ratification, auprès de l'Organisation des Nations Unies et de l'Union Africaine.

En foi de quoi, ont apposé leur signature au bas de la présente Convention,

Fait à Yaoundé, le 30 janvier 2008.

BIBLIOGRAPHIE

I - OUVRAGES DE LEXICOLOGIE, DE PHILOSOPHIE, DE SOCIOLOGIE ET DE THÉORIE DU DROIT

1. BADIE (Bernard), *Un monde sans souveraineté ; les États entre ruse et responsabilité*, Paris, Fayard, 1999, 306 p.

2. BADIE (Bernard) et SMOUTS (Marie-Claude) in *Le retournement du monde : sociologie de la scène internationale*, col. Amphithéâtre, Presses de Sciences Po. Et Dalloz, 3e édition, Paris, 2000, 508 p.

3. BERGEL (Jean Louis), *Théorie générale du droit*, Dalloz, 2e Édition, Paris, 1989, 342 p.

4. CAPITANT Henri (Association Juridique), *Dictionnaire Juridique*, LGDJ, Paris, 2014, 1245 p.

5. CAPPELLETTI (Mauro), *Le pouvoir des juges*, Presse Universitaire d'Aix-Marseille, Economica.

6. CARBONNIER (Jean), *Flexible droit ; pour la sociologie du droit sans rigueur*, Librairie Générale de Droit et de Jurisprudence, 10e Édition, Paris, 2001, 493 p.

7. CARBONNIER (Jean), *Droit et passion du droit sous la 5e République*, Flammarion, Paris, 1996.

8. GUILLIEN (Raymond), VINCENT (Jean), *Lexique des Termes Juridiques*, 9e Edition, 2008.

9. HART (Herbert), *Le concept de droit*, 1976, Presses Universitaires de Saint Louis.

10. HAURIOU (Maurice), *Théorie de l'Institution et de la fondation*, Cahiers de la nouvelle journée, 1925, n° 4).

11. KELSEN (Hans), *Théorie pure du droit*, Dalloz, Paris, 1962.

12. LASSERE KIESOW Valérie, *La compréhensibilité des lois à l'aube du 21e siècle*, Dalloz, Paris, 2002, 1187 p.

13. LEBEN (Charles), *Dictionnaire de la culture juridique*, 4e Ed. Voir « Ordre juridique », 834 p.

14. MITRANY (David), *A working Peace System*, London, Royal Institute of International Affairs, 1943.

15. ROMANO (Santi), *L'ordre juridique*, Rome, Œuvre rééditée, Dalloz, Collection, Tiré à part, 1945, 417 p.

16. ROULAND Norbert, *Aux confins du droit*, Odile Jacob, Paris, 1991, 318 p.

17. HASS (Ernst), *The theory of economic integration*, Allen and Unwin Press, London, 1964.

18. INIS (Claude), *Swords into plowshares. The problems and progress in International Organization*, Random House, 1964.

II - MELANGES

1. Mélanges Guy BRAIBANT, Paris, Dalloz, 1996.

2. Mélanges en hommage à Jean BOULOUIS, L'Europe et le Droit, Dalloz, Paris, 1991, 735 pages.

3. Mélanges offerts à Marcel WALINE. *Le juge et le droit public*, Tome 1, LGDJ, Paris, 1974.

4. Mélanges en l'honneur du Professeur François HERVOUËT, Faculté de Droit et des Sciences Sociales de Poitier, Mars 2016.

III - OUVRAGES SPÉCIALISÉS

A - EN DROIT INTERNATIONAL PUBLIC GÉNÉRAL ET RELATIONS INTERNATIONALES

1. CARREAU (Dominique) et MARRELLA (Fabricio), *Droit International*, Pedone, Paris, 2012.

2. COMBACAU (Jean) et SUR (Serges), *Droit international public*, 8e édition, Montchrestien, Paris, 2008, 468 p.

3. COMBACAU (Jean), *Le droit des traités*, PUF, Col. Que Sais-je, Paris, 1991, 125 p.

4. DECAUX (Emmanuel), *Droit international public,* 7e édition, Paris, Dalloz, 2010, 519 p.

5. DUPUY (Pierre Marie), *Droit international public*, Dalloz, 1992, 622 p.

6. GONIDEC (Paul-François), *Relations Internationales,* Ed. Les cours du Droit, Paris-Sorbonne, 1974, 583 p.

7. MARTIN (Pierre-Marie), *Droit International Public*, Masson, Paris, 2e Ed, Paris, 1995, 492 p.

B °) EN DROIT DE L'INTÉGRATION ET COMMUNAUTAIRE AFRICAIN

1. AGENCE INTERNATIONALE DE LA FRANCOPHONIE (AIF), Sensibilisation au Droit communautaire de la CEMAC — Actes du Séminaire sous régional de Libreville, 16-20 décembre 2002, Paris, Ed. Girafe, Mars 2003

2. AGENCE INTERNATIONALE DE LA FRANCOPHONIE (AIF), *Recueil des Textes du droit communautaire CEMAC*, Paris, Ed. Girafe, Mars 2003.

3. CARREAU (Dominique) et JULLIARD (Patrick), *Droit International du Développement*, LGDJ, Col. Manuel, 1998.

4. CARREAU (Dominique) et MARRELLA (Fabricio), *Droit International*, Pedone, Paris, 2012, p. 325-330.

5. KAMTOH (Pierre), *Introduction au système institutionnel de la CEMAC*, Editions Afrédit, Yaoundé, 2014.

6. N'KODIA (C), L'intégration économique : les enjeux pour l'Afrique Centrale, Karthala, 1994.

7. NTUMBA LUABA, *Quelle intégration pour l'Afrique ?* Presses Universitaires du Zaïre, Kinshasa, 1983.

8. WODIE (Francis), *Les institutions internationales régionales en Afrique Occidentale et Centrale*, LGDJ, Paris, 1970.

C°) EN DROIT COMMUNAUTAIRE EUROPÉEN

1. JACQUE (Jean-Paul), *Droit institutionnel de l'Union européenne*, LGDJ, 7e Édition, Paris, 2011.

2. BOULOIS (Jean), *Droit institutionnel de l'Union Européenne*, 7e Édition, Montchrestien, Paris, 2004.

3. BORCHARDT (Klaus-Dieter), *L'ABC du droit communautaire*, Documentation française, Communautés européennes, 2000.

4. CARTOU (Louis), *Communautés Européennes*, 7e Edition, Dalloz, Paris, 2001

5. CEREXTE (Étienne), *Le droit européen : les institutions*, Larcier, Paris, 1979

6. CHEMAIRE (R), Union économique et monétaire : aspects juridiques et institutionnels, Études Internationales, Paris, n° 10, 1995.

7. DRUESNE (Gérard), *Droit et Politiques de la Communauté et de l'Union Européenne,* PUF, Paris, 1990.

8. DUBOIS (Louis) et GESTAN (Claude), *Grands textes du droit communautaire et de l'Union Européenne*, Paris, Dalloz, 1996.

9. DUTHEIL DE LA ROCHERE (Jacqueline), *Droit communautaire matériel*, LGDJ, Col. « Les fondamentaux », Paris, 2011.

10. FAVRET (Jean Marc), *Droit et pratique de l'Union Européenne*, Montchrestien, 8e édition, Collection Manuel, Paris, 2012.

11. ICARD (Philippe), *Droit matériel et politiques communautaires*, LGDJ, 8e Edition, 2006.

12. ISAAC (Guy), *Droit communautaire Général*, Armand Colin, Dalloz, 10e Édition, Paris, 2008.

13. ISAAC (Guy) et BLANQUET (Marc), *Droit général de l'Union Européenne*, Paris, Sirey, 9e Ed., 2006.

14. JACQUE (Jean-Paul), *Droit institutionnel de l'Union européenne*, LGDJ, 7e Édition, Paris, 2011.

15. GAUTRON (Jean-Claude), Droit Européen, Dalloz, 14e éd, Col. Mémentos, Paris, 2010.

16. KLAUS-DIETER (Borchardt), *L'ABC du droit communautaire*, Documentation européenne, 2000.

17. MANIN (Philippe). *Etudes de droit des communautés européennes*, 1996, A, Pedone, Paris.

18. PESCATORE (Pierre), *Droit International et Droit communautaire : essai de réflexion comparative*, col. Les conférences universitaires, n° 5, Nancy, mars 1971.

19. PESCATORE (Pierre), *L'ordre juridique des Communautés Européennes : étude des sources du droit communautaire*, Presses Universitaires des Liège, 3e Ed., Liège, 1975.

20. RAEPENBUSCH (Sean Van), *Droit institutionnel de l'Union Européenne*, Bruxelles, 2011, 517 pages.

21. RIDEAU (Joël), *Droit institutionnel de l'Union Européenne*, Paris, LGDJ, 2010, 458 pages

22. SCHWARZE Jürgen (Hrsg), *EU-Kommentar*, Baden-Baden, Nomos, 2e éd., 2008.

23. SIMON (Denys), *Le système juridique communautaire*, Col. Droit Fondamental, PUF, 10e Édition, Paris, 2008.

24. SOUTY (François), *Le droit de la concurrence de l'Union européenne*, Montchrestien, 2e Ed, Col. Clefs Politique, Paris, Mars 1999.

25. VANDERSANDEN (Gérard) et BARAV (Amin), *Contentieux communautaire*, Montchrestien, Paris, 2011.

26. VOGEL (Louis et Joseph), *Le droit européen des affaires*, LGDJ, Paris, 2010.

4 °) EN DROIT INTERNATIONAL SPÉCIAL

1. CARREAU (Dominique) et JUILLIARD (Patrick), *Droit International Economique*, 8e Édition, 2012.

2. CARREAU (Dominique) et JULLIARD (Patrick), *Droit International du Développement*, LGDJ, Col. Manuel, 1998.

3. GUINCHARD (Serges), *Droit processuel, Droit commun et Droit comparé du procès,* Droit processuel, collection Dalloz.

4. MINKOA SHE (Adolphe), *Droits de l'Homme et droit pénal au Cameroun*, LGDJ, 1999.

5. SUDRE (Frédéric), *Droit International et Européen des Droits de l'Homme*, PUF, collection, « Droit Fondamental », Paris 2e édition, 1995.

IV - THÈSES, MÉMOIRES ET MONOGRAPHIE

A - MÉMOIRES

1. ZANKIA (Zulandice), *Le contentieux de la fonction publique communautaire de la CEMAC.* Mémoire de DEA, Université de Dschang, 2006.

2. TCHINDA TALLA (Alain), *La Cour de Justice de la CEMAC : essai de contribution à sa connaissance et à l'analyse prospective.* Mémoire de DEA, Université de Dschang, 2001.

B – THÈSES

1 °) THÈSES DE MASTER

3. BASAANE GNEBA (Julie), *Le particulier devant la Cour de Justice de la CEMAC*, Thèse, Master II Droit communautaire et comparé CEMAC, Université de Dschang, 2014.

4. FANDJIP (Olivier), *Les juridictions administratives et le temps : cas du Cameroun et du Gabon.* Mémoire de DEA, Université de Dschang, 2008.

2 °) THÈSES DE DOCTORAT ET PH.D

5. BALMOND (Louis), *Intégration Économique et droit des Organisations Internationales*, Thèse pour l'obtention du Doctorat d'État en Droit, Université de Nice, 1981.

6. BECHIR (A E), *Le problème de l'intégration régionale en Afrique. L'exemple de l'UDEAC*, Thèse, Paris V, 1990.

7. BIPELE KEMFOUEDIO (Jacques), *Essai sur une théorie juridique de l'intégration économique au sein de la CEMAC*, Thèse Ph.D, Dschang, 2008.

8. BRAMI (Cyril), *La hiérarchie des normes en droit constitutionnel français : essai d'analyse systémique,* Thèse de Doctorat, Droit public, Université de Cergy Pontoise, 4 décembre 2008.

9. DEMBA (C), *La CEEAC : une réelle intégration économique*, Montpellier I, 1994.

10. FOWOUO (Michel), *L'Union Douanière et Économique de l'Afrique Centrale,* Thèse, Paris I, 1984.

11. GBETNKOM (Denis), *La dynamique de l'intégration économique régionale par le marché : l'exemple du cas de l'UDEAC*, Thèse 3e cycle en Droit, Université de Yaoundé II-Soa, novembre 1995, 332 p.

12. GNIMPIEBA TONNANG (Édouard), *Droit matériel et intégration sous régionale en Afrique Centrale : contribution à l'étude des mutations récentes du droit communautaire CEMAC*, Thèse Droit, Institut du Droit de la Paix et du Développement, Université de Nice-Sophia Antipolis, mars 2004.

13. GOUGOU LABOUHE (P), *L'unification du droit des assurances en Afrique Zone Franc : contribution à l'étude des relations entre l'assurance et le développement,*

Thèse pour l'obtention du Doctorat (NR) en Droit, Faculté de Droit, des Sciences Économiques et de Gestion, Université de Nice-Sophia Antipolis, septembre 2000.

14. KENFACK (Jean), *Les actes juridiques des Communautés et Organisations Internationales d'intégration en Afrique Centrale et Orientale*, Thèse, 2003.

15. KEUTCHA TCHAPNGA (Célestin), *Le contrôle de l'État sur les activités privées au Cameroun*, Thèse (Nouveau Régime), Aix-Marseille, 1992, 411 pages.

16. MBENDANG EBONGUE (J), *Les entreprises d'État au Cameroun*, Thèse de doctorat (NR) en Droit, Université de Paris I, 30 mai 1989.

17. MODI KOKO BEBEY (Henri-Désiré), *Le régime des investissements privés au Cameroun*, Thèse de doctorat (NR) en Droit, Université de Paris I, 1989.

18. NGOH NGOH (Ferdinand), *Le droit africain de l'intégration économique régionale*. Thèse 3e Cycle, IRIC, 1981

19. NJEUFACK TEMGWA (René), *La protection de la concurrence dans la CEMAC*, Thèse Ph.D, Dschang, 2005.

20. NGUENA DJOUFACK (Arsène Landry), *Sécurité juridique et droit communautaire de la CEMAC : recherches sur la sécurité juridique dans la construction du marché commun de la CEMAC*, Thèse de Doctorat/Ph.D, Dschang, 2015.

21. PRISO ESSAWE (Samuel-Jacques), *Intégration économique et droit de l'intégration en Afrique Centrale : Étude de la zone UDEAC,* thèse de doctorat, UM1 1997, 461 p.

22. RACLET (Arnaud), *Droit communautaire des affaires et prérogatives de la puissance publique nationale*, NBT, Lyon, 2002.

C - AUTRE MONOGRAPHIE

1. GNIMPIEBA TONNANG (Édouard), Note de Synthèse, Habilitation à Diriger des Recherches (HDR), ***Le droit communautaire africain à l'aube du 21e siècle : entre consécrations législatives, incertitudes jurisprudentielles et hésitations politiques***, Institut du Droit de la Paix et du Développement, Université de Nice-Sophia Antipolis, 2013.

V – ARTICLES DE DOCTRINE

1. ABULIUS (Thomas), *Le pouvoir de sanction de l'union européen*, Interactions droit international et européen, 2009, p. 1.

2. ALGER (C), *L'organisation internationale vue sous l'angle du fonctionnalisme et de l'intégration*, in ABI-SAAB (Dir.), *Le concept d'organisation internationale*, UNESCO, Paris, 1980.

3. AMSELEK (Paul), *Le rôle de la volonté dans l'édiction des normes juridiques selon Hans KELSEN*, Revue Juridique Thémis, Vol. 33, n° 2, janvier 1999, p. 195.

4. ATEBA OMBALA (Marc), *Les règles de compétences et de procédure de la chambre des comptes de la Cour de Justice de la CEMAC*, in Acte du séminaire de sensibilisation au droit communautaire CEMAC, Yaoundé, 26 février 2008, p.13-29.

5. ATEMENGUE (Jean de Noël), *La procédure de décision dans la Communauté Economique et Monétaire de l'Afrique Centrale*, Cahiers Juridiques et Politiques, Revue de la Faculté des Sciences Juridiques et Politiques, Université de Ngaoundéré, 2010, p. 171-195.

6. AUTHEXIER (Claude), *L'hétérogénéité du droit communautaire dérivé*, RIDC, 1982, p. 337-351.

7. AVOM (Désiré), *Le traité de la CEMAC : nouveau départ pour le processus d'intégration en Afrique Centrale ?* RJPIC n° 2, Août 1999, p. 158-179.

8. BERR (Jean Claude), *Union douanière,* RTDE n° 37, juillet-septembre 2001, p. 668-669.

9. BILONG (Salomon), *L'insaisissable responsabilité sans faute de la puissance publique en droit camerounais*, Annales de la Faculté des Sciences Juridiques et Politiques, Université de Dschang, tome 1, volume 1, 1997, p. 88-101.

10. BIPELE KEMFOUEDIO (Jacques), *Droit communautaire de l'Afrique Centrale et constitutions des États membres : la querelle de la primauté*, Annales de la FSJP, Dschang, 2009, p. 109-134.

11. BOISSEAU (Jean), « Le degré de pénétration de la norme communautaire dans l'ordre juridique français », in *La Juridictionnalisation du droit international,* Actes du Colloque de Lille *;* SFDI, S/Dir. de Dutheil de la Rochère (J), Paris 2, 1999, p. 26-41.

12. BOISSEAU (Jean), « À propos de la fonction normative de la jurisprudence. Remarques sur l'œuvre jurisprudentielle de la Cour de Justice des Communautés européennes », in *Droit communautaire et droit français. Recueil d'études*, La mémoire du droit, 1999, p. 34-51.

13. BOREL (Jean), *Aspects récents de l'immunité d'exécution des États et services publics étrangers », travaux de la commission française du droit international privé. 1983/1984.*

14. BOULOIS (Jean), *Les obligations du juge national découlant de l'effet direct et de la primauté du droit communautaire*, Note sou CJCE, 09 mars 1978, AJDA, 1978, p. 323-341.

15. BOUMAKANI (B.), *Les juridictions communautaires en Afrique noire francophone : la cour commune de justice et d'arbitrage de l'OHADA, les cours de justice de l'UEMOA, et de la CEMAC*, AFSJP, Université de Dschang, tome 3, 1999, PUA, p.69.

16. BOUMAKANI (Benjamin), *La coexistence de la Cour Commune et de Justice de l'OHADA et de la Cour de Justice de la CEMAC : bilan et perspectives*, Actes du Séminaire de sensibilisation au droit communautaire et de l'intégration sous régionale, Libreville, 02-06 novembre 2006, Inédit.

17. BOURGOGUE-LARSEN (Laurence°, « Le fait régional dans la juridictionnalisation du droit international », In *La juridictionnalisation du droit international*, Colloque de la SFDI, Paris, Pedone, 2003.

18. BUZELAY (Alain), *L'union fiscale et douanière des douze : quels enseignements pour l'intégration régionale en Afrique Centrale ?,* Revue Tiers Monde t. XXXV, n° 140, octobre-décembre 1994, p. 887.

19. CARREAU (Dominique), *Droit communautaire et droits nationaux, concurrence ou primauté, la contribution de l'Arrêt Simmenthal*, Revue Trimestrielle de Droit Européen, 1978, p. 381.

20. CASSIA (Paul), *Une nouvelle étape dans l'Europe des juges : l'effet direct des directives communautaires devant la juridiction administrative française*, Revue Française de Droit Administratif n° 3, 2009, p. 1146.

21. CAVARINI AZZI (Guillaume), *L'application du droit communautaire dans les États membres : une vue d'ensemble*, Revue Française de l'Administration Publique, 1985, n° 34, p. 23-48.

22. COMBACAU (Jean), *Pas une puissance, une liberté : la souveraineté internationale de l'État*, Pouvoirs (Revue française d'études constitutionnelles et politiques), n° 67, p. 73.

23. COUSSY (Jean), « Protection et intégration interafricains : échecs inéluctables ou occasions manquées ? », dans J-M. FONTAINE (Dir.), *Réformes du commerce extérieur et politiques du développement*, Paris, PUF, 1992.

24. DANTONEL-COR (Nathan), *La violation de la norme communautaire et la responsabilité extracontractuelle de l'État*, RTDE, 1998, p.74.

25. De la FOREST DIVONNE (Florine), *A propos de la reconnaissance de l'effet direct des directives communautaires,* Les Petites Affiches (LPA), 03 mai 2008, p. 12-15.

26. DE WITTE (Brigitte), *L'encadrement communautaire des services publics : le chevauchement des notions d'État et d'entreprise*, in Marcou (G) (Sous la direction de), *Les mutations du droit de l'administration en Europe : pluralisme et convergence*, Paris, L'Harmattan, 1995, p. 12-37.

27. DIMA EHONGO (Pierre), « L'intégration juridique des économies africaines à l'échelle régionale ou mondiale », in DELMAS-MARTY (Mireille) *(Dir.)*, *Critique de l'intégration normative,* PUF, 2004, p. 114-147.

28. DJEUKOU (Joseph), *La CEMAC ; rétrospective et perspective ; réflexion sur l'évolution récente du droit communautaire en Afrique Centrale*, Juridis Périodique n° 47, Septembre 1997, p. 107-118.

29. DUTHEIL de la ROCHERE (Jacqueline), *Le principe de responsabilité de l'État pour violation du droit communautaire : une garantie nouvelle pour les justiciables*, JCP (Edition Economie), 1996, n° 46-I, p. 604.

30. LELART (Michel), *Un exemple d'Intégration institutionnel : l'évolution de la Zone Franc, du Traité de Maastricht au Traité de l'UEMOA ;* in Revue Tiers Monde n° 136, p. 897-918.

31. CHABAS, DAVID, DECOTTIGNIES et STOUFFLET ; *Les nouveaux États africains et le Droit*, colloque de Dakar, 1962, in Annales africaines, p. 151-171-250.

32. DANTONEL-COR (Nathan), *La violation de la norme communautaire et la responsabilité extracontractuelle de l'État*, RTDE, 1998.

33. De GAUDUSSON (Jean Dubois.), « *Le statut de la justice dans les États d'Afrique francophone* ». Afrique contemporaine, n° spécial, 1990, p.6-38.

34. DE LA FOREST DIVONNE (Florine), *A propos de la reconnaissance de l'effet direct des directives communautaires,* Les Petites Affiches, 03 mai 2008, p. 15-28.

35. De RAULIN (Arnaud), *Paix et coopération en Afrique : un défi pour le XXIe siècle,* in Revue Juridique et Politique : indépendance et coopération (RJPIC) n° 121, octobre-décembre 1999, p. 123-135.

36. DORD (Olivier), *Systèmes juridiques nationaux et Cours Européennes : de l'affrontement à la complémentarité ?*, Revue Pouvoirs, vol. 2001/1, n° 96, pp. 8-25.

37. DUTHEIL de la ROCHERE (Jacqueline), « La jurisprudence de la Cour de justice des Communautés européennes et la souveraineté des États membres », in *La constitution de l'Europe*, journée d'étude du 25 mars 1992 au Sénat, Montchrestien, Paris, 1992, p. 252-277.

38. DUTHEIL de la ROCHERE (Jacqueline), *Le principe de responsabilité de l'État pour violation du droit communautaire : une garantie nouvelle pour les justiciables*, JCP (Edition Economie), 1996, n° 46-I, p. 604.

39. DUTHEIL DE LA ROCHERE (Jacqueline), « Mondialisation et régionalisation » in *La mondialisation du droit.*

40. ESONO ABESO TOMO (Sergio), « Les mutations institutionnelles annoncées et le Programme de Réformes Institutionnelles (PRI) de la CEMAC », Contribution au *Séminaire sous régional de Formation des Magistrats de la Cour de Justice de la CEMAC et de sensibilisation au droit communautaire*, Rapport Général, Inédit, Ndjamena, Actes, février 2011, inédit.

41. FOUDA (Georges), *L'accès au droit : richesse et fécondité d'un principe pour la socialisation juridique et l'État de droit en Afrique noire francophone*, Revue Afrilex 2000/01, p. 4-27.

42. FRISSON-ROCHE (Marie-Anne) et DRAGO (Roland), *Mystères et mirages des dualités des ordres de juridictions*, Archives philosophiques du droit, tome 41, 1997, p. 135-154.

43. GALMOT (Yves), *L'apport des principes généraux de droit communautaires à la garantie des droits dans l'ordre juridique français, Cahiers de droit européen*, Vol. 33, n° 1-2, 1997, p. 71.

44. GICQUEL (Jacques.), *Droit constitutionnel et institutions politiques*, 18e édition, Paris, Montchrestien, 2002, p. 7-25.

45. GIRARD (Christophe), *Procès équitable et enchevêtrement des espaces juridiques (réflexion sur la problématique générale)*, RUIZ (Hélène), (sous la direction de), Travaux de l'atelier de droit international de l'UMR de droit comparé, Paris, disponible sur le site http ://www.umrdc.fr/archivesnumeriques.html.

46. GNIMPIEBA TONNANG (Édouard), *Le nouveau régime juridique des exportations entre les pays de l'Afrique Centrale : entre consécrations juridiques, influences européennes et réformes laborieuses*, Revue Penant n° 862, Décembre 2006, p. 54-74.

47. GNIMPIEBA TONNANG (Édouard) et NDIFFO KEMETIO (Ludovic Mariel), *Les services publics dans l'étau du droit communautaire de la CEMAC*, Revue EDJA, Dakar, n° 3, Décembre 2010, p. 47-65.

48. GNIMPIEBA TONNANG (Édouard) et NGUENA DJOUFACK (Arsène), « *L'influence du droit communautaire de la Communauté Economique et Monétaire de l'Afrique Centrale (CEMAC) sur le domaine de compétence du juge administratif camerounais* », Revue Recht in Afrika (Droit en Afrique), Issue 2, Décembre 2013, Cologne, p. 54-71.

49. GNIMPIEBA TONNANG (Édouard), *La Cour de Justice de la Communauté Economique et Monétaire de l'Afrique Centrale (CEMAC) et les règles du procès équitable* (En collaboration avec FANDJIP [Olivier]), Revue Trimestrielle du Droit Africain (Penant) n° 872, Juillet-Septembre 2010, p. 329-356.

50. GNIMPIEBA TONNANG (Édouard), *La prohibition des pratiques de domination des marchés par les entreprises en Afrique Centrale : ombres et lumières d'une réforme*, in La Revue de Droit et Science Politique Juridis Périodique n° 76, Octobre-Novembre-Décembre 2008, p. 102-117

51. GNIMPIEBA TONNANG (Édouard), *La science juridique publiciste est-elle maitresse ou servante de la science juridique privatiste ?* Contribution a l'étude des relations ambivalentes d'un phénomène à l'aune de l'émergence d'un droit communautaire africain, in *Les réformes de droit privé en Afrique*, Publication du Laboratoire d'Études et de Recherches sur le Droit et les Affaires en Afrique (LERDA), Presses Universitaires d'Afrique, 2016, p. 415-436.

52. GNIMPIEBA TONNANG (Édouard), *Le financement du développement des États africains au Sud du Sahara par les bailleurs de fonds bilatéraux et multilatéraux en question : travaux de Sisyphe ou serpent de mer ?*, Annales de la Faculté des Sciences Juridiques et Politiques, Tome 10, 2006, p. 64-85.

53. GNIMPIEBA TONNANG (Édouard), *Le nouveau régime juridique des exportations entre les pays de l'Afrique Centrale : entre consécrations juridiques, influences européennes et réformes laborieuses*, Revue Penant n° 862, Décembre 2006, p. 54-74.

54. GNIMPIEBA TONNANG (Édouard), *Les contours de la libre circulation des capitaux dans la CEMAC*, Actes du Colloque International sur Régulation et intégration

bancaires dans la CEMAC, 25 ans après la création de la COBAC, Sous la direction de Madame le Professeur KALIEU ELONGO (Yvette Rachel), PUA, Yaoundé, 2016, p. 124-152.

55. GNIMPIEBA TONNANG (Édouard), *Recherches sur le nouvel encadrement communautaire des ententes anticoncurrentielles en Afrique Centrale*, Revue Trimestrielle de Droit Africain (Penant) n° 862, Janvier-Mars 2008, p. 5-35.

56. GNIMPIEBA TONNANG (Édouard), *La libre circulation des personnes et des services en Afrique Centrale : entre consécrations législatives, vides jurisprudentiels et hésitations politiques*, in Juridis Périodique n° 68, Octobre-Décembre 2008, p. 86-112.

57. ESONO ABESO TOMO (S), *Les mutations institutionnelles annoncées et le Programme de Réformes Institutionnelles (PRI) de la CEMAC*, Contribution au Séminaire sous régional de Formation des Magistrats de la Cour de Justice de la CEMAC et de sensibilisation au droit communautaire, Rapport Général, Inédits, Ndjamena, Actes, février 2011, inédit.

58. GUINCHARD (Serges), *Le procès équitable : garantie formelle ou droit substantiel ?*, Mel, Gérard FARJAT, 1999, p.142-153.

59. HAÏM (V.), *L'écrit et le principe du contradictoire dans la procédure administrative contentieuse*, AJDA, 20 octobre 1996, p.715-721

60. KAMAJOU (François.) et NGUEMEGNE (Jacques Philibert), *Les implications des conditions socio-économiques dans la pratique des droits de l'Homme en Afrique*, Juridis Périodique n° 29, Janvier-Février-Mars, 1997, p.78-83.

61. KAMTO (Maurice), *La Communauté Economique des États de l'Afrique Centrale, une Communauté de plus ?*, Annuaire Français de Droit International (AFDI), 1987, p. 843-851.

62. KAMTO (Maurice), *Les Cours de justice des communautés d'intégrations économique Africaine*, Annuaire Africain de Droit International, Vol 6, 1998, p.108-129.

63. KAMTOH (Pierre), *La Cour de Justice de la CEMAC : compétence et procédure de la chambre judiciaire*, Actes du Séminaire de sensibilisation au droit communautaire CEMAC, Yaoundé, 26 février 2008.

64. KENFACK (Jean), *Le juge camerounais à l'épreuve du droit communautaire et de l'intégration économique*, Juridis Périodique n° 63, Juillet-Août-Septembre 2005, p.64-75.

65. KENFACK (Yves), *Règlementation communautaire de la concurrence et renforcement du processus d'intégration économique en Afrique Centrale*, Étude pour la CNUCED, Revue de la CNUCED, New York et Genève, février 2000, p. 58-83.

66. KEUTCHA TCHAPNGA (C), *Désétatisation et nouvelles configurations du pouvoir en Afrique au Sud du Sahara*, Revue du CERDIP, Libreville, 2005, p. 35-75.

67. KEUTCHA TCHAPNGA (C), *Le juge constitutionnel, juge administratif au Benin et au Gabon*, Revue Française de Droit Constitutionnel n° 2008/3, p. 551-583.

68. LEMAURIER (Jacques), *Vers une démocratie administrative : du refus d'informer au droit d'être informé*, RDP, 1980, p.139-164.

69. MAHAMAT (Ali), *Présentation générale de la CEMAC : structures et attributions*, *in* Sensibilisation au droit communautaire de la CEMAC, Actes du Séminaire sous-régional, Douala-Cameroun, 16-20 décembre 2002, éd. GIRAF 2003. p. 35-48.

70. MBENGUE (Mahamadou Moustapha), *La suprématie des normes communautaires nationales à l'UEMOA et à l'OHADA*, In les Notes d'Africa 21, Notes n° 3, avril 2013, p.4.

71. MINNAERT (Jean-Pierre), « *Existe-t-il un véritable droit communautaire ?* » In Revue Droit et Économie, 2e trimestre 1996, p. 49-61.

72. MOUANGUE KOBILA (James) et DONFACK SOKENG (Léopold), *La CEMAC : à la recherche d'une nouvelle dynamique de l'intégration en Afrique Centrale*, Annuaire Africain de Droit International, Vol. 6, 1998, p. 76-95.

73. MOUANGUE KOBILA (J), *Les rapports entre la Cour de Justice de la CEMAC et la Cour Commune de justice et d'Arbitrage de l'OHADA*, Communication au Colloque de Bordeaux sur **La concurrence des organisations régionales en Afrique**, Actes du Colloque de Bordeaux, 28-29 septembre 2009, CERDRADI-GRECCAP, p. 333-378.

74. MOUANGUE KOBILA (J), *Les nouvelles dynamiques de l'intégration en Afrique*, Annales de la Faculté des Sciences Juridiques et Politiques, Université de Dschang, Tome 15, 2011.

75. MOUELLE KOMBI (Narcisse), « L'intégration régionale en Afrique Centrale — entre interétatisme et supranationalisme », in HAMMOUDA (Ben), BEKOLO-EBE (Bruno) et TOUNA MAMA, *L'intégration régionale en Afrique Centrale-Bilan et perspectives*, Paris, Karthala, 2003, p. 37-39.

76. MOUELLE KOMBI (N), *Les aspects juridiques d'une union monétaire : l'exemple de l'Union Monétaire d'Afrique Centrale*, in Revue Générale de Droit International Public n° 3, septembre-décembre 2000, p. 521-557.

77. MOUELLE KOMBI (N), *Les dispositions relatives aux conventions internationales dans les nouvelles constitutions des États d'Afrique francophone*, RJPIC n° 1, 2003, p. 10-15.

78. MPIANA (Joseph KAZIZIA), *La problématique de l'existence du droit communautaire africain. L'option entre mimétisme et spécificité*, Revue Libre de Droit, 2014, p. 60.

79. MÜNCH (Frédéric), *Prolégomènes à une théorie constitutionnelle des Communautés européennes*, Revue de Droit Européen, 1961, p. 127-141.

80. NANDJIP MONEYANG (Sarah), *Les concentrations d'entreprises en droit interne et en droit communautaire CEMAC*, Juridis Périodique n° 73, Janvier-Février-Mars 2008, p. 65-79.

81. NGONO (Solange), « *L'application des règles internationales du procès équitable par le juge judiciaire* », Juridis Périodique n° 63, Juillet-Août-Septembre 2005, p.34-45.

82. NGUELE ABADA (Marcelin), *La réception des règles du procès équitable dans le contentieux du droit publique,* Juridis Périodique n° 63, Juillet-Août-Septembre 2005, p.19-33.

83. NGUENA DJOUFACK (Arsène Landry), *Le régime d'édiction des actes communautaires par les organes ministériels de la CEMAC*, Mosaïque, Revue Panafricaine des Sciences Juridiques Comparées, n° 10, 2015, p. 27-61.

84. NJEUFACK TEMGWA (René), *Le renouveau du cadre institutionnel — décisionnel au sein de la CEMAC : vers une Communauté plus dynamique ?*, Annales de la Faculté des Sciences Juridiques et Politiques-Université de Dschang, *T.8, 2004*, p. 159-177.

85. N'SIE (Étienne) ; *La Cour Commune de Justice et d'Arbitrage*, Revue Trimestrielle de Droit Africain, Penant, *op.cit*, p.308-325.

86. NYAMA (Jean-Marie), *La liberté du commerce dans le cadre de la loi camerounaise du 10 août 1990*, Revue Juridique Africaine 1991/2-3, p. 51-69.

87. OLINGA (Alain-Didier), *Considérations sur les traités dans l'ordre juridique camerounais*, Revue Africaine de Droit Comparé (RADIC) n° 8, 1996, p.283-308.

88. ONDOA Magloire, *Ajustement structurel et réforme du fondement théorique des droits africains postcoloniaux : l'exemple du Cameroun*, Revue Africaine de Sciences Juridiques, vol.2, n° 1, 2001, p.16.

89. ONDOUA Alain, *Le Cameroun à l'épreuve de l'intégration sous-régionale en Afrique Centrale*, in Mélanges en l'honneur du Professeur François HERVOUËT, Faculté de Droit et des Sciences Sociales de Poitier, Mars 2016, 732 p.

90. PAILLUSSEAU (Jean), *Le droit des activités économiques à l'aube du XXIe siècle, D. 2003.*

91. PESCATORE (Pierre), *Rôle et chance du droit et des juges dans la construction de l'Europe*, Revue Internationale de Droit Comparé, 1974, p. 54-78.

92. PESCATORE (P), *Rôle et chance du droit et des juges dans la construction de l'Europe*, Revue Internationale de Droit Comparé, 1974, p. 5-21.

93. PESCATORE (P), *L'effet direct des directives communautaires, une tentative de démystification*, Dalloz, 1980, p. 171-197.

94. PESCATORE (P), *L'application du droit communautaire dans les États membres*, Rencontre judiciaire et universitaire, 1976, Luxembourg, VI, p. 15.

95. POUILLEUTE (Antoine), *Bilan et perspectives de l'intégration sous-régionale en Afrique* ; Afrique Contemporaine n° 133, 1er trimestre 2000, p. 63-75.

96. PIROVANO (Alain), *Progrès économique ou progrès social ?* Dalloz 1965, Chronique, p.43-63.

97. PRISO-ESSAWE (Samuel-Jacques), *L'émergence d'un droit communautaire africain de la concurrence*, Revue Internationale de Droit Comparé (RIDC), n° 2, Avril-Juin 2004, p.329-356.

98. PRISO ESSAWE (S-J) ; *Le juge national et le droit communautaire en Afrique Centrale*, Revue Penant n° 123, 1er trimestre 1998, p. 107-120

99. PRISO ESSAWE (S-J), *L'inamovibilité de l'exécutif dans les communautés économiques d'Afrique francophone : de la maîtrise politique au respect du droit*, Penant juillet-septembre 2008, p.317-334.

100. RIALS (S.), *La fonction de juger, ouverture : l'office du juge*, Droit, 109, 1999, p.7-11.

101. RIDEAU (Joël), *Communauté de droit et état de droit, le rôle des États membres dans l'application du droit communautaire*, AFDI, 1972, pp. 864-879.

102. RIGAUX (Françoise), *Ordre juridique, autonomie et dépendance - une introduction*, Cahiers du CeDIE, working papers 2012/07, p. 5.

103. SAWADOGO (Filiga-Michel.), *L'accès à la justice en Afrique francophone : problèmes et perspectives. Le cas du Burkina Faso*, in L'effectivité des droits fondamentaux dans la Communauté francophone, édition AUPEL – UREF, 1994, p p. 295-313.

104. SCELLE (Georges), *La notion d'ordre juridique*, Revue de Droit Public, 1944, p. 88.

105. SIMON (Denys), *Dualisme incompressible ou monisme inversé : à propos de la jurisprudence récente du Conseil d'État sur la primauté du droit communautaire*, Revue Europe, mars 1999, p. 27-41.

106. SIMON (D), *Retour du mythe du gouvernement des juges ?*, *Europe*, février 2006, pp. 28-51.

107. SYNVET (François), *Quelques réflexions sur l'immunité des États et services publics étrangers*, Clunet, 1985, p.123-135.

108. TCHEUWA (Jean-Claude), *Quelques aspects du droit international à travers la nouvelle constitution camerounaise du 18 janvier 1996*, RJPIC, 2e trimestre 1998, n° 24, p. 85-102.

109. TEITGEN (Paul-Henri), « L'application du droit communautaire par le législatif et l'exécutif français », in *La France et les Communautés européennes*, LGDJ, 1975, p. 793.

110. TOGOLO (Odile), *Le juge camerounais et le juge de la CEMAC : un regard prospectif*, Juridis Périodique n° 63, Juillet-Août-Septembre 2005, p. 76-87.

111. VAN DAMME (Jacques), *La mise en œuvre des articles 85 et 86 du traité de Rome*, Cahiers de droit européen n° 1966-2, p. 35-54.

112. VATIER (Bernard), *Les nouvelles fonctions du droit français*, Gaz. Pal, 28-30 juillet 1996, p. 24-47.

113. VERHOEVEN (Joe), *La notion d'« applicabilité directe du droit international*, RBDI, 1980, n° 2, p. 244.

114. VIENNE (Raymond), *La primauté du droit communautaire sur le droit français*, Annales de l'Université des Sciences Sociales de Toulouse, 1975, p. 5-11.

115. WILIBIRO SARKO, *Principes et conditions d'une véritable protection juridique en Afrique Centrale*, MAUGENEST (Denis) et POUGOUE (Paul Gérard), (sous la direction de), Droit de l'Homme en Afrique Centrale, Colloque de Yaoundé du 09-11 novembre 1994, Presses de l'Université Catholique de l'Afrique Centrale, p.104-118.

116. YEHOUESSI D. (Yves), *L'application du droit international dans l'ordre juridique des États francophones ouest-africains : le cas du droit communautaire de l'Union Economique et Monétaire Ouest Africaine*, Communication de la Cour de Justice de l'UEMOA, les actes du colloque de OUAGADOUGOU 24-26 juin 2003, in Les Cahiers de l'Association Ouest-Africaine des Hautes Juridictions Francophones, p. 347.

VI - NOTES DE JURISPRUDENCE ET COMMENTAIRES DE TEXTES

1. GNIMPIEBA TONNANG (E) (en collaboration avec M. ZANKIA [Zulandice], *L'émergence d'un contentieux communautaire de la fonction publique CEMAC. Notes sous les premières jurisprudences sociales de la Cour de Justice CEMAC [2000-2006]*, Revue Africaine de Droit et Science Politique — Juridis Périodique — n° 862, Octobre-Décembre 2008, p. 30-50

2. GNIMPIEBA TONNANG (E), Commentaire, Sous la Direction de Madame le Professeur KALIEU ELONGO [Yvette-Rachel], Éditions L'Harmattan, Yaoundé, 2015, p. 08-13.

3. KEUTCHA TCHAPNGA [C], *Notes sous Cour Suprême du Cameroun, Jugement n° 38, 30 Mars 1995, NYAM Charles c/État du Cameroun [MINESUP]*, Juridis Périodique n° 37 Janvier-Février-Mars 1999, p.19-48.

4. KAMWE MOUAFFO [Marie Colette], *La CJ-CEMAC a rendu son premier arrêt préjudiciel. Note sous Arrêt n ° 001/CJ/CEMAC/CJ/10-11 du 25 novembre 2010. Affaire Ecole Inter-Etats des Douanes C/Djeukam Michel*, Revue de l'ERSUMA, n° 2.

VII - RAPPORTS D'ORGANISATIONS ET D'AUDITS

1. Banque Mondiale, *Coopération régionale et ajustement structurel : programme de réforme de la politique fiscalo-douanière pour les États membres de l'UDEAC*, 22 octobre 1991, 120 pages ; Confidential Report, n° 9747, AFR, 22 octobre 1991.

2. BAD, *Politique en matière de coopération économique et d'intégration régionale*, in Publications de la BAD, février 2011, *Dossiers ;* également disponible sur le site Internet de la Banque Africaine de Développement — http ://www.afdb.org, février 2012, 35 pages.

3. CABINET PERFORMANCES MANAGEMENT CONSULTING-ECDPM, *Rapport d'Audit sur le Diagnostic institutionnel, fonctionnel et organique de la CEMAC*, Tome 1, Paris, février 2006.

4. N'SIE [Étienne], *Actes du Séminaire sous régional de Formation des Magistrats de la Cour de Justice de la CEMAC et de sensibilisation au droit communautaire*, Rapport Général, Inédits, Ndjamena, février 2011

VIII – COURS POLYCOPIÉS ET COLLOQUES

A. COURS POLYCOPIÉS

1. BIPELE KEMFOUEDIO [Jacques], *Droit communautaire en Afrique Centrale*, Cours Polycopié, Master I Droit Public, Université de Dschang, 2011.

2. GNIMPIEBA TONNANG [E], *Contentieux communautaire de la CEMAC*, Cours Polycopié, Master I, Université de Dschang, 2015, Inédit.

3. GNIMPIEBA TONNANG [E], *Aspects juridiques des Politiques monétaires de la CEMAC, Cours polycopié*, Master I Droit Public, Faculté des Sciences Juridiques et Politiques, Université de Dschang, Année Académique 2013-2014.

4. GNIMPIEBA TONNANG [E], *Droit International du Développement*, Cours polycopié, Licence 3, Faculté des Sciences Juridiques et Politiques, Université de Dschang, Année Académique 2014/2015 ;

5. KEUTCHA TCHAPNGA [C], *Droit et Pratique du Contentieux Constitutionnel*, Cours polycopié, Master I, Droit Public, 2015, Inédit.

6. MOUANGUE KOBILA [J], ***Droit institutionnel de la CEMAC***. Cour polycopié, 1re année de Doctorat, Droit communautaire et Comparé CEMAC, FSJP, Universités de Douala et de Dschang, Novembre-Décembre 2005.

B – COLLOQUES

1. "La mondialisation du droit", Colloque, Travaux du Centre de recherche sur le droit des marchés et des investissements internationaux [CREDIMI], s/Dir de LOQUIN [Éric] et KESSEDJIAN [Catherine], Université de Bourgogne, Litec, Vol. 19, Paris 2000, 547 p.

2. "Les réformes de droit privé en Afrique", Actes du Colloque organisé par le Laboratoire d'Études et de Recherches sur le Droit et les Affaires en Afrique [LERDA], Dschang, 13-14 novembre 2014, Sous la Direction du Professeur DJUIDJE CHATUE Brigitte, Presses Universitaires d'Afrique, 2016, 513 p.

3. "Régulation et intégration bancaires dans la CEMAC, 25 ans après la création de la COBAC", GERDIIC, Université de Dschang, les 10 et 11 décembre 2015.

TABLE DES MATIÈRES

Économie et Entreprise aux éditions L'Harmattan

Dernières parutions

POLITIQUE ET ÉCONOMIE
10 mesures phares pour un monde meilleur
Marquez-Velasco Adrien
Dans ce livre est proposé un système économique d'une nouvelle ampleur qui s'intitule le «coordonnisme». Il s'agit d'un régime réunissant les qualités du capitalisme et du communisme. Il présente comme mesures la coordination des politiques monétaires, budgétaires et financières afin de réguler les consommations intérieures et extérieures, l'épargne, l'investissement, l'inflation et le chômage vers un taux optimal de croissance économique.
(Coll. L'Esprit Économique, série Krisis, 20.00 euros, 194 p.)
ISBN : 978-2-343-07529-7, ISBN EBOOK : 978-2-336-39887-7

AUX FRONTIÈRES DU MANAGEMENT
Manifeste pour un temps d'exigence
Massé Francis
Le management est l'une des clefs pour faire advenir une société meilleure, forte d'organisations efficaces. À cet égard, la notion de frontière fait sens. Le management s'inscrit dans une réalité, sinon il n'est rien. Le management traverse aussi des découpages disciplinaires multiples qu'il doit relier : il est frontière. Il constitue enfin un levier pour transgresser des limites artificielles et élargir le champ des possibles, où règnent l'imagination créatrice et l'innovation.
(Coll. Local et Global, 14.00 euros, 122 p.)
ISBN : 978-2-343-07517-4, ISBN EBOOK : 978-2-336-39760-3

LA LUTTE DES NORMES AU TRAVAIL
Faulkner Marcel - Préface de Jean-Pierre Durand
Aborder l'analyse du travail et de l'organisation sous l'angle de la normalisation permet d'atteindre deux objectifs. Comprendre que l'organisation est traversée par une lutte des normes dont les formes sont multiples et qui vont de la collaboration à la confrontation. Constater que cette lutte ne se limite pas au seul domaine des opérations courantes des organisations, mais qu'elle concerne aussi les choix stratégiques et les grands enjeux du travail et de l'emploi.
(Coll. Logiques sociales, 29.50 euros, 286 p.)
ISBN : 978-2-343-07381-1, ISBN EBOOK : 978-2-336-39859-4

GOUVERNANCE ET INTELLIGENCE ÉCONOMIQUE EN PME
Sous la direction de Daniel Corfmat, Marc Chambault et Georges Nurdin
L'intelligence économique est devenue un mode de gestion et de gouvernance de l'entreprise. Cet ouvrage réfléchit sur la démarche que le chef d'entreprise peut entreprendre pour éclairer ses décisions, garder sa marge de manœuvre de compétitivité et toutes ses possibilités de développement afin de sécuriser sa pérennité. Vous trouverez des recommandations pratiques qui tentent d'aider le dirigeant à aborder ce qui est devenu un enjeu majeur de la protection de son capital.
(Coll. Gouvernance et entreprise, 11.00 euros, 70 p.)
ISBN : 978-2-343-06861-9, ISBN EBOOK : 978-2-336-39734-4

LA POSTE, QUELLE AVENTURE !
L'informatisation du tri postal et autres chantiers hauts en couleur
Lenoir Olivier
Préface de Laurent Chaffard
Ce récit de quarante ans de carrière «aux PTT» parle du plaisir de créer, mais aussi des pesanteurs hiérarchiques et des souffrances du harcèlement moral. Il parle d'un avenir où les valeurs de coopération, d'entraide, de solidarité pourraient remplacer la course au profit, la concurrence illusoirement «libre» et le chacun pour soi. Le management et l'innovation, l'évolution de l'informatique et du service public sont des thèmes qui s'entrecroisent dans ce témoignage optimiste.
(17.50 euros, 164 p.)
ISBN : 978-2-343-07666-9, ISBN EBOOK : 978-2-336-39881-5

INTELLIGENCE DE L'INFORMATION
Entre état d'esprit et stratégie d'organisation
Mallowan Monica
En plus de contribuer à l'avancement des connaissances en matière de modèles traitant de management de l'information stratégique et des pratiques informationnelles, reliées à leur application en organisation, cet ouvrage aborde les champs de la littératie, de la culture et de l'intelligence de l'information. Une proposition est faite au sujet de leur mise en relation dialogique et systémique, dans un effort de construction d'une double mutation transdisciplinaire, celle du nouveau statut d'informateur et du concept de transculture de l'information.
(Coll. Intelligence économique, 36.00 euros, 354 p.)
ISBN : 978-2-343-06623-3, ISBN EBOOK : 978-2-336-39756-6

FISCALITÉ ENVIRONNEMENTALE
Entre impératifs fiscaux et objectifs environnementaux, une approche conceptuelle de la fiscalité environnementale
Caruana Nicolas
Préface de Thierry Lambert
La fiscalité environnementale intéresse relativement peu les juristes et représente en pratique une part très faible des recettes fiscales des États. Souvent limitée aux écotaxes, cette notion que cette thèse se propose de définir présente de multiples dimensions, tant fiscales qu'économiques, tant politiques qu'écologiques. Caractérisée par son efficience environnementale, elle n'a en réalité ni le champ d'application ni la portée que lui prête le discours politique.
(Coll. Finances publiques, 43.00 euros, 514 p.)
ISBN : 978-2-343-07550-1, ISBN EBOOK : 978-2-336-39716-0

LA MAGIE DES JUSTES PROPORTIONS
Restructuration financière d'un LBO avec apport de new money
Journo Albert
Comment opérer la restructuration financière du capital d'une entreprise de taille moyenne sous LBO (Leveraged Buy out) en période de turbulence opérationnelle ? Plusieurs scenarii sont imaginés selon l'évolution de la perception du pronostic de rétablissement. Un cas réel vient étalonner les raisonnements variés déterminant les nombreux paramètres suivant de justes proportions et des désirs, emportant d'emblée l'adhésion de tous. Cet ouvrage donne un éclairage original sur un comment faire.
(Coll. Ad valorem, 25.00 euros, 238 p.)
ISBN : 978-2-343-07914-1, ISBN EBOOK : 978-2-336-39861-7

L'ÉCONOMIE A-T-ELLE UN SENS ?
Essai
Vadjoux Philippe
Le profit est-il légitime s'il ne tient pas compte des coûts sociaux et environnementaux ? L'économie n'est pas d'origine divine ou naturelle, elle dépend de nous, elle évolue. La recherche d'une nouvelle économie plus démocratique, plus créative, plus diversifiée au service des êtres

humains et respectueuse de la planète n'est pas utopique. Elle existe au travers d'idées, de projets, d'expériences. Une mutation est possible.
(29.00 euros, 346 p.)
ISBN : 978-2-343-07479-5, ISBN EBOOK : 978-2-336-39587-6

L'ÉCOLOGIE AU SECOURS DE L'ÉCONOMIE
Inventer les outils d'une nouvelle prospérité
Coutouly Rodrigue
Comment expliquer notre difficulté à relancer l'économie ? Cet ouvrage explore une hypothèse originale : la reprise ne se fait pas car nous atteignons les limites de nos ressources naturelles. L'auteur travaille donc sur les différentes pistes possibles pour construire le développement durable d'une société et d'une économie qui retrouveraient leur cohérence. Les solutions devront s'appuyer sur des politiques publiques imaginatives, audacieuses autant que réalistes, particulièrement en matière de fiscalité et d'investissement.
(Coll. Sociologies et Environnement, 27.00 euros, 260 p.)
ISBN : 978-2-343-06652-3, ISBN EBOOK : 978-2-336-39638-5

L'ÉCONOMIE EN QUESTION
Regards et apports des spiritualités et des religions
Textes rassemblés par Jan-Luc Castel et Vincent Pilley
La vie économique est aujourd'hui bouleversée et altère même le lien social. Où puiser l'énergie de résister à ces dévastations ? Comment régénérer les liens humains dans la société ? Quelles ressources mobiliser pour «changer les règles du jeu» ? Juifs, bouddhistes, chrétiens, musulmans, athées, libres penseurs osent entrer en dialogue parce qu'ils croient en la possibilité d'un avenir commun.
(12.00 euros, 168 p.)
ISBN : 978-2-343-07824-3, ISBN EBOOK : 978-2-336-39689-7

LE CAPITALISME, CANCER DE L'HUMANITÉ
Une économie inhumaine et meurtrière, une société malade, la vie sur Terre en péril
Kornheiser Georges
En 2016, le patrimoine cumulé de 1 % de la population mondiale dépassera celui des 99 % restants, ce qui est sans précédent. Cette minorité possède tous les pouvoirs : économique, médiatique, politique, qu'ils soient étiquetés de droite ou de gauche, les partis de gouvernement sont tous convertis aux dogmes néolibéraux et pratiquent en fait la même politique une fois aux commandes. Le capitalisme est devenu fou. Un autre univers, plus juste et plus humain, est pourtant possible. Il n'est que temps de travailler à son avènement, avant que les dommages ne soient devenus irréversibles.
(Coll. Questions contemporaines, 39.00 euros, 436 p.)
ISBN : 978-2-343-07156-5, ISBN EBOOK : 978-2-336-39615-6

UNE ÉCONOMIE SOLIDAIRE PEUT-ELLE ÊTRE FÉMINISTE ?
Homo oeconomicus, mulier solidaria
Sous la direction de Christine Verschuur, Isabelle Guérin et Isabelle Hillenkamp
Comment expliquer le faible intérêt, dans la littérature sur l'économie sociale et solidaire, pour le genre et les théories féministes, alors que ces initiatives sont fortement genrées et que les femmes y sont surreprésentées ? À quelles conditions ces initiatives sont-elles une opportunité de réinvention de l'économie, réencastrée dans le social et le politique et au service de la justice sociale et de genre ? L'économie solidaire peut-elle constituer une source d'émancipation pour les femmes ou non ? (Articles en français, anglais, espagnol.)
(Coll. Genre et développement - Rencontres, 29.00 euros, 300 p.)
ISBN : 978-2-343-07602-7, ISBN EBOOK : 978-2-336-39514-2

CONVENTION COLLECTIVE NATIONALE DES ENTREPRISES DE SERVICES À LA PERSONNE ANNOTÉE
Dahan Alison, Granet Régis
La convention collective nationale des entreprises de services à la personne de septembre 2012, depuis son extension par arrêté du 3 avril 2014, a vocation à s'appliquer à toutes les entreprises

privées relevant du secteur des services à la personne. Cet ouvrage accompagnera les entreprises, les salariés et praticiens dans l'application de la règlementation en vigueur grâce aux explications simples intégrées tout au long de l'ouvrage.
(Coll. Défis, 28.50 euros, 288 p.)
ISBN : 978-2-343-07910-3, ISBN EBOOK : 978-2-336-39684-2

COMMERCE INTERNATIONAL, INVESTISSEMENTS DIRECTS ÉTRANGERS ET PARTICIPATION DES PAYS MÉDITERRANÉENS AUX CHAÎNES DE VALEUR MONDIALES
Sous la direction de Cécile Bastidon-Gilles, Azzedine Ghoufrane, Nassim Oulmane et Ahmed Silem ; préface de Saaïd Amzazi
Ce livre analyse les difficultés que rencontrent les pays sud-méditerranéens dans leur processus de participation aux chaînes de valeur mondiales. En prenant appui sur des stratégies de développement efficaces adoptées ailleurs, les auteurs expliquent comment remédier aux contraintes de l'offre pour favoriser l'attractivité à l'égard des investissements directs étrangers (IDE).
(23.50 euros, 220 p.)
ISBN : 978-2-343-07238-8, ISBN EBOOK : 978-2-336-39408-4

LES 8 VALEURS GAGNANTES
Des managers épanouis et performants
Andevert Christophe
L'ouvrage développe une approche managériale pragmatique. Les actes clés du management sont ainsi structurés à partir de processus efficaces et faciles à s'approprier. Des exemples sous format vidéo complètent les thèmes du livre. Après réflexion menée autour de la relation manager-collaborateur, l'auteur propose une approche par les ressemblances. Simple et efficiente, elle tend vers davantage de cohérence. Le manager œuvre alors dans le sens d'une performance qui se conjugue avec cohésion et bien-être.
(Coll. Vivre l'entreprise, série Management et Ressources Humaines, 19.00 euros, 180 p.)
ISBN : 978-2-343-07298-2, ISBN EBOOK : 978-2-336-39477-0

LE TEMPS DES ARTISANS
Permanences et mutations
Marché et Organisations 24
Sous la direction de Sophie Boutillier, Claude Fournier et Cédric Perrin
L'artisanat regroupe en France, comme dans tous les pays industrialisés et en développement, des entreprises dynamiques et innovantes aussi bien sur le plan technique que social. Mais si les artisans font notre quotidien, ils rencontrent de nombreuses difficultés économiques, politiques et sociales. L'ensemble de ces contributions traite de ces questions sous divers aspects, temporalités et aires géographiques. L'objectif de ce volume est de montrer par petites touches la diversité de l'artisanat aujourd'hui.
(25.50 euros, 238 p.) *ISBN : 978-2-343-07685-0, ISBN EBOOK : 978-2-336-39609-5*

ÉTHIQUE POUR ENTREPRENEURS
Pourquoi les entreprises et les pays ont tout à gagner avec la responsabilité sociale ?
Kliksberg Bernardo - Traduit par Odile Begué Girondo
Ce livre s'inscrit dans la lutte pour placer les grands thèmes éthiques au cœur des débats économiques en Amérique du Sud et promouvoir de nouvelles politiques publiques en faveur de l'insertion universelle et d'un changement dans le comportement des acteurs. L'auteur présente la Responsabilité Sociale de l'Entreprise (RSE), décrit les forces historiques qui l'ont fait progresser, explique en quoi elle est bénéfique aux entreprises. Il expose également ses possibilités d'action, la formation de ses futurs dirigeants et ses perspectives d'avenir.
(24.00 euros, 276 p.) *ISBN : 978-2-343-07851-9, ISBN EBOOK : 978-2-336-39605-7*

L'HARMATTAN ITALIA
Via Degli Artisti 15; 10124 Torino
harmattan.italia@gmail.com

L'HARMATTAN HONGRIE
Könyvesbolt ; Kossuth L. u. 14-16
1053 Budapest

L'HARMATTAN KINSHASA
185, avenue Nyangwe
Commune de Lingwala
Kinshasa, R.D. Congo
(00243) 998697603 ou (00243) 999229662

L'HARMATTAN CONGO
67, av. E. P. Lumumba
Bât. – Congo Pharmacie (Bib. Nat.)
BP2874 Brazzaville
harmattan.congo@yahoo.fr

L'HARMATTAN GUINÉE
Almamya Rue KA 028, en face
du restaurant Le Cèdre
OKB agency BP 3470 Conakry
(00224) 657 20 85 08 / 664 28 91 96
harmattanguinee@yahoo.fr

L'HARMATTAN MALI
Rue 73, Porte 536, Niamakoro,
Cité Unicef, Bamako
Tél. 00 (223) 20205724 / +(223) 76378082
poudiougopaul@yahoo.fr
pp.harmattan@gmail.com

L'HARMATTAN CAMEROUN
BP 11486
Face à la SNI, immeuble Don Bosco
Yaoundé
(00237) 99 76 61 66
harmattancam@yahoo.fr

L'HARMATTAN CÔTE D'IVOIRE
Résidence Karl / cité des arts
Abidjan-Cocody 03 BP 1588 Abidjan 03
(00225) 05 77 87 31
etien_nda@yahoo.fr

L'HARMATTAN BURKINA
Penou Achille Some
Ouagadougou
(+226) 70 26 88 27

L'HARMATTAN SÉNÉGAL
10 VDN en face Mermoz, après le pont de Fann
BP 45034 Dakar Fann
33 825 98 58 / 33 860 9858
senharmattan@gmail.com / senlibraire@gmail.com
www.harmattansenegal.com

L'HARMATTAN BÉNIN
ISOR-BENIN
01 BP 359 COTONOU-RP
Quartier Gbèdjromèdé,
Rue Agbélenco, Lot 1247 I
Tél : 00 229 21 32 53 79
christian_dablaka123@yahoo.fr

Achevé d'imprimer par Corlet Numérique - 14110 Condé-sur-Noireau
N° d'Imprimeur : 134009 - Dépôt légal : novembre 2016 - *Imprimé en France*

www.ingramcontent.com/pod-product-compliance
Lightning Source LLC
LaVergne TN
LVHW011007061026
849535LV00006B/1757